出土文獻譯注研析叢刊

《清華大學藏戰國竹簡(肆)》讀本

季旭昇 主編

張榮焜　金宇祥

黃澤鈞　駱珍伊　合撰

自　序

　　地不愛寶，文物湧現，自一八九九年以來，地下文物屢有重要發現。甲骨、銅器姑且不論，重要戰國楚簡之出土，實為二十世紀後期以來之盛事。戰國楚簡一則補充了古文字發展史上最重要的缺環，使得已往文字源流中間不可知的戰國時代得到一批批的實物材料，文字源流可得略說，如「舜」字，《楚辭》、《山海經》作「俊」，「舜」、「俊」二字除音近假借之外，已往學者別無可說。戰國楚簡出，始知「舜」即「夋」之變體，二者本為一字。此戰國楚簡之重要價值一也。

　　其二，戰國楚簡與傳世典籍關係密切，《郭店》簡中有《老子》、《緇衣》及多種儒家文獻；《上博》簡中有《孔子詩論》、《緇衣》、《周易》及多種各家文獻，此為眾所熟知。《清華簡》出，歷史類文獻且不論，其他與《尚書》類文獻關係密切者多見，如久已失傳之〈說命〉、〈咸有一德〉、〈程寤〉重見天日；〈金縢〉、〈祭公〉、〈皇門〉等雖見傳世《尚書》、《逸周書》，但又有不少異同，可以考訂今本之訛，此為戰國楚簡之重要價值二也。

　　清華大學藏戰國竹簡壹、貳、叁冊問世後，其重要性已獲各界肯定。二〇一三年十二月，《清華大學藏戰國竹簡（肆）》出版，內收〈筮法〉、〈別卦〉、〈算表〉等三篇文獻。〈筮法〉一篇詳細記述了當時楚地以「易卦」占筮的原理和方法，全篇共分三十節，包括十七種占卜事類，並舉了五十七個

占例。〈筮法〉最大的價值是完全確定了易占是由數字卦組成，而其占筮方法著重四經卦的卦位，與傳統《周易》的認識有相當大的不同，對《易》學研究的重要自不待言。〈別卦〉共七支簡（應是缺了一支），每簡有七個卦名，與傳世文獻所見大多相同，少數不同者，很有討論的價值。〈算表〉則為迄今所見中國最早之數學文獻實物，一張表可以進行 100 以內任意兩位數之乘法、除法，其計算功能較古代其他地區的乘法表更強。

　　本讀本先由研究生進行集釋，然後由本人主持導讀，深入分析各家意見，追蹤稽核，加以裁斷。然後將討論結果交由各篇負責人撰寫讀本初稿。各篇撰寫者分別為：〈筮法〉一至二十節金宇祥、二十一至三十節張榮焜；〈別卦〉黃澤鈞；〈算表〉駱珍伊。初稿完成再由本人審閱校訂，有不同意見則加案語補充。篇末摹字，則由本人負責。

　　《清華肆》難字不算太多，但難度都很高，尤其內容與《易》學相關，二千餘年來，流派繁多，說解各異。所幸清華簡研究團隊水準很高，已把大部分的字詞考釋、義理詮解都處理好了。本書唯蒐集各家之說，稍加裁斷而已，譾陋荒疏，在所難免，高明大方，幸有以正之。

己亥孟春季旭昇序於台北

凡　例

一. 本書以《清華大學藏戰國竹簡（肆）》為釋讀範圍，內容包括〈筮法〉、〈別卦〉、〈算表〉三篇。

二. 撰寫方式包括題解、釋文、語譯、注釋四部分。題解簡要敘述本篇內容及學術價值等相關事項。隸定、釋讀代表本書作者斟酌考訂的結果，與原考釋及各學者所釋不盡相同。釋文採嚴式隸定，其後括號注明今字、通假字等，不能隸定者則直接用原簡圖形植入。語譯力求明白通暢，如有殘缺太甚、或語義不明、無法語譯的，則逕用原文，不勉強語譯。注釋力求簡明扼要，凡是括號中已注出今字、通假字的，詞義淺白易解的，或省略不注。

三. 清華簡因為多半簡背有編號或劃線，因此簡序問題較少，本書亦較少討論。

四. 有關竹簡出土、形制、編連、字數等外圍說明，除有更正者外，一律依照《清華肆》（或作《清華四》）原書，不加詳注。其餘參考各家之說，則必注明出處。

五. 本書採用新式標點，其餘符號大體依照古文字界習慣。□表示缺一字。若□中有字，則表示是根據其它條件補的。……表示本簡前後文義未完，應該還有字。（）標示今字、通假字，（？）表示括號前一字的隸定有疑問，依文義可以補的字加外框表示。引學者論文外加「"　"」

括示。

六. 簡號用【】來注明，標在每簡的最末。

七. 為方便讀者閱讀，本書最後附《清華四》摹字，由季旭昇摹寫原形，旁注嚴式隸定，以利讀者對照觀覽。圖版及摹字係直行書寫，故依傳統方式左行，自全書最後往回編排，圖版頁次由右向左依次用「頁一、頁二、頁三」排列；同時也依全書體例由左向右用「1、2、3」編總頁碼，二式並行，以利讀者，兼顧傳統。

八. 上古音用括號（）表明，括號中二字，前者代表聲紐，後者代表韻部。聲韻歸類主要用陳新雄師《古音學發微》之說；聲紐標注中古音四十一聲紐，其對應上古音則另作說明。

九. 為節省篇幅，引述作者一概不加先生等稱謂。

十一. 本書由多人合著，各篇文責由撰寫人自負。

目次

〈筮法〉譯釋（一至二十節）

金宇祥　撰寫

季旭昇　校訂

【題解】

　　《筮法》是《清華肆》的一篇，由李學勤原考釋。並將全文分三十節，各加標題，分別為：第一節「死生」、第二節「得」；第三節「享」；第四節「攴（變）」；第五節「至」；第六節「娶妻」；第七節「讎」；第八節「見」；第九節「咎」；第十節「瘳」；第十一節「雨宇（霽）」（原考釋釋為「雨旱」）；第十二節「男女」；第十三節「行」；第十四節「貞丈夫女子」；第十五節「小得」；第十六節「是（正／征）」（簡文作「是」，當讀為「征」。原考釋標題作「戰」，今逕改）；第十七節「成」；第十八節「志事」；第十九節「志事、軍旅」。以上各節，除第十九未舉例外，其餘各節均舉一至八個卦例，以說明何種「筮卦」的結果如何。其後為與筮法相關的各種說明：第二十節「四位表」；第二十一節「四季吉凶」；第二十二節「乾坤運轉」；第二十三節「果」；第二十四節「卦位圖、人身圖」；第二十五節「天干與卦」；第二十六節「祟」；第二十七節「地支與卦」；第二十八節「地支與爻」；第二十九節「爻象」；第三十節十七「命」（與一至十九節諸「命」不完全對應）。

　　〈筮法〉共六十三支簡，原考釋李學勤先生在【說明】中說：簡保存良好，沒有明顯缺損，入藏時全篇大部仍維持原來成卷的狀態，只有外層小部分簡遊離散亂。簡長三十五釐米，原無篇題，每支簡尾正面有簡序編號。簡上除編繩外，背面還有用絲帶黏貼加固的痕迹。簡文詳細記述占筮的原理和方法，包含大量以數字卦表現的占例。數字卦的形式與天星觀、包山、葛陵等楚簡中的實際占筮記錄所見一致，因此擬定簡的篇題為「筮法」。〈筮法〉全篇文字分欄書寫，並且附有插圖和表格，體例猶如一幅帛書。全篇附有五十七個數字卦占例，這些數字卦都是由駢列的兩組六爻卦，亦即四個三爻卦組成。其陽爻以「一」表示，少數作「九」、「五」；陰爻以「六」表示，少數作「八」、「四」。卦中數字寫法也都同於

天星觀等簡（後者尚未發現有「四」）。簡文祇見三爻卦即「經卦」之名，沒有六爻卦即六十四「別卦」之名，也未出現卦爻辭。八經卦的卦名類同於《歸藏》，如「坤」寫作「𡆥」，「坎」皆作「勞」，「震」或作「來（釐）」等。這為先秦三《易》的研究提供了重要線索。《筮法》還有將八卦分置八方的卦位圖，在迄今所見《易》圖中是最早的。其八卦方位多同於《周易·說卦》中後世講的所謂後天八卦，惟坎、離二卦互相背反。仔細考察，《筮法》不少內容與《說卦》相關，然而又有本身特異之處。

旭昇案：易卦是由數字卦演變而來，從新石器時代開始，到商代的甲骨、玉石、陶器，周代的銅器，戰國、西漢的簡牘上都有數字卦。這些符號是以數字來表示，最初是從一到十都有用到，其後開始簡化，戰國時代則向一、六、八集中，到西漢則剩下一和八，並且符號化，「一」變成陽爻（一）、「八」變成陰爻（--）。管燮初在一九八一年十月出版的《西周金文語法研究》第二十二頁中指出《中齋》鼎銘中的「十𝌆ᑕᑕᑕᑕ　𝌆十ᑕᑕᑕᑕ」應該是「上古時代曾經使用過的卦爻之類表示思想意識的圖形」。一九八〇年，張政烺在當年的《考古學報》第四期（總第 59 期）發表了〈試釋周初青銅器銘文中的易卦〉，蒐集了三十二個數字卦，肯定它們是易卦。又對這些數字卦的數字集中於「一」和「六」（其實很多是「八」不是「六」）提出了敏銳的觀察；並對筮法、變卦、三易等問題都做了很精闢的闡釋。從此以後，數字卦是易卦的前身，差不多成為學術界的共識。不過，張政烺當時能看到的材料還不夠全面，因此有些解釋也還可以調整。最大的問題是：他把由四個經卦組成的四位卦，都看成是由兩個「別卦（重卦，六爻）」組成的卦例，而且都用「之卦」來解釋。現在從《清華肆·筮法》看到的幾乎都用四位卦的卦位來解釋，不用「之卦」的理論。這說明「易」應該有不同的流派，筮法及詮釋都不會完全一樣。[1]

《清華肆·筮法》的數字爻有「一（一）」、「四（◇）」、「五（✕）」、「六（∧）」、「八（𠆢）」、「九（➶一）」。傳統稱呼易卦中由三個爻組成的卦叫「經卦」或「單卦」，兩個「經卦」組成「別卦」（或稱「重卦」）。《清華肆·筮法》的卦例多由

---

[1] 參季旭昇〈古文字中的易卦材料〉，《周易》《左傳》國際學術研討會（中國經學研究會第一屆學術研討會）宣讀論文，臺大中文系·經學研究會·中研院文哲所合辦，1999.5.8-9；後刊登於劉大鈞主編《象數易學研究》第三輯，四川巴蜀書社，2003.3

四個經卦組成，由〈筮法〉第二十節「四位表」來看，這種卦可以名為「四位卦」。對每個經卦的稱呼，由於原考釋把奇數爻視為陽爻，偶數爻視為陰爻，直接以八卦之名稱之，如「☱」卦由下而上為「九五六」，換成陰陽爻為「陽陽陰」，八卦為「☱」，即兌；「☳」卦由下而上為「一六六」，換成陰陽爻為「陽陰陰」，八卦為「☳」，即震。餘以此類推。

依〈筮法〉全篇，尤其是第二十節「四位表」來看，四個經卦由右上、右下、左上、左下排列（有學者主張由左上、左下、右上、右下排列，證據不是很充分）。占筮之法先看四經卦所代表的意義，或為「父母子女」、或為「夫妻男女」（多見）；或卦位左右；或以陰陽、春夏秋冬（第二節「得」）；或月朝月夕（第三節「享」、第十四節「貞丈夫女子」）；或對應干支日子（第五節「至」、第九節「咎」、第十節「瘳」、第十一節「雨旱」、第十八節「志事」）；或用二經卦各去掉一些爻以合成一個新的經卦，再看此經卦所呈顯的意義（第十二節「男女」）；或看經卦所在的位置是「覆數」（第二節「得」）、「數出」、「數入」（第十三節「行」）「外內」（第十六節「是」，原考釋作「戰」），或看「五」、「九」這兩個惡爻所在的位置，再配合一定的筮法規定來斷定吉凶得失。與傳統《周易》的占筮有相當大的不同。看來先秦的易占方式可能是相當多元的。

《清華肆》出版時為直排，所以原簡作上下排列；本書改為橫排（如「☷」改排作「|〈| 〈〈|」），各爻相對應的位置閱讀時請依此原則來看。六爻的次序由下而上稱為「初、二、三、四、五、上」。而四個經卦的位置名稱如下：

|〈|（右上）　　〈〈|（右下）

||〈（左上）　　|〈|（左下）

第一節　死生

【釋文】

||| |||　六塵（虛），亓（其）　　　【一A】

川〈 川〈　瘇（病）哭死。　　　　【二 A】

....

川〈 川│　五塵（虛）同　　　　　【三 A】

川│ 〈川│　弍（一）塵（虛），死。　【四 A】

【語譯】

（第一卦例右上乾、右下乾、左上巽、左下離，）合觀左右，六爻之位都有陽爻（「六爻之位」指：右上+左上、右五+左五、右四+左四、右三+左三、右二+左二、右下+左下。下卦例同），會因病而死。（第二卦例右上艮、右下乾、左上離、左下震，）六爻中五爻有陽爻，一爻為陰爻，死。

【注釋】

原考釋："「塵」字從丘，疑即「虛」字。《上海博物館藏戰國楚竹書（九）》所收《靈王遂申》有類似字，或從「㡎」或從「庐」作。《周易‧繫辭下》「周流六虛」，注：「六位也。」此處前一卦例，合觀左右，六爻之位均有陽爻，故云「六虛」。後一卦例，則其兩上卦的中間一爻沒有陽爻，故云「五虛」。左下卦惟有一陽爻，故為「同一虛」。左下卦在判斷卦象時有特殊地位，下文尚有多例。"

李守奎〈清華簡《筮法》文字與文本特點略說〉："開篇第二字分別見於 1、3、4 號簡中：

𣥂1　　**𣥂**&2　　**𣥂**&4

這個字很容易被當作「虛」字，但上部所從與簡文中的「庐」或「虎」旁有明顯不同，可參看 30 號簡和 32 號簡中讀為而且的「且」字所從的「庐」旁：

雙34　　**雙**34（宇祥案：應是 36）

丘上所從，當即見於 61 號簡的 字。"[2]

　　子居〈清華簡《筮法》解析〉："《筮法》的四位卦已經有了後世四柱八字的端倪，四位已與歲、月、日、辰相關。再由《筮法》第二十五節「天干與卦」可知，乾、坤二卦皆每卦對應兩個天干，餘下的六卦各卦對應一個天干。因此，四位卦的卦例中筮得乾、坤二卦任意一卦兩個或乾、坤各一，則卦例必獲得六個對應的天干。《尉繚子‧武議》言：「今世將考孤虛，占咸池，合龜兆，視吉凶，觀星辰風雲之變，欲以成勝立功，臣以為難。」《意林》卷四：「《太公》云：從孤擊虛，萬人無餘，一女子當百丈夫。」皆可證在先秦時期，已有後世所謂的「孤虛術」。先秦「孤虛術」的具體內容，可見于天水放馬灘秦簡《日書》乙種：⋯⋯值得注意的是，在宋代的《虎鈐經》中除列有旬孤虛（即六甲孤虛）外，還有單以地支推算的孤虛，⋯⋯若仿照《虎鈐經》中單以地支推算的孤虛來理解的話，先秦的「孤虛術」或許不僅有六甲孤虛法，還有天干與地支各有孤虛的內容，那麼《筮法》第一節「死生」的第一個卦例中歲、月、日、時四位就會是甲壬、甲壬、辛、己，因此對應可得六虛，第二個卦例四位是丙、甲壬、己、庚，故對應就會有五虛。將此推廣言之，若筮死生，四位筮得之卦皆無乾、坤二卦的話，則當不死；四位筮得之卦有乾、坤二卦中任意兩卦及以上的，則是必死，這對應於第一個卦例；四位筮得之卦有乾、坤二卦中任意一卦時，則看當日天干是否有與五虛吻合者，若有吻合，則必死。所以第二個卦例才說「五虛同一虛，死。」這時筮得必死的概率為百分之五十。"[3]

　　蔡飛舟〈清華簡《筮法》補釋〉："以此（宇祥：第十二節　男女）考乎《死生章》可知所謂虛者，蓋有二種，一爲含陽爻之，「⚊⚊」、「⚊⚋」、「⚋⚊」是也。一爲純陰爻之，「⚋⚋」是也。第一例中，「六」謂自下而上皆爲含陽之虛也。第二例中，「五虛」謂初、二、三、四、上共有五含陽之虛也。而「同一虛」者，則謂五位獨有一純陰之虛也。"[4]

　　宇祥案：「虛」字作 ，又見《上博九‧靈王遂申》簡 5 、、。此處

[2] 李守奎：〈清華簡《筮法》文字與文本特點略說〉，《深圳大學學報》2014.1

[3] 子居：〈清華簡《筮法》解析〉，2014.4.7，清華大學簡帛研究網站 http://www.confucius2000. com/admin/list.asp?id=5953

[4] 蔡飛舟：〈清華簡《筮法》補釋〉，「清華簡與儒學專題國際學術研討會」（山東煙臺大學，2014 年 12 月），頁 80。

兩個卦例原考釋之說可從，惟「同一虛」之解釋似有不妥。因依原考釋所言，第二卦例左下卦之陽爻，已包含在「五虛」中，若再言「同一虛」，似有重複。故「同一虛」的解釋蔡飛舟之說可從。

旭昇案：蔡飛舟以為“所謂虛者，蓋有二種，一為含陽爻之，「——」、「—〰」、「〰—」是也。一為純陰爻之，「〰〰」是也”，其實並沒有堅強的證據。而他解釋「同一虛」為“謂五位獨有一純陰之虛”，也和〈筮法〉「同」多指左下一經卦的體例不合。原考釋之說謂第二卦例有五個含陽爻的虛，同時遇到左下經卦為一個含陽爻的虛。似乎也還解得通。

痁（病），復旦網帳號「長沙傅」："第一節《死生》簡 2 的「病」作的丙旁與沒有口旁，且下從「火」形，與楚文字寫法不同，與齊系文字相近，如 （4152，莒侯少子簠）、（10374，子禾子釜）。"[5]宇祥案：「其病哭死」，原考釋未說明。傳世文獻中類似例子如，《史記・循吏列傳第五十九》「子產病死，鄭民號哭」、《後漢書・劉趙淳于江劉周趙列傳第二十九》「平（侯平）病卒，紆（劉紆）哭泣歐血，數月亦歿」、《後漢書・鍾離宋寒列傳第三十一》「人防廣為父報讎，繫獄，其母病死，廣哭泣不食」，「其病哭死」一句或可理解為因病而死。

同，李尚信〈關於清華簡《筮法》的幾處困惑〉解為「會遇」。[6]宇祥案：讀書會討論時，張榮焜學長、駱珍伊學妹認為「同」意思等於「和」。

四，武漢網帳號「無斁」（張新俊）："清華簡《筮法》篇表示竹簡序號的數字中，多次出現一個與「四」相當的字，寫作 形：

另外還出現在一些卦畫中，其用法也與「四」相當。如：

[5] 復旦網帳號「長沙傅」，2014.1.9，〈《筮法》文字釋小〉，復旦大學出土文獻與古文字研究中心網站論壇 http://www.gwz.fudan.edu.cn/forum/forum.php?mod=viewthread&tid=6977
[6] 李尚信：〈關於清華簡《筮法》的幾處困惑〉，「清華簡與儒學專題國際學術研討會」（山東煙臺大學，2014 年 12 月），頁 53-54。

但是它們顯然不是「四」字。清華簡《筮法》中的「四」，一般都用 來表示。 只用作基數詞，也從不在位數詞「十」之前出現。例如《筮法》簡序號第四十至四十九中的「四」，也均用 而不用 ，可見二者有別，絕非「四」字。

既然 可以表示「四」，又非「四」，說明它應該是一個與「四」讀音相近的字。其實 應該是「厶」字。上古音「厶」屬心母脂部，「四」屬心母質部，二字聲母相同，韻部是嚴格的陰入對轉關係。

在《清華（肆）》的字形中，並沒有收錄「厶」字。[7]

武漢網帳號「海天遊蹤」（蘇建洲）：“無斁兄，可參見何琳儀先生〈釋四〉《古幣叢考》頁 24-29：四是厶的分化字。裘先生評論說：這是文字學上的一個創見，十分值得注意。”[8]

宇祥案：此字為楚簡「厶」字，多通讀為「私」。武漢網帳號「無斁」指出此字於《筮法》出現在竹簡序號和卦畫中。武漢網帳號「海天遊蹤」引何琳儀之說「四是厶的分化字」。兩人之說可參。

旭昇案：何琳儀之說「四是厶的分化字」，有一定的道理。但是戰國文字新材料不斷出現，往往可以提供一些新想法。戰國燕系文字「四」作「」，曾憲通以為象鼻息下引之形，即「呬息」之「呬」之假借[9]。又省作「▽」。楚系文字「四」亦作「」（《包》226），比照燕系文字「」可以省作「▽」，則〈筮法〉的「」也有可能是由「」省略而來。「厶（）」字出現於戰國，它完

---

[7] 武漢網帳號「無斁」（張新俊），2014.1.10，〈初讀清華簡（四）筆記〉，武漢大學簡帛研究中心網站簡帛論壇 http://www.bsm.org.cn/bbs/read.php?tid=3155&page=4，第 36 樓。

[8] 武漢網帳號「海天遊蹤」（蘇建洲），2014.1.10，〈初讀清華簡（四）筆記〉，武漢大學簡帛研究中心網站簡帛論壇 http://www.bsm.org.cn/bbs/read.php?tid=3155&page=4，第 38 樓。

[9] 參曾憲通：〈吳王鐘銘考釋・薛氏款識商鐘四新解〉，《古文字研究》第十七輯，1989。

全有可能是由「𣍹」省筆假借分化而來。至於本篇「四」字既作「𣍹」又作「🝑」，本不足為奇，本篇「是」字既作「昰」又作「昰」就是旁證。更何況「𣍹」用於十位數、「🝑」用於個位數，似乎是有意區別分化，使數字表數的功能更明顯。

【釋文】

巛丨 巛巛　參（三）吉同　　　　　【五 A】

巛巛 巛丨　兇，寺（待）死。　　　【六 A】

....

巛丨 巛丨　參（三）兇同　　　　　【七 A】

丨巛丨 巛巛丨　吉，寺（待）死。　【八 A】

....

巛丨 巛巛　參（三）吉同　　　　　【九 A】

巛巛 巛𣏾　兇，亞（惡）肴（爻）　【一〇 A】

尻（處）之，今旆（也）死。　　　【一一 A】

....

巛丨丨 巛丨丨　參（三）兇同　　　【一二 A】

丨巛丨 丨𣏾　吉，亞（惡）肴（爻）　【一三 A】

尻（處）之，今旆（也）死。　　　【一四 A】

【語譯】

（第一卦例右上震、右下坎、左上坎、左下兌，）「三吉同凶」指「震、坎、坎」三經卦依四時吉凶的春夏斷為吉；「兌」卦為凶。因此占筮的結果是「三吉同凶」，三個吉卦遇到一個凶卦，結果是等死。

（第二卦例右上兌、右下兌、左上離、左下震，）「三凶同吉」指「兌、兌、離」三經卦依四時吉凶的春夏斷為凶，「震」卦為吉，因此占筮的結果是「三凶同吉」，三個凶卦遇到一個吉卦，結果是等死。

（第三卦例右上震、右下坎、左上坎、左下兌，）「三吉同凶」指「震、坎、坎」三經卦依四時吉凶的春夏斷為吉，「兌」為凶，左下有「五」跟「九」這種的惡爻，因此占筮的結果是現在死。

（第四卦例右上兌、右下兌、左上離、左下巽，）「三凶同吉」指「兌、兌、離」三經卦依四時吉凶的春夏斷為凶，「巽」為吉，左下有「五」跟「九」這樣的惡爻，結果是現在死。

【注釋】

原考釋："以上卦例中的吉兇均同於本篇第二十一節《四季吉凶》內的春季。如第一卦例右方下方下勞（坎）上震，勞為小吉，震為大吉，左方上勞，為小吉，合即三吉；左下為兌，為小凶，故云「三吉同兇」。"

子居〈清華簡《筮法》解析〉："筆者則以為，整理者按《筮法》第二十一節《四季吉凶》的春季理解卦的吉凶，恐非。這裡當是以陽卦艮、坎、震為吉，陰卦兌、離、巽為凶。凡所筮得的四位卦中，按左下、左上、右下、右上順序，存在前後兩卦相同，且三卦為陽、一卦為陰，或三卦為陰、一卦為陽，則卦例為「待死」。「待死」始見於戰國時期，可見於《國語・晉語三》：「子其行矣，我姑待死。」及《管子・短語・參患》：「短兵待遠矢，與坐而待死者同實。」《荀子・大略》：「無三王之法，天下不待亡，國不待死。」惡爻，即相對陰爻「︿」（六）和陽爻「—」（七）這樣的正爻而言的九、八、五、四這四個數字爻，可參看《筮法》第二十六節「祟」及第二十九節「爻象」。「旝」當即對應于傳世文獻中的「旞」，《詩經・唐風・采苓》：「舍旞舍旞，苟亦無然。」鄭

箋：「旃之言焉也。」存在惡爻的兩個卦例，其筮辭稱「今旃死」，顯然要比前面沒有惡爻的卦例所含糊的稱「待死」更為嚴重，雖然尚不清楚怎樣的步驟會筮得惡爻，但惡爻九、八、五、四的作用明顯是關鍵性的。

整理者已指出「左下卦在判斷卦象時有特殊地位」，網友昨葉何草也認為：「或許在占左下卦時所用筮法不同。」[10]因此當可推測，左下卦很可能是最初筮得之卦，也因此，在各四位卦例中，左下卦也保留了最多的數位卦特徵，其次則是左上卦。這一點意味著，清華簡《筮法》篇所沿用的筮法，很可能是產生於由純數位爻構成的數位卦象演化到由純陰陽爻構成二元卦象的階段，且處於這個階段的末期左右。甲骨、金文及楚簡中的數位卦皆沒有這個特徵，這一點也與前文判斷清華簡《筮法》成文于戰國末期，晚于新蔡葛陵楚簡、天星觀楚簡、包山楚簡中數位卦實際占筮記錄的情況相符。不過，若由第六節「娶妻」中的第一個卦例「凡娶妻，三女同男，吉。」之中的男（即艮卦）並未位於左下角，而是居於右下角來看，當也不排除各卦例中左下卦之特殊性是《筮法》一文作者刻意將多數具典型意味的卦象排在左下的結果，這個可能顯然也是很大的。也就是說，或許是在列舉大多數並不需要分析左下、左上、右下、右上這樣四位元順序的卦例（例如有「三某同某」卦辭的卦例即是）時，《筮法》作者特地將單獨的那一卦列在了左下，以突顯《筮法》中左下卦的特殊性。換言之，類似的卦例，實際上三一卦呈四位元的任何組合皆可。"[11]

宇祥案：原考釋可從，依第二十一節「四季吉凶」春季的吉凶。第二卦例（順序為右上、右下、左上、左下，後同。）「兌兌離震」為三凶一吉；第三卦例「震坎坎兌」為三吉一凶；第四卦例「兌兌離巽」為三凶一吉，皆符合筮辭。

旭昇案：〈筮法〉中明白指出是「惡爻」的，只有本節的「𚆌（五）」與「𚆌（九）」，不包括「𚆌（四）」與「𚆌（八）」（「四」與「八」只能算特殊的爻）。又，第十四節中也出現不少「𚆌（九）」，但是並沒有任何不好的作用。可見得「𚆌（五）」與「𚆌（九）」所以成為惡爻，應該有其他特殊

---

[10] 原注 5，簡帛論壇，《初讀清華簡（四）筆記》第七樓帖：http://www.bsm.org.cn/bbs/read.php?tid=3155，2014 年 1 月 8 日。

[11] 子居：〈清華簡《筮法》解析〉，2014.4.7，清華大學簡帛研究網站 http://www.confucius2000.com/admin/list.asp?id=5953

的條件。

寺（待），原考釋：「『寺』字疑讀為『待』，《戰國策·趙策四》鮑注：『猶將。』第三卦例『惡爻』當指左下卦中的『五』、『九』而言。奇數的『五』、『九』是陽爻，與『六』合組為兌，為小凶。」

武漢網帳號「暮四郎」（黃杰）：「《筮法》簡 5-6 第一欄『三吉同凶，～死』，7-8 第一欄『三凶同吉，～死』，～從寺從左下兩橫，整理者讀爲『待』，我認爲當讀爲『時』，連詞，相當於乃，『時死』猶『乃死』。」[12]

武漢網帳號「ee」（單育辰）：「《筮法》簡 5a+6a 似應斷爲：參（三）吉同凶，等，死。等似指卦象相同。7a+8a 同。」[13]

復旦網帳號「長沙傅」：「第一節《死生》常見的讀為『待』的字形 ，整理者隸定為『寺』，其實此字就是常見於楚簡的『時』，見《上博 1-5 文字編》頁62。」[14]

宇祥案：原考釋之說可從，前二個卦例「待死」與後二個卦例「今也死」對文，時間上層次有所不同。

施（也），原考釋隸為「旎」，讀為「焉」：「『旎』字從女，即安聲，在此讀為『焉』，訓『乃』，見裴學海《古書虛字集釋》第一〇六頁（中華書局，一九八二年）。」

李守奎〈清華簡《筮法》文字與文本特點略說〉：「簡文中有字作：

[11]　[14]

從字形上看與中山王器讀為『也』字的『旎』很相近，吳振武先生釋為戈上飾物

---

[12] 武漢網帳號「暮四郎」（黃杰），2014.1.8，〈初讀清華簡（四）筆記〉，武漢大學簡帛研究中心網站簡帛論壇 http://www.bsm.org.cn/bbs/read.php?tid=3155，第 0 樓。

[13] 武漢網帳號「ee」（單育辰），2014.1.8，〈初讀清華簡（四）筆記〉，武漢大學簡帛研究中心網站簡帛論壇 http://www.bsm.org.cn/bbs/read.php?tid=3155&page=2，第 12 樓。

[14] 復旦網帳號「長沙傅」，2014.1.9，〈《筮法》文字釋小〉，復旦大學出土文獻與古文字研究中心網站論壇 http://www.gwz.fudan.edu.cn/forum/forum.php?mod=viewthread&tid=6977

「肜沙」之「沙」的本字。該字也見於吳王劍，亦讀為「也」。

攻敔王光劍—中山王器—筮法

三吉同凶，惡爻尻之，今旆（也）死

三吉同凶，惡爻尻之，今旆（也）死

「也」用於時間名詞後的用法也見於古書：《戰國策》「今也其將揚言救韓」之類的說法多見，但多見於對話中，釋讀是否正確還需進一步證明。簡文中有楚文字常見寫法的「也」字，但《筮法》篇中存在文字異寫的情況，並不能構成否定讀為「也」的證據。問題的關鍵是否能夠讀通文義，還需要對結合筮法進一步驗證。」[15]

劉剛〈讀《清華簡四》劄記〉：《筮法》簡 11 和 14 有如下形體：

筮法 11 筮法 14

辭例為「今～死」。整理者認為字從「安」聲，讀為「焉」，訓「乃」。今按：此字所從與「安」不類，且戰國文字「安」一般也沒有與表旌旗的「㫃」組合在一起的。此形當即見於侯馬盟書與中山王器的「旆」字，吳振武先生釋為肜沙之沙初文，可讀為「也」。[16] （《金文編》820 頁）侯馬一八五：九 集成 2840 中山王鼎 集成 2840 中山王鼎（湯志彪：《三晉文字編》758 頁）[17]

宇祥案：「今△死」，△字作（簡 11）、（簡 14），△字目前有兩個釋讀方向，一是原考釋釋為「㫃（焉）」；二是李守奎、劉剛釋為「旆（也）」。李守奎與劉剛釋為「旆」與△字似較接近，見所舉中山王器和侯馬盟書之例證。

[15] 李守奎：〈清華簡《筮法》文字與文本特點略說〉，《深圳大學學報》2014.1

[16] 原注 1，吳振武：《試說平山戰國中山王墓銅器銘文中的「旆」字，《中國文字學報》第一輯，73 頁，商務印書館，2006 年。

[17] 劉剛：〈讀《清華簡四》劄記〉，2014.1.8，復旦大學出土文獻與古文字研究中心網站 http://www.gwz.fudan.edu.cn/SrcShow.asp?Src_ID=2209

【釋文】

《| 《《　　簽（筮）死妻　　　　【一五A】

||《　|《|　者，相見　　　　　【一六A】

才（在）上，乃曰死。　　　　【一七A】

....

|《《　《《《　簽（筮）疾者　　　　【一八A】

|||　|《《　弍（一）刲（卦）亢／橫　【一九A】

之，乃曰牁（將）死。　　　　【二〇A】

....

《《　《《|　簽（筮）死夫　　　　【二一A】

|《|　《||　者，相見　　　　　【二二A】

才（在）上，乃曰死。　　　　【二三A】

【語譯】

　　（第一卦例右上震、右下坤、左上巽、左下離，）占問是否會死妻？如果右上長男（震）與左上長女（巽）相見在上，就會死。

　　（第二卦例右上艮、右下坤、左上乾、左下艮，）占問疾病？如果有相同的一卦（右上艮到左下艮），隔開右下與左上兩經卦，結果就是將要死。

　　（第三卦例右上坎、右下震、左上離、左下兌，）占問是否會死夫？右上中男（坎）和左上中女（離）相見在上，就會死。

【注釋】

原考釋：“第一卦例右上震依《周易‧說卦》第十章為長男，左上巽為長女，兩者「相見在上」。第三卦例右上坎為中男，左上離為中女，亦「相見在上」。

第二卦例右下坤、左上乾本相匹配，而被同一艮卦遮蔽。兂，《廣雅‧釋詁二》：「遮也。」《左傳》昭公元年注：「蔽也。」參看陳劍《試說戰國文字中寫法特殊的兂和從兂諸字》（《出土文獻與古文字研究》第三輯，劉釗主編，復旦大學出版社，二〇一〇年，第一五二至一八二頁）。”

復旦網帳號「紫竹道人」（鄔可晶）：“《清華（肆）‧筮法》有 ⿱（簡 19）、⿱（簡 57）二字，原考釋引陳劍先生《試說戰國文字中寫法特殊的「兂」及從「兂」之字》，釋前一字為「兂」，訓「遮蔽」（見《清華（肆）》下冊 80 頁），釋後一字為「玩」，讀為「璜」（見下冊 120 頁）。我認為這兩個「兂」字，尤其是簡 57 那一例，跟見於殷墟甲骨文的如下之字似為一字：⿱22283（C4）⿱22284（C4）⿱22288（C4）⿱22289（C4）⿱22290（C4）（李宗焜《甲骨文字編》89 頁）從字形看，此字極為生動地象一個人跨越某物，可能是跨越之「跨」的表意初文（《左傳‧昭公十三年》「康王跨之」，杜預注：「跨，過其上也。」段玉裁注《說文‧足部》「跨，渡也」說：「謂大其兩股間，以有所越也。」）可惜卜辭中均用作人名，無法從辭例上加以驗證。清華簡《筮法》簡 57 之字，無非是在跨越物的下部兩豎筆上分別加了飾筆而已；簡 19 之字則把加了飾筆的跨越物下部兩豎筆略寫得靠近了一些，與上部的橫筆不相銜接，字的圖畫意味就遭到了削弱。戰國文字中原從兩個的形體，往往減省為一個（參看陳劍先生發在《集刊》第 5 輯上的文章），頗疑 ⿱、⿱ 這樣的字形，是省其下端為一個之後，為求字形的平衡、美觀，挪寫到中間來的。⿱、⿱ 一類字形則是在其上、下添加飾筆而成的。「跨」、「兂」聲母相同（皆為溪母），韻部魚、陽陰陽對轉，古音很近。有先生認為「兂」字在人的兩股間加一橫（指示符號），很可能就是「胯」的本字。既然「兂」是「胯」的本字，那麼戰國文字中其職責與「兂」相當之字由「跨」之表意字變來，是很自然的。”[18]

武漢網帳號「ee」（單育辰）：“簡 19a+20a：應讀為：一卦橫之。如簡 57

---

[18] 復旦網帳號「紫竹道人」（鄔可晶），2014.1.8，〈由清華簡《筮法》讀「兂」之字的寫法推測戰國文字所謂「兂」字的來源〉，復旦大學出土文獻與古文字研究中心網站論壇 http://www.gwz.fudan.edu.cn/forum/forum.php?mod=viewthread&tid=6976

即讀爲璜。"[19]

武漢網帳號「有鬲散人」："《筮法》簡 19 中所謂的「冗」字，簡 57 中所謂的「玩」字，其實應釋爲「乘」和「璨」。戰國文字中從「乘」聲的「勝」字和「乘」字或作：

（陶彙 3.1304）　　（集成 9975 陳璋圓壺）

（陶錄 3.154.1）　　（新蔡簡甲三 79）

將上揭「乘」字與《筮法》中所謂的「冗」字比較，我們不難看出，所謂的「冗」字就是「乘」字的一種簡省寫法。

簡 57 中的「璨」爲名物詞，語境限制性甚小，用爲什麼詞很難考索。簡 19 中的「乘」字，整理者釋爲「冗」，訓爲遮蔽，對本卦例的解釋是：「右下坤，左上乾本相匹配，而被同一艮卦遮蔽。」如果整理者對本卦例的理解沒有問題的話，「乘」或可訓爲「覆」，《說文・桀部》「乘，覆也」，「覆」與遮蔽意思差不多。古書中的「乘」字或用於和卦有關的語境中，如：《左傳・昭公三十二年》：「在《易》卦，雷乘《乾》曰《大壯》，天之道也。」杜預注：「《乾》爲天子，《震》爲諸侯而在上，君臣易位，猶臣大強壯，若天上有雷。」此處「乘」的意思是「凌駕於……之上」。如果「乘」在簡文中也是這個意思的話，「一卦乘之」或可理解爲左下角、右上角的兩個艮卦凌駕於右下角的坤卦之上，坤卦代表女，此卦例緊接的上一卦例，占問的是死妻，此卦例占問的或許只是妻子的疾病，而不是夫妻兩者的疾病。還有一種可能，根據整理者的意見，「一卦乘之」的「之」指的是乾、坤二卦，不過，此「之」字代表的也有可能是整個卦例。如果是這樣的話，「乘」字或可讀爲「陵」，訓爲跨越。《史記・秦始皇本紀》「匡飭異俗，陵水經地」，張守節正義：「陵，猶歷也。」「一卦乘（陵）之」的意思就是：同一個艮卦貫穿整個卦例。"[20]

武漢網帳號「暮四郎」（黃杰）："《筮法》簡 18-20 第一欄有四個卦（右上

---

[19] 武漢網帳號「ee」（單育辰），2014.1.8，〈初讀清華簡（四）筆記〉，武漢大學簡帛研究中心網站，簡帛論壇 http://www.bsm.org.cn/bbs/read.php?tid=3155&page=2，第 12 樓。

[20] 武漢網帳號「有鬲散人」，2014.1.14，〈初讀清華簡（四）筆記〉，武漢大學簡帛研究中心網站簡帛論壇 http://www.bsm.org.cn/bbs/read.php?tid=3155&page=6，第 55 樓。

艮、右下坤、左上乾、左下艮）組成的一個卦例，與之相配的文字為：「筮疾者，一卦 （亢）之，乃曰將死」。

「亢」，有學者認為是「乘」的簡省，恐不可信。與此字相聯繫的還有本篇簡 57 ，可見此字似非偶然的變體。戰國齊系「乘」字作 ，上部從「大」形、下部作「來」形；楚系、燕系「乘」上部從 、下部從「几」或「車」；三晉文字或省作「 」。楚系的少數「乘」下部的「几」旁寫作 （新蔡簡）、（信陽簡），這是由 （几）變化而來的，在「乘」的「几」旁中屬於特例。如果要將 、 右部釋作「乘」，那就要將齊系「乘」字上部的「大」與楚系「乘」中出現的少數 形的「几」旁結合起來，方能與 相互比附。這顯然是站不住的。

《筮法》簡 32-36「四位表」開頭將「上軍之位」列於右上、「中軍之位」列於右下、「下軍之位」列於左上、「次軍之位」列於左下，很明顯，先後順序應當是上、中、下、次，所以，本篇各卦例中四個卦的先後順序應當是右上、右下、左上、左下。此卦例首、尾皆為艮卦，說「一卦亢（庚／賡）之」，是很確切的。"[21]

武漢網帳號「有鬲散人」："本人關於《筮法》中所謂的「亢」字的說法不一定對，但樓上暮四郎先生的說法有幾個問題：楚文字中「乘」字所從之「几」，作《筮法》中所謂的「亢」字下部所從之形者，雖然不多，但信陽簡中所有的「乘」字（儘管只有三個）所從之「几」都如是作，這足以說明《筮法》中的兩個所謂的「亢」字都從這種「几」不足為怪。而且從這種形體的「几」的「乘」字不只出現於楚文字中，齊系文字中也有，也不止一個，我們帖子列舉的字形中就有齊系文字中的這類形體。至於「乘」字上部寫作「大」，那也不是僅見於齊系文字中，楚文字中也有，參郭店簡《尊德義》簡 36 的「勝」字。"[22]

武漢網帳號「有鬲散人」："《飛諾藏金》所收楚兵器向壽戈中有一字作 ，

---

[21] 武漢網帳號「暮四郎」（黃杰），2014.1.19，〈初讀清華簡（四）筆記〉，武漢大學簡帛研究中心網站簡帛論壇 http://www.bsm.org.cn/bbs/read.php?tid=3155&page=6，第 58 樓。

[22] 武漢網帳號「有鬲散人」，2014.1.20，〈初讀清華簡（四）筆記〉，武漢大學簡帛研究中心網站簡帛論壇 http://www.bsm.org.cn/bbs/read.php?tid=3155&page=6，第 59 樓。

整理者釋為「統」，其實該字應釋為「緥」。該字「乘」旁的上部作「大」，與我們考釋的《筮法》中的「乘」字上部所從相同。"[23]

宇祥案：原考釋釋為「兀」的字形作 （簡 19），另一處釋為「玩」的字形作 （簡 57）。復旦網帳號「紫竹道人」之說解釋「兀」形下方飾筆的來源，可備一說。在卦象上，右上與左下的艮卦可視為在右下坤卦與左上乾卦的中間，原考釋之說可從，武漢網帳號「ee」讀為「橫」但未詳說。「橫」，《說文》：「闌木也。」《玉篇》：「閑木也。」有遮蔽、阻絕之意，故似亦可從。茲兩說並陳。

原考釋："第二卦「筮疾」，排於「死妻」、「死夫」之間，當亦指筮夫或妻之疾而言。"

子居〈清華簡《筮法》解析〉："筆者以為，「死妻者」當指其妻已死的人，「死夫者」則當是指其夫已死的人，所以說「相見在上」。推而廣之，凡夫已死或妻已死者，筮得上位兩卦相配，即得艮兌、坎離、震巽等卦例的，則其人必死，應於「相見在上」的卦象。若占筮對象的夫或妻尚在，則筮病的占筮對象遇四位元卦象的兩個對角中一個對角的兩卦相配，另一個對角的兩卦相同，則是應了「一卦兀之」的筮辭，屬於占筮物件將死之象，對應於相配的兩卦被相同的兩卦遮蔽導致一人在天，另一人在人間的卦象。"[24]

宇祥案：將占問者限定其妻已死或其夫已死，略嫌偏限，子居之說不可從。

第二節　得

【釋文】

||| 《《《　妻夫同　　　　　　　【一B】

《《《 |||《　人，乃旻（得）。　【二B】

---

[23] 武漢網帳號「有鬲散人」，2014.1.24，〈初讀清華簡（四）筆記〉，武漢大學簡帛研究中心網站簡帛論壇 http://www.bsm.org.cn/bbs/read.php?tid=3155&page=7，第 63 樓。

[24] 子居：〈清華簡《筮法》解析〉，2014.4.7，清華大學簡帛研究網站 http://www.confucius2000.com/admin/list.asp?id=5953

【語譯】

　　右上是乾右下是坤為夫妻，右上是乾左下是坤為夫妻，是同樣的人（或：右上右下為夫妻之象，右上左上也是夫妻之象，二者夫為同一人），就會得。。

【注釋】

　　原考釋：“卦例右上之乾，與右下之坤、左上之坤皆有夫妻之象，而象妻者同為坤卦，故云「妻夫同人」。”

　　子居〈清華簡《筮法》解析〉：“筆者認為，對比下文的「三左同右」、「三右同左」、「三男同女」、「三女同男」的卦例，則本卦例中的「人」當指左下角的巽卦，這樣才與前文整理者所言「左下卦在判斷卦象時有特殊地位」相合。”[25]

　　宇祥案：原考釋和子居對「同人」的解釋似乎都不合適。季師旭昇認為指右上右下卦為夫妻之象，右上左上卦也是夫妻之象，二者夫為同一人。

【釋文】

〈｜ ｜〈〈　參（三）右（左）同　　　【三 B】

｜｜〈 〈〈〈　右，乃尋（得）。　　　【四 B】

....

〈〈〈 〈｜｜　參（三）右同　　　　　【五 B】

〈｜｜ ｜〈｜　右（左），乃尋（得）。　【六 B】

【語譯】

---

[25] 子居：〈清華簡《筮法》解析〉，2014.4.7，清華大學簡帛研究網站 http://www.confucius2000.com/admin/list.asp?id=5953

依本篇第二十四節《卦位圖》右上離、右下艮、左上巽都在左邊，而左下坤在右邊，因此是三左同右。就會得。

依本篇第二十四節《卦位圖》右上坤、右下兌、左上兌都在右邊，而左下離在左邊，因此是三右同左。就會得。

卦位圖

【注釋】

原考釋："依本篇第二十四節《卦位圖》，於乾、離至巽、坎作一隔線，則第一卦例離、艮、巽均在左，左下之坤在右，故云「三左同右」；第二卦例坤、兌在右，左下之離則在左，故云「三右同左」。"

子居〈清華簡《筮法》解析〉："不難看出，這裡對於「得」的判斷依據的主要就是附於第二十六節「祟」之後的「夫天之道，男勝女，眾勝寡」句中的「眾勝寡」，由《筮法》各卦例還可以判斷，左下角所得之卦似與另外三卦有不同安排，或保留的是《筮法》四位卦形成之前的占筮系統，而另外三卦則是在此之上的衍生內容。"[26]

張克賓〈論清華簡〈筮法〉卦位圖與四時吉凶〉認為與先秦時期「天不足西北，地不滿東南」的宇宙時空觀念有關。[27]

宇祥案：原考釋之說可從。若以第二卦例「三右同左」：右上坤卦為母、右下與左上兌卦為少女、左下離卦為中女，無法推得「眾勝寡」，子居之說不可從。

【釋文】

巛| 巛| 參（三）男同　　　　【七B】

巛| 𡿨𡿨 女，乃𣆪（得）。　　　【八B】

---

[26] 子居：〈清華簡《筮法》解析〉，2014.4.7，清華大學簡帛研究網站 http://www.confucius2000.com/admin/list.asp?id=5953

[27] 張克賓：〈論清華簡〈筮法〉卦位圖与四時吉凶〉《周易研究》2014.2。又發表於「清華簡與儒學專題國際學術研討會」（山東煙臺大學，2014年12月）

⋯⋯⋯⋯⋯⋯⋯⋯⋯⋯⋯⋯⋯⋯⋯⋯⋯

〰 〰 參（三）女同 【九B】

〰 〰 男，乃㝵（得）。 【一〇B】

【語譯】

右上為坎是中男、右下及左上均為震是長男、左下震為長女，因此是三男同女，占筮的結果是「得」。

右上為坤是母、右下為離是中女、左上為兌是少女，左下為乾是父，因此是三女同男，占筮的結果是「得」。

【注釋】

原考釋：「前一卦例坎為中男，兩震為長男，左下巽為長女，故云「三男同女」。後一卦例離為中女，兌為少女，加上右上之坤，故云「三女同男」。」

子居〈清華簡《筮法》解析〉：「這裡的「三男同女」之「女」，「三女同男」之「男」同樣是位於左下角的卦，因此正如上文所言，左下角的卦往往是四位卦的基礎卦。另外，這裡的前一卦例中，左下角的巽卦出現數字爻「九」，但卻沒有特殊判斷，說明數字卦九、八、五、四的出現，並不一定導致特殊的卦象判斷。並且，這裡的三一關係，當並不以特殊的一卦必須居左下角為限制。」[28]

宇祥案：原考釋之說很明白，子居之說可視為補充說明。

【釋文】

〰 〰 見覆嘼（數）， 【一一B】

---

[28] 子居：〈清華簡《筮法》解析〉，2014.4.7，清華大學簡帛研究網站 http://www.confucius2000.com/admin/list.asp?id=5953

乃亦𠭯（得）。　　　　【一二 B】

【語譯】

如果看到上卦與下卦是覆數（上下翻轉），占筮的結果也會是「得」。

【注釋】

覆，原考釋："「丁」字寫法特殊，參看李學勤《關於清華簡中的「丁」字》（《初識清華簡》，中西書局，二〇一三年，第一八六至一八八頁）。卦例左上為兌，而本篇第二十五節《天干與卦》中兌為丁。兌卦在本篇有特殊意義，凡言「數」似皆與兌卦出現的位置有關。此「丁」字，郭永秉《釋清華簡中倒山形的「覆」字》（「清華簡與《詩經》研究」國際會議論文，二〇一三年十一月）釋為「覆」，是則此處「見覆數」可能指左側上兌下巽卦畫互為反覆。"

子居〈清華簡《筮法》解析〉："筆者則以為，整理者所舉以「丁」為「覆」，「指左側上兌下巽卦畫互為反覆」之說恐屬不確，由本卦例僅「兌」卦寫法特殊，而「巽」卦寫法如常，似不能看做「互為反覆」可知。對於本卦例，整理者已指出「凡言『數』似皆與兌卦出現的位置有關」，所以，本卦例筮辭中的「數」當是理解為指兌卦。至於筮辭中的「丁」，則當讀為「顛」，而「顛」可訓「倒」，如《詩經・齊風・東方未明》：「東方未明，顛倒衣裳。顛之倒之，自公召之。」《楚辭・九歎・湣命》：「今反表以為裡兮，顛裳以為衣。」王逸注：「顛，倒也。」故「丁」亦可訓「倒」。在本卦例之中，兌卦三爻是由數位爻九、五、四自下而上構成的，其相對於各數位大小的順序而言正為倒置，因此筮辭中稱「見丁數」，即指見到數字爻倒序排列的兌卦，《筮法》中的「數」很可能就是兌卦的另一個稱謂。"[29]

蔡飛舟〈清華簡《筮法》補釋〉："「𠚍」字原簡作「🖤」，整理者隸定作「丁」，然「丁」字同篇《天干與卦章》作「▼」，二字不當作一字，「🖤」當隸定爲倒山之「𠚍」爲宜。……「𧮫」係兌卦之別稱，「𠚍𧮫」爲兌卦筮數之非常者，如以九五四構成之兌也。「見𠚍𧮫」謂卦中見有筮數非常之兌，與兌旁近

[29] 子居：〈清華簡《筮法》解析〉，2014.4.7，清華大學簡帛研究網站 http://www.confucius2000.com/admin/list.asp?id=5953

之卦無干。此謹就通篇文脈及卦象言之，至若「冂」於《筮法》中確作何解，則闕如也。"[30]

宇祥案：「覆」字字形作✦。原考釋注釋列出「丁」、「覆」兩說，在釋文中作「丁」。蔡飛舟舉第二十五節「天干與卦」中的「丁」字，認為二字不同。其說可從。除了《筮法》以外，相同字形亦見▨《清華叄・芮良夫毖》簡6、▨《清華叄・赤鵠之集湯之屋》簡15，在《芮良夫毖》與《赤鵠之集湯之屋》兩處簡文將此字形釋為「覆」文意皆通順，郭永秉之說可從。因此《筮法》此處應從原考釋所列釋為「覆」之說。

【釋文】

〈‖ ‖‖ 复（作）於陽，　　　　　　　　【一三 B】

〈〈〈 〈‖ 內（入）於舍（陰），　　　　　【一四 B】

亦昃（得），亓（其）徉（失）十三。　　【一五 B】

【語譯】

右上的兌卦在右下的乾卦之上，這是作於陽；左下的兌卦在左上的坤卦之下，這是入於陰，占筮的得果是「得」。但是左下的兌卦陰爻占三分之一，所以占筮的得果是「失」的機會有十分之三。

【注釋】

原考釋："卦例之右兌出於乾卦之上，即「作於陽」，左兌入於坤卦之下，即「入於陰」。兌由一陰爻、二陽爻構成，陰占三分之一，故云「其失十三」，意即有十分之三可能不得。"

---

[30] 蔡飛舟：〈清華簡《筮法》補釋〉，「清華簡與儒學專題國際學術研討會」（山東煙臺大學，2014年12月），頁84。

子居〈清華簡《筮法》解析〉："這個卦例與前文「死生」節的「筮疾者」卦例有相似之處，前面「筮疾者」卦例的艮卦，其卦象本身也可以看做「一卦亢之」，而本卦例中的兌卦，如整理者所言正對應「其失十三」，這或可說明類似呈對角狀態的卦例需有單獨解說理解的部分。"[31]

武漢網帳號「有㿟散人」："《筮法》簡 15「其失十三」之「失」，也可能是一個從「彳」，「南」聲之字。可參《筮法》簡 49 中的「南」字。"[32]

宇祥案：原考釋釋文作「失」的字形作 ⬚。武漢網帳號「有㿟散人」所舉簡 49「南」字作 ⬚，與前引「失」字右半部確實相近，但釋為「南」字文意不通，故不可從。需要提出來說明的是，楚簡「遊」字作 ⬚《郭店‧老子甲》簡 11，而《筮法》⬚字右上方的 ⬚ 形與一般「遊」字的右上略有不同。對於此問題與駱珍伊學妹討論後，我們認為可與本篇《筮法》中從「㲋」之字參照，如 ⬚（簡 27），其上半部寫法與 ⬚ 字右上相近。「遊」字據趙平安〈戰國文字的「遊」與甲骨文「奉」為一字說〉一文分析，右半部的「㪍」形，上半為「止」，下半為「卒」。檢楚簡「遊」字，其「止」形常訛寫近於「㲋」形（參滕壬生《楚系簡帛文字編（增訂本）》頁 1004 和李守奎《上海博物館藏戰國楚竹書（一～五）文字編》頁 543-544），而此種訛寫似乎也可用來說明《筮法》的 ⬚ 字。

另外，《筮法》的「㲋」旁還有另一種寫法，見「遬」字 ⬚（簡 35）所從，其「㲋」旁為楚簡常見寫法。此種現象，季師旭昇認為本篇「是」字亦有兩種寫法：⬚（簡 57）⬚（簡 57）；李守奎在〈清華簡《筮法》文字與文本特點略說〉一文中也舉出了言／鄉、繼／嗌、是、內、凶／兇等五組異寫，可以說明本篇書手寫「㲋」有兩種寫法是合理的。

【釋文】

---

[31] 子居：〈清華簡《筮法》解析〉，2014.4.7，清華大學簡帛研究網站 http://www.confucius2000.com/admin/list.asp?id=5953

[32] 武漢網帳號「有㿟散人」，2014.1.9，〈初讀清華簡（四）筆記〉，武漢大學簡帛研究中心網站簡帛論壇 http://www.bsm.org.cn/bbs/read.php?tid=3155&page=2，第 15 樓。

||| 《《 旾（春）見八，　　　　【一六B】

||〈 〈|| 乃亦𢙇（得），　　　　【一七B】

……………………………………

《|| ||〈 顠（夏）見五，　　　　【一八B】

〈|| |《《 乃亦𢙇（得），　　　　【一九B】

……………………………………

《|| ||〈| 𥏡（秋）見九，　　　　【二〇B】

〈|| ||《 乃亦𢙇（得），　　　　【二一B】

……………………………………

|《《 〈|| 各（冬）見四，　　　　【二二B】

|〈| ||𠂤 乃亦𢙇（得），　　　　【二三B】

【語譯】

左下爻有八，如果春天抽到這樣的卦就也會得到。

左下爻有五，如果夏天抽到這樣的卦就也會得到。

左下爻有九，如果秋天抽到這樣的卦就也會得到。

左下爻有四，如果冬天抽到這樣的卦就也會得到。

【注釋】

原考釋：“卦例右側乾坤、震巽、坎離、艮兌兩兩相對，合於《說卦》第三章。「八」、「五」、「九」、「四」等爻均現於左下一卦，且不在中間爻位。”

　　李守奎〈清華簡《筮法》文字與文本特點略說〉："第一，行款刻意求工整。由於是圖表的形式，全篇更講究構圖的美觀，行款的工整，有的地方為了行款而刻意修飾語言。例如「也」和「亦」兩個詞的使用，大都不是為了語言表達的需要，而是受制於行款的限制。圖表中解釋「得」每行三字，其行款如下（原為豎款）：

妻夫同	三左同	春見八	夏見五
人乃得	右乃得	乃亦得	乃亦得

「乃亦得」與「乃得」語義上沒有區別，「亦」僅僅是為了湊數而已。"[33]

　　孫合肥〈清華簡《筮法》札記一則〉："「夏」字《筮法》篇凡四見：

筮法18　筮法30　筮法31　筮法37

　　以上四處「夏」字形體相同。整理者隸定作「頣」，釋爲「夏」。整理者的釋讀確鑿無疑。但我們認爲整理者對於此處「夏」字的形體認識不確。此形體從日，從頁無疑，但「日」下所從并不是「止」。

　　關於「夏」字的形體結構，董蓮池先生有詳細考正：

　　「夏」西周寫作（伯夏父鼎）、（仲夏公固），從日。考季名古文都從日，此字不但從日，并且像太陽當頭之形，一年四季唯夏季太陽在高天，人仰之如在頭上，故其本義必爲夏季之「夏」。春秋秦公簋所見作，省略了「日」。但戰國所見仍都從「日」，作，或訛作（見鄂君啟節），原足趾形訛爲「女」旁而獨立於「日」下，或訛作（楚帛書），把足趾的象形符號改成義符「止」，獨立於「日」下。篆文則承秦公簋的寫法，不從日，又將足趾形符號從「頁」下割裂出來，并訛作倒趾「夊」。[34]

　　戰國楚系文字中「夏」字異體較多，具體有如下幾類：

---

[33] 李守奎：〈清華簡《筮法》文字與文本特點略說〉，《深圳大學學報》2014.1
[34] 原注3，董蓮池：《說文解字考正》，北京：作家出版社，2005年，第216頁。

A1　上博二・容22

A2　郭店・緇衣7　　上博一・緇4　　上博四・柬1　　上博五・鬼7　　上博八・成14　　清華壹・尹誥1　　清華壹・尹至4　　清華貳・繫年017　　璽彙3643

A3　新蔡零360

A4　新蔡零200

B1　新蔡乙一18　　新蔡甲三243　　新蔡乙一19

B2　上博二・民9　　上博二・民5

C1　包山115

C2　郭店・緇衣35　　郭店・唐虞之道13　　上博一・緇18　　上博一・緇18

A1 從日，從頁，從女。「女」旁爲「頁」旁下增足趾形分離而來。「頁」旁下所增足趾形分離作「止」作 A2 形，A2 從日，從頁，從止，爲楚系文字「夏」常見形體。A3 於 A2 所從「止」旁上部增橫畫。A4「止」旁下增「女」。B1 從日，從頁，從它。B1 省「頁」作 B2。C1 從日，從頁，從虫。C1 省「頁」作 C2，「虫」旁上部相連的左右斜畫或拉直作一橫畫。

清華簡《筮法》中的「夏」字「日」下所從「　」與 A 類形體所從的「止」明顯不類，當不是「止」。「　」應爲「又」，衹是筆畫變得彎曲了而已。

我們知道，古文字中又、中、止三字經常訛混。[35]因此「夏」字所從「止」又可作「又」，其字形應隸定作「題」。

「夏」字的這種形體見於三晉文字，字形作（璽彙3990）。「頁」旁下或增足趾形作（集成11864・私庫嗇夫鑲金銀泡飾）、（程訓義1-64）。「又」旁或又增斜畫與「寸」形混，作（璽彙2723）、（璽彙3989）。

《筮法》中的「夏」字當隸定作「題」，其形體在以往的楚系文字中未見，

---

[35] 原注 4，劉釗：《古文字構形學》，福州：福建人民出版社，2006 年，第 337 頁。

爲戰國楚系文字研究提供了新鮮材料。"[36]

　　子居〈清華簡《筮法》解析〉："整理者所言「合於《說卦》第三章」似不確，本卦例中的右側卦序當是合於《說卦》第七章至第十章的卦序。並且，如果按編繩在竹簡上所留的磨損痕跡來看，清華簡《別卦》篇各簡也應該是按這個卦序排列的。更特殊之處在於，這段所列四個卦例需要合起來才能看出合於《說卦》第七章至第十章的卦序，而且其右側卦序先後是與竹簡上的文字書寫順序習慣一致的，即先上後下、先右後左，這與單獨卦例中自左下至右上的卦序順序非常不同。在本卦例中，不僅是如整理者所言「『八』、『五』、『九』、『四』等爻均出現于左下一卦，且不在中間爻位。」而且是春秋數字爻在上爻，冬夏數字爻在下爻。至於四季所見之數的關係，則可依陰爻「︿」（六）和陽爻「一」（七）爲常爻推出，由第二十七節「地支與卦」及第二十八節「地支與爻」可以合併出下表：

巳亥	辰戌	卯酉	寅申	丑未	子午
兌☱	艮☶	羅☲	勞☵	巽☴	震☳
四	五	六	七	八	九

在《筮法》篇中，四正卦對應四季分別是：春為震、夏為坎、秋為兌、冬為離。那麼，春季對應震卦且爻數是九，左移一位是爻數八，因此有「春見八，乃亦得」；夏季對應勞卦且爻數是七，左移一位是爻數六，但爻數六是常爻，因此需要再左移一位元，得爻數五，因此有「夏見五，乃亦得」；秋季對應兌卦且爻數是四，依據終而複始原則，左移一位會回到爻數九，因此有「秋見九，乃亦得」；冬季對應羅卦且爻數是六，左移一位是爻數五，爻數五已配夏季，故再左移一位，因此有「冬見四，乃亦得」。這樣就得出了四季見爻數「乃亦得」。

　　另外，在天水放馬灘秦簡《日書》乙種簡 344 中，提到「九與八、七與六、五與四，皆妻夫殹。日為夫，辰為妻，星為子。欲夫妻之和而中數殹，數多者益少者失」[37]，按上文表中所列八卦與數字的對應關係不難看出，放馬灘秦簡《日

---

[36] 孫合肥：〈清華簡《筮法》札記一則〉，2014.1.25，復旦大學出土文獻與古文字研究中心網站 http://www.gwz.fudan.edu.cn/SrcShow.asp?Src_ID=2222

[37] 原注 13，晏昌貴先生《天水放馬灘秦簡乙種〈日書〉釋文（稿）》，《簡帛》第五輯第 39 頁，上海古籍出版社，2010 年 10 月。

書》乙種此段內容使用的數位順序也是與《筮法》本節卦序相同的。"[38]

　　宇祥案：李守奎以為"（《筮法》）講究構圖的美觀，行款的工整，有的地方為了行款而刻意修飾語言。例如「也」和「亦」兩個詞的使用，大都不是為了語言表達的需要"，其說有理，但有些地方似仍有必要性。如第三節「享」，筮辭為：

　　凡享，月朝　　【一】
　　純牝，乃饗　　【二】
　　………………………
　　月夕純牝，　　【三】
　　乃亦饗　　　　【四】

第一組筮例簡 1、2 各有四字；第二組筮例簡 3 有四字，簡 4 有三字。簡 4「乃亦饗」的「亦」字與形式整齊無關，應是針對前一筮辭「月朝純牝」而言，表示此處「月夕純牝」也會「饗」之意。相同概念可看第五節「至」，筮辭為：

　　至，四正之　　　　　　　【九】
　　卦見，乃至。　　　　　　【十】
　　………………………………
　　其餘，易向。　　　　　　【一一】
　　乃亦至。當　　　　　　　【一二】
　　日、不易向，聞問不至。　【一三】

「乃亦至」是針對前一筮辭「四正之卦」而言，表示若有其他易向「也會至」之意。第七節「讎」筮辭中的「亦」字的用法同樣如此。若此，「亦」字在〈筮法〉的使用便有了兩種情況，一種是李守奎先生所指出不是為了語言表達的需要，只是為了求形式上的整齊；另一種仍是做為連接詞「也」，這在虛詞的使用上是比較特別的現象，值得注意。

　　「夏」字從孫合肥隸定為「頢」。通觀全篇《筮法》，四位卦順序為右上、右下、左上、左下，且左下卦常作為重要位置，故子居之說不確。子居又云"春季對應震卦且爻數是九，左移一位是爻數八，因此有「春見八，乃亦得」……這樣就得出了四季見爻數「乃亦得」。"此段的推論規則不一，恐難信服。

---

[38] 子居：〈清華簡《筮法》解析〉，2014.4.7，清華大學簡帛研究網站 http://www.confucius2000. com/admin/list.asp?id=5953

第三節　享

【釋文】

〈〈　〈〈　凸（凡）亯（享），月朝　　　【一C】

〈〈　|||〈　屯（純）牝，乃鄉（饗）　　【二C】

....

|||　|||　月夕屯（純）戊（牡），　　【三C】

|||　|〈〈　乃亦鄉（饗）　　　　　【四C】

【語譯】

　　凡是筮問享遇到月朝（左下卦之卦象）純牝（右上、右下、左上三卦都是坤卦，純陰）之卦，占筮的結果就是「饗」（神明同意來享用祭品）。遇到月夕（左下卦之卦象）純牡（右上、右下、左上三卦都是乾卦，純陽）之卦，占筮的結果也是「饗」。

【注釋】

　　原考釋：“「月朝」、「月夕」或「月之朝」、「月之夕」，詞見《荀子・禮論》、《淮南子・天文》等。《後漢書・五行志》李賢注引《尚書大傳》鄭玄注云：「上旬為月之朝，中旬為月之中，下旬為月之夕。」前一卦例左下是巽，陰爻居其三爻第一爻位，故云「月朝」；後一卦例左下乃艮，陽爻在第三爻位，故云「月夕」。

　　「純牝」、「純牡」，無雜色的犧牲。或云「純」訓「皆」，亦通，參本篇第十四節《貞丈夫女子》。前一卦例有三坤卦，後一卦例有三乾卦，為純牝、純牡之象。”

　　子居〈清華簡《筮法》解析〉：《荀子》屬戰國末期，因此「月朝」、「月

夕」始見於《荀子》同樣說明清華簡《筮法》的成文很可能不早于戰國末期。整理者以「前一卦例有三坤卦，後一卦例有三乾卦，為純牝、純牡之象」，筆者則以為，「純牝、純牡之象」也包括左下角的巽卦和艮卦，巽為長女，與前面的三個坤卦合稱「純牝」，艮為少男，與前面的三個乾卦合稱「純牡」。並且，在《筮法》第二十二節「乾坤運轉」有「凡乾，月夕吉；坤，月朝吉。坤，晦之日逆乾以長巽，入月五日舍巽，乾坤長艮，旬，乾坤乃各返其所。」可見旬朝長巽、旬夕長艮，正可與月朝始於「巽」，月夕歸於「艮」對應，其觀念來源很可能就是整理者所指出的爻位象徵，所以本節以三坤並巽為「月朝純牝」，以三乾並艮為「月夕純牡」。[39]

　　宇祥案：子居認為本節「月朝」、「月夕」的概念與第二十二節「乾坤運轉」有關，可從。駱珍伊學妹以為月朝、月夕，也可能指貞問的時間或被貞問事件發生的時間。可備一說。「屯」讀為「純」，釋為「皆」，許名瑲云：＂「屯」用作總括範圍副詞，有「全都」之意。《說文‧一下‧屮部》：「屯，難也，象艸木之初生，屯然而難。从屮貫一屈曲之也，一，地也。《易》曰：『屯，剛柔始交而難生。』」段注：「〈序卦傳〉曰：『屯者，盈也。』不堅固不盈滿則不能出。」「屯」有「盈滿」義，《廣雅‧釋詁一》：「屯，滿也。」引申而有全部、全體的意思。「屯」作全都類總括範圍副詞，是與「純」同步引申，平行虛化、語法化的語言現象。純从屯聲，二字有同源關係，故可通用。《說文‧十三上‧系部》：「純，絲也。从系，屯聲。」絲則顏色純一不雜，引申一切純一不駁、精純專一之意，這就有全部、全體的意味。如處在狀語的位置，就可能語法化作總括詞。《周禮‧考工記‧玉人》3346-1；「諸侯純九，大夫純五。」《禮記‧緇衣》1332-5；「純而祭祀。」鄭玄並注；「純，猶皆也。」《墨子‧節用上》；「若純三年而字子。」孫詒讓《墨子閒詁》162-3 引《周禮‧考工記‧玉人》鄭玄注；「純，猶皆也。」「屯」用作總括範圍副詞，後世文獻罕見，後人亦不能知曉「屯」字這種語法功能。至如《韓非子‧外儲說右下》336-7：「（秦襄）王因使人問，何里為之，譽其里正與伍老屯二甲。」句中「屯」字，及《山海經》中多例形訛作「毛」之「屯」字，迷霧千古，歷來不得正解的詁。1957 年河南信陽長臺關楚墓出土一批遣策，同年安徽壽縣出土鄂君啟節，1978 年湖北隨州曾侯乙墓出土一批遣策，其中有大

---

[39] 子居：〈清華簡《筮法》解析〉，2014.4.7，清華大學簡帛研究網站 http://www.confucius2000. com/admin/list.asp?id=5953

量字句例,「屯」字用作範圍副詞。朱德熙、裘錫圭先生〈戰國文字（六種）·信陽楚簡屯字釋義〉揭示「屯」字作總括範圍副詞的用法,[40]又在〈說「屯（純）、鎮、衛」－為《唐蘭先生紀念論文集》作〉一文中,論證一組屯、純同源詞作總括範圍副詞的用法,[41]使傳世文獻以及大批出土文獻中的「屯」字得到確解。"[42]

亯（享）,季師旭昇〈從〈筮法〉與《周禮》談占筮「三十三命」〉："前文用「亯（享）」,後文用「鄉（饗）」,二字完全同音,但是本義不同。甲骨文「亯」字作「𠅏」（京津 1046）,象祭祀的建築場所;「鄉（饗）」作「𗈚」（前 1.36.3）,象二人對著簋相向而食。不過,這兩個字在東周文獻中就已經開始混用了,因此,本節的「享／鄉」可能有祭享、饗食兩個可能。不過,從《儀禮》來看,只有〈冠禮〉有「筮賓」、〈聘禮〉有「筮尸」、〈士喪禮〉及〈既夕禮〉有「筮宅」、〈特牲饋食禮〉及〈少牢饋食禮〉有「筮日」,其餘饗食禮未見筮。因此〈十七命〉及「占例」的「亯、鄉」應該是祭享。"[43]

旭昇案:無論解為饗食或祭祀,都不是很特殊、很難得的事。但是要得到這樣的卦例,機率卻極低:$1/8*1/8*1/8*1/4=1/2048$。頗不可理解。可能此處應該理解為「神明同意來享用祭品」。

第四節　攴（變）

【釋文】

〈|| |||　占（凡）攴（變）,譽（數）而　　　　　【五C】

〈〈〈　〈〈〈　出,乃述（遂）。　　　　　　　　【六C】

---

[40] 見朱德熙、裘錫圭:〈戰國文字（六種）·信陽楚簡屯字釋義〉《考古學報》1972 年 1 期,收入《朱德熙文集》（北京:商務印書館,1999 年）,第五卷,頁 32-35。

[41] 朱德熙:〈說"屯（純）、鎮、衛"－為《唐蘭先生紀念論文集》作〉《中國語文》1988 年 3 期,收入《朱德熙文集》（北京:商務印書館,1999 年）,第五卷,頁 173-184。

[42] 許名瑲〈戰國簡帛總括範圍副詞「屯」探究〉,武漢大學「簡帛」網,2013.10.27 首發,網址:http://www.bsm.org.cn/show_article.php?id=1944。

[43] 季師旭昇:〈從〈筮法〉與《周禮》談占筮「三十三命」〉,「清華簡與儒學專題國際學術研討會」（山東煙臺大學,2014 年 12 月）,頁 46。

‧‧

|‖ ‖‖ 凸（凡）攴（變），譽（數）而　　　　【七C】

‖| 〈‖ 內（入），乃復（復）。　　　　　　【八C】

【語譯】

凡是筮問「變」，遇到數而出（兌卦在右上），占筮的結果是「遂（順利變成功）」。凡是筮問「變」，遇到數而入（兌卦在左下），占筮的結果是「復（會回復到原來的狀態）」。

【注釋】

攴，原考釋："《說文》「鞭」字古文，在此疑讀為「弁」，指冠禮，故與祭享相連。遂，成事；復，返歸，與「遂」相反。前一卦，例兌在右上，為「數而出」；後一卦例，兌在左下，為「數而入」。"

武漢網帳號「暮四郎」（黃杰）："《筮法》簡 5-8 第三欄有兩「攴」字，辭例為：凡～，數而出，乃遂。凡～，數而入，乃退。整理報告云：「疑讀為『弁』，指冠禮，故與祭享相連。」所謂「與祭享相連」，指其前的一個占筮項目是「享」（簡 1-4 第三欄）。

竊以為「攴」讀為「弁」可疑，原因有二：其一，古籍中表示冠禮多用「冠」，少用「弁」。其二，簡文中筮占的結果有「遂」、「退」，似與冠禮不搭配，因為冠禮的結果沒有說「退」的道理（「退」字，整理報告原釋為「復」，乃我們改釋，見本帖第 1 樓。即便此字按整理報告釋為「復」，也與冠禮不搭配）。

「攴」當讀為「變」。這也是楚簡此字的一般用法。「變」指事物的變化。「遂」指變化之達成，「退」或指向後之變化。

至於整理報告將「與祭享相連」作為判斷「攴」字讀法的一個理由，似並無太大可行性。上下文的占筮項目有「死生」、「得」、「享」、「至」、「娶妻」、「讎」等，各自之間並無多少聯繫。與其將這些看作相互關聯的，還不如看作各自獨立

的占筮項目更妥當。"[44]

　　宇祥案：武漢網帳號「暮四郎」之說有理，「攴」可讀為「變」。

　　復，武漢網帳號「暮四郎」（黃杰）："《筮法》簡 8 第三欄、簡 23 第四欄原釋「復」之字，或爲「退」之訛寫。該字與楚簡「遉」字有較大差別。文獻中「遂」、「退」爲對義詞，如「功遂，身退」。（1 月 12 日增補：清華簡本輯《別卦》簡 5 有「遉」字，與楚簡的一般寫法相同，與簡 8 第三欄、簡 23 第四欄之字有較大差別。另外，「遂」、「退」均屬物部，可以押韻。）"[45]

　　子居〈清華簡《筮法》解析〉："（宇祥：暮四郎之說法）除說「『遂』、『退』均屬物部，可以押韻」這一點似不能成為證據外，暮四郎所言皆是[46]。相對于暮四郎所舉的例子更為明顯的例子有《周易·大壯》：「上六：羝羊觸藩，不能退，不能遂。」《正義》曰：「退謂退避，遂謂進往。」本卦例當即是指行事中途遇到變故，筮得「數而出」則繼續完成所行之事，筮得「數而入」則放棄所行之事。"[47]

　　宇祥案：簡文「數而入，乃△」，△字形作【字形】，又見第十三節「行」作【字形】（簡 23）。△字與常見楚系的「復」與「退」字皆不同，因《別卦》的「復」字作【字形】（簡 5），一般「退」字作【字形】《上博一·孔子詩論》簡 3，而△字右上方字形作【字形】，與兩字右上皆不同，故「暮四郎」以為當隸為「退」。由「暮四郎」及「子居」所舉書證後似較原考釋有說服力。駱珍伊學妹力主楚簡「退」字不能這麼寫，此字當隸「復」。

　　旭昇案：此字當為「復」字，類似寫法又見晉系侯馬盟書，相關字形如：A【字形】（156:4）、B【字形】（85:5）、C【字形】（1:61），〈筮法〉此字最接近 C 形，其為「復」字而非「退」字，當無可疑。「復」常見義為「回復」，「凡變，數而入，

[44] 武漢網帳號「暮四郎」（黃杰），2014.1.12，〈初讀清華簡（四）筆記〉，武漢大學簡帛研究中心網站簡帛論壇 http://www.bsm.org.cn/bbs/read.php?tid=3155&page=5，第 48 樓。

[45] 武漢網帳號「暮四郎」（黃杰），2014.1.8，〈初讀清華簡（四）筆記〉，武漢大學簡帛研究中心網站簡帛論壇 http://www.bsm.org.cn/bbs/read.php?tid=3155，第 0 樓。

[46] 原注 18，《筮法》下文之「述」字皆依暮四郎所說讀為「遂」，不再另行注明。

[47] 子居：〈清華簡《筮法》解析〉，2014.4.7，清華大學簡帛研究網站 http://www.confucius2000.com/admin/list.asp?id=5953

乃復」意為：「凡是筮問變，遇到兌卦在左下的卦象，結果就是『復（會回復到原來的狀態）』。」至於此字在第十三節「行」的意義，請參該節。

第五節　至

【釋文】

〈〈｜ ｜〈｜　至，四正之　　　　　　　　　　【九C】

〈〈 〈｜｜　刲（卦）見，乃至。　　　　　　　【十C】

．．．．．．．．．．．．．．．．．．．．．．．．．．．．．．

｜〈〈 ｜｜〈　亓（其）余（餘），傷（易）向，　【一一C】

｜｜｜ 〈〈〈　乃亦至。叀（當）　　　　　　　　【一二C】

日、不遏（易）向，聝（聞）聝（問）不至。　【一三C】

【語譯】

　　占筮「至（來到）」，如果出現四正之卦，占筮的結果就是「至」。卦例一右上震、右下離、左上坎、左下兌，屬四正卦，因此是「至」。其他的，如果有「易向」的，占筮的結果也是「至」。第二卦例右上艮、右下巽、左上乾、左下坤，屬四隅卦，即是「易向」，因此也是「至」。如果出現與占筮那天相同的干支，即使是四正卦而不「易向」，那麼占筮的結果是「聞問不至（就連一點消息也不會來到）」。

　　原考釋："依本篇第二十四《卦位圖》，震、離、坎、兌為四正卦，艮、巽、乾、坤則居四隅。「易向」指改變四隅卦的位置，如卦例所見。"

　　叀（當）日，原考釋："「當日」指出現與占筮之日干支相合之卦，干支與

卦的對應關係，見本篇《天干與卦》、《地支與卦》二節。"

武漢網帳號「暮四郎」（黃杰）："整理報告對「當日」的解釋似不確。本篇第十八節有「見當日如當辰」，整理報告解釋爲卦象中出現與筮日干支相當之卦，「當日」指天干，「當辰」指地支，是對的。具體地說，「當日」指出現與占筮之日的天干相合之卦，例如，在六個丙日（丙寅、丙子、……）占筮，如果占得的卦中有艮卦，就是「當日」（參看第二十五節「天干與卦」）。本篇的「當日」都應當如此解釋。此處對「當日」的解釋包含了「當日」、「當辰」兩種情況，造成前後的解釋不統一，蓋偶疏。

「當辰」則是指出現與占筮之日的地支相合的卦，例如，若在丁丑日占得的卦中有巽卦，就是「當辰」（參看第二十七節「地支與卦」）。"[48]

子居〈清華簡《筮法》解析〉："（暮四郎之說，）所言恐不確，以常理來推論，一般而言，筮得四位卦各卦都不同的情況下，四位元卦會對應四個乃至四個以上的天干，若其中任一卦為乾、坤之一，也至少會對應六個地支，若無乾、坤卦，則會對應八個地支，如果真如網友暮四郎所理解，那麼第十八節「見當日如當辰」所對應的將是出現接近於幾乎每筮必中的情況，這麼大的命中概率將會使筮問失去意義。因此不難判斷，《筮法》中的「當日」就當如本節中整理者所言「出現與占筮之日干支相合之卦」，準確地說，就是指筮得的四卦之中，要出現這樣的一卦，即該卦所對應的干支與占筮之日對應干支皆相吻合。當然，出現數個這樣的卦也完全是可能的，只是概率非常非常低了而已。

另外，本節之名「至」，究竟是指別人來至本地還是指筮問之人去某地，這點其實也是值得推敲的。由筮得四隅卦的筮辭「易向」、「不易向」來看，也不排除本篇是在迷路時筮問是否能到達某地。若筮得四正卦，則說明前行方向正確，可以到達目的地；若筮得四隅卦，則說明前行方向有偏差，如果不改變方向，即便打聽路也不會到達目的地。"[49]

宇祥案：暮四郎提出之疑問有其道理。「當日」應指與占筮之日的天干相合

[48] 武漢網帳號「暮四郎」（黃杰），2014.2.20，〈初讀清華簡（四）筆記〉，武漢大學簡帛研究中心網站簡帛論壇 http://www.bsm.org.cn/bbs/read.php?tid=3155&page=7，第 65 樓。

[49] 子居：〈清華簡《筮法》解析〉，2014.4.7，清華大學簡帛研究網站 http://www.confucius2000.com/admin/list.asp?id=5953

之日；「當辰」應指與占筮之日的地支相合之日。詳參第十八節「志事」案語。

旭昇案：簡文說「當日」，沒有說「當辰」，因此原考釋解為﹁「當日」指出現與占筮之日干支相合之卦﹂當為筆誤，應該說﹁「當日」指出現與占筮之日天干相合之卦﹂。四個經卦的占筮，占得四正卦的機會是：4/8*3/8*2/8*1/8=0.005859，機率相當低。易向「四隅卦」的機率同。筮得的四卦之中要出現該卦所對應的干支與占筮之日對應的機率為 349/2048，當日又不易向，兩者相乘，其機率確是「非常非常低」。子居所說的「出現接近於幾乎每筮必中的情況」應該是不會出現的。「當日如當辰」有兩種可能，請參第十八節。

䎽（聞）䎽（問），原考釋：﹁末簡中兩個「䎽」字結構有別，下一字原作「𦕧」，兩字釋讀亦不同。﹂

武漢網帳號「ee」（單育辰）：﹁簡 13c：應讀爲：聞問不至。﹂[50]

季師旭昇〈清華四芻議：聞問，凡是（征）〉：﹁此二字作「⬚」、「⬚」，即楚文字常見之「聞」、「問」字（見李守奎先生《上海博物館藏戰國楚竹書（一～五）文字編》頁 540-541「聞」、頁 53-54「問」）。原考釋隸定作「䎽（昏）䎽（聞）」，恐不確。楚簡「昏」字都作「⬚」形，右旁無「耳」形（見李守奎先生《上海博物館藏戰國楚竹書（一～五）文字編》頁 345）。

「聞」的字形來自甲骨文的「⬚」（《前》7.31.2）；西周金文盂鼎作「⬚」；春秋金文邾王子鐘作「⬚」、王孫眞鐘作「⬚」；楚文字承襲這種字形，上部作「亼」，人形聲化為「昏」，就成了「⬚」；省略「亼」形，就成了「⬚」，因此這兩個字形都是「聞」。在楚簡中也當作「問」來用。從現有的楚簡來看，二形似乎沒有什麼區別。

至於在本節中此二字當讀為「聞問」。意思是：占問「至」，如果出現四正之卦（震、離、坎、兌），那麼就會「至」，意思應該是所要卜問的對象會來到。其餘改變四隅卦的位置，所要卜問的對象也會來到。如果占筮結果出現與占筮之日干支相合的卦，四隅之卦的位置也不改變，那麼所要卜問的對象就連消息也沒有。

---

[50] 武漢網帳號「ee」（單育辰），2014.1.8，〈初讀清華簡（四）筆記〉，武漢大學簡帛研究中心網站簡帛論壇 http://www.bsm.org.cn/bbs/read.php?tid=3155&page=2，第 12 樓。

聞問，意思是打探消息、問候，見《漢書・嚴朱吾丘主父徐嚴終王賈傳上》：「數年，不聞問」、「間者，闊焉久不聞問」。"[51]

宇祥案：從季師之說。原考釋原本通讀「昏聞不至」，並未作說明。

第六節　娶妻

【釋文】

〈〈〈　|〈〈　凸（凡）取（娶）妻，參（三）　　【一四C】

|〈|　〈||　女同男，吉。　　　　　　　　【一五C】

....

|〈〈　|||　凸（凡）取（娶）妻，參（三）　　【一六C】

〈〈　|||〈　男同女，兇。　　　　　　　　【一七C】

【語譯】

凡是筮問「娶妻」，遇到三女同男的卦象（「三女」指右上坤為母、左上離為中女、左下兌為少女。「男」指右下艮為少男），占筮的結果就是「吉」。凡是筮問「娶妻」，遇到三男同女的卦象（「三男」指右上艮為少男、右下乾為父、左上坎為中男。「女」指左下巽為長女），占筮的結果就是「凶」。

【注釋】

原考釋："前一卦例，離為中女，兌為少女，與坤合為「三女」，艮則為少男。後一卦例，艮為少男，坎為中男，與乾合為「三男」，巽則為長女。"

子居〈清華簡《筮法》解析〉："娶妻尚陰，因此本節卦辭中說「三女同男，

---

[51] 季師旭昇：〈清華四劄議：聞問，凡是（征）〉，2014.1.10，武漢大學簡帛研究中心網站 http://www.bsm.org.cn/show_article.php?id=1980

吉」、「三男同女，凶」。並且第一個卦例中艮卦並未居於左下角，或說明如前
文所言，三一卦例中屬於「一」的卦並不一定要居於左下角，而是居於任一位置
皆可。因此上，《筮法》篇中位於左下角的卦多數當皆是作者為提示左下角的特
殊地位而安排。」[52]

旭昇案：娶妻筮問遇到「三女同男」是吉、「三男同女」是凶，應該與古代
父系社會的婚姻制度有關，男子有妻妾，蔡邕《獨斷》卷上：「春秋天子一取十
二，夏制也。二十七世婦，殷人又增三九二十七，合三十九人。八十一御女，周
人上法帝嚳正妃，又九九為八十一，增之合百二十人也。天子一取十二女，象十
二月，三夫人、九嬪。諸侯一取九女，象九州，一妻、八妾。卿大夫一妻、二妾，
士一妻、一妾。」庶人也有一妻一妾，見《孟子·離婁下》。女子則從一而終，《禮
記·郊特牲》：「信，婦德也。壹與之齊，終身不改。故夫死不嫁。」

第七節　饎

【釋文】

| 凵《　\|\|\|　　呂（凡）饎（逑），參（三）男　　　　　　　【一八C】

| 〈\|\|　〈〈\|　　同女=（女，女）才（在）昏（舛）　　　　【一九C】

上，妻夫相見，饎（逑）。　　　　　　　　　　　　　【二〇C】

⋯⋯⋯⋯⋯⋯⋯⋯⋯⋯⋯⋯⋯⋯⋯⋯⋯⋯⋯⋯⋯⋯⋯⋯⋯⋯⋯⋯⋯⋯⋯

| 凵《　\|\|\|　　粜（少／表）肴（淆），饎（逑）。謍（數）　【二一C】

| 凵\|　\|《　　出，乃亦饎（逑）。　　　　　　　　　　　【二二C】

【語譯】

[52] 子居：〈清華簡《筮法》解析〉，2014.4.7，清華大學簡帛研究網站 http://www.confucius2000.
com/admin/list.asp?id=5953

　　凡是筮問「讎（合作夥伴）」，遇到三男同女，而女在上卦（三男指右上艮為少男、右下乾為父、左下震為長男。女指左上兌為少女），又妻夫相見（右上艮少男、左上兌少女，二卦均在上，故為妻夫相見），就是讎。如果卦爻稍稍淆亂（左上卦有較特殊的九跟八，兩上卦為中女與少男相見對應不如前一卦例整齊，也是讎。如果左上卦變成兌（少女），也是讎。

【注釋】

　　讎（售），原考釋：“讎，疑即「售」字，見《戰國策・秦策五》鮑注，指售賣而言。前一卦例，艮為少男，震為長男，與乾共為「三男」，而兌為少女，是為「三男同女」。兌在左上，《說文》：「兌，易卦之上體也」，是為「女在兌上」。兌又與艮左右相對，為少女、少男，是為「妻夫相見」。後一卦例，乾及兩艮為「三男」，離乃中女。”

　　復旦網帳號「長沙傅」：“第七節《讎》的「讎」█的「雔」旁作兩隹相向，與西周金文相似。見裘先生《文字學概要（修訂版）》頁 41。”[53]

　　武漢網帳號「奈我何」：“《筮法》第七節「讎」，整理者讀爲「售」，可下面文字明明有「男」、「女」、「妻夫」字樣。因此，懷疑此處的「讎」當讀爲「仇（逑）」，男女匹配之義。”[54]

　　宇祥案：季師旭昇認為原考釋讀為「售賣」不妥，古代敵視商業行為。「售」或釋為「成」，則又與「成」重複。釋為「男女匹配」則與「嫁娶」重複。釋為「仇敵」，仇敵實不需筮問。因此讀為「逑」，釋為「合作夥伴」似乎較有可能。

　　杲（少／表）肴（殽），原考釋：“「杲」字見郭店簡《緇衣》，讀為「表」，是從少聲（參看李零《郭店楚簡校讀記》，三聯書店，一九九八年，第四八六頁），在此當讀為「少」。「肴」則讀為「淆」。此例較前一卦象略雜，故云「少淆」。「數出」指如以兌代此例之離，結果仍為能售。”

　　武漢網帳號「暮四郎」（黃杰）：“讀「杲」為「少」，不一定符合楚簡的用

---

[53] 復旦網帳號「長沙傅」，2014.1.9，〈《筮法》文字識小〉，復旦大學出土文獻與古文字研究中心網站，論壇 http://www.gwz.fudan.edu.cn/forum/forum.php?mod=viewthread&tid=6977

[54] 武漢網帳號「奈我何」，2014.1.9，〈初讀清華簡（四）筆記〉，武漢大學簡帛研究中心網站簡帛論壇 http://www.bsm.org.cn/bbs/read.php?tid=3155&page=3，第 24 樓。

字習慣；料想此處如果是要表示稍微之意，直接用「少」即可，似犯不著借用這麼複雜的「眔」字；說後一卦例較前一卦象略雜，似乎也顯得有些含混。此處「眔」或許可以像郭店簡《緇衣》中的「眔」一樣讀為「表」，訓為「外」，指卦例中上面的兩卦。傳世文獻中即將六劃卦中的上卦叫作外卦。「表肴（淆）」指後一卦例中兩外卦一為少男、一為中女，殽亂不相搭配，不似前一卦例中兩外卦一為少男、一為少女，搭配整齊（「妻夫相見」）

贅言一句，「肴」讀為「淆」，於義可取，「祟」節「乾祟」條「肴」亦用為混雜之義。但先秦典籍表示混雜之義時，多用「殽」字，故「肴」讀為「殽」更好。

綜合全篇「數」的用例看，「數出」與「支」節、「雨旱」節的「數而出」應當是一回事。整理報告於「得」節注云：「兌卦在本篇有特殊意義，凡言『數』似皆與兌卦出現的位置有關」（第83頁），於「支」節「數而出」注云：「兌在右上，為『數而出』」（第86頁），都是正確的。而對此處「數出」的解釋則顯得迂曲，不符合訓詁學直釋的原則。我們認為，此處「數出」是就第一個卦例中左上的兌卦而言。如果此說不誤，則似乎可以表明，在同一節中，一個卦例下的說解並不限於該卦例，在理解某卦例下的說解時，不必只看這個卦例，還可以考慮鄰近的卦例。」[55]

子居〈清華簡《筮法》解析〉：「筆者以為，首先，「『男』、『女』、『妻夫』字樣」《筮法》中數見，並非必然就和「男女匹配」有關，所以恐不足以證明「讎」就當理解為「男女匹配之義」。在先秦時期，「讎」字絕大多數都是用為「仇敵」、「怨恨」等義，並且上節「凡娶妻，三男同女」為凶，「㑥」即古文「悔」字，《左傳‧僖公十五年》：「《蠱》之貞，風也；其悔，山也。」杜預注：「內卦為貞，外卦為悔。」則本節第一個卦例筮辭言「女在悔上」，是兌卦居於外卦之位。因此本節的「讎」似也當理解為「仇怨」之義。第二個卦例實際上也符合「三男同女，女在㑥上」，因此同樣是「讎」。「數出，乃亦讎」當是對該節的補充說明，即若筮得兌卦在左上，也是「讎」。暮四郎指出整理者讀

[55] 武漢網帳號武漢網帳號「暮四郎」（黃杰），2014.2.22，〈初讀清華簡（四）筆記〉，武漢大學簡帛研究中心網站簡帛論壇 http://www.bsm.org.cn/bbs/read.php?tid=3155&page=7，第66樓。

為「淆」的字依先秦用字習慣當為「殽」，所說甚是，此從。[56]

宇祥案：「枭肴」，季師旭昇認為第二卦例左上卦有九和八，較第一卦例稍稍淆亂，故「枭」可讀為「少」。「暮四郎」將「枭」讀為「表」亦可從。

「數出」原考釋的解釋如暮四郎所言略為迂曲，此處「數出」的情形可參第十一節「雨霽」，筮辭作「凡雨，當日在下，數而入，雨。當日在上，數而出，乃旱。」此節兌卦在右上，符合其筮辭「數而出」，但此節僅此一兌卦，並無第二個兌卦，故筮辭中的「數而入」便無著落了。此種現象又見第十三節「行」，筮辭作「凡行，數出，遂；數入，復。」此節兌卦在右上，亦符合其筮辭「數出」，同樣此節僅一兌卦，並無第二個兌卦相應筮辭「數出」。而就這樣一個卦象和筮辭無法相應的現象來說，有可能卦象和筮辭不是同時完成的，至於何者為先和兩者之間的關係，則有待更進一步的材料和研究。[57]暮四郎以為 "此處「數出」是就第一個卦例中左上的兌卦而言"，又說 "如果此說不誤，則似乎可以表明，在同一節中，一個卦例下的說解並不限於該卦例，在理解某卦例下的說解時，不必只看這個卦例，還可以考慮鄰近的卦例"，恐難成立。

旭昇案：如果第二卦例沒有「兌」，而用第一卦例的「兌」來解釋，不符第十一、十三節的辭例。因此第二卦例的「數出」，只能解釋為假設左上卦是「兌」，那麼筮問的結果也是「讎」。但左上卦的「兌」如果也是「〈‖」，與右上卦的「〈〈（艮－少男）妻夫相對，那麼整個卦象便與第一卦例完全相同，如此便談不上有什麼「枭（少／表）肴（淆）」了。因此，我以為本節的「枭（少／表）肴（淆）」應該有兩種可能，如第二卦例所呈顯的左上「｜〈〈（艮－少男）」對右上「｜〈｜（離－中女）」，可能是卦中有「九」、「八」、「五」、「四」等這種特殊的爻，第二十九節〈爻象〉：「凡爻，如大如小，作於上，外有咎；作於下，內有咎；上下皆作，邦有兵命、燹怪（宇祥：讀燹怪應可從，參拙文〈《清華肆‧筮法》淺議〉）、風雨、日月有食。」原考釋注："此處「爻」當指「五」、「九」、「四」、「八」等特異之爻。"因此本節的「數出」，或許應當視為「如果左上爻是『〈‖』這種含有九、八、五、四等特殊爻的兌卦」。這種兌卦本來應該是「有咎」，但是本卦既有「三

[56] 子居：〈清華簡《筮法》解析〉，2014.4.7，清華大學簡帛研究網站 http://www.confucius2000.com/admin/list.asp?id=5953

[57] 金宇祥：〈《清華肆‧筮法》淺議〉，「臺大中文系《中國文學研究》第四十二期暨第三十二屆論文發表會」（臺北臺灣大學，2016 年 4 月 16 日）

男同女」又有「妻夫相見」這種吉象，那麼稍有小吝，也還是「雠」。

第八節　見

【釋文】

〈〈〈　||〈　凸（凡）見，參（三）女　　　【一D】

||〈　〈|〈　同男=（男，男）見。　　　【二D】

....

〈〈|　|||　凸（凡）見，參（三）男　　　【三D】

|〈〈　|〈|　同女=（女，女）見。　　　【四D】

【語譯】

　　凡是筮問「見」，遇到三女同男的卦象，筮問的結果就是男的可以見。凡是筮問「見」，遇到三男同女的卦象，筮問的結果就是女的可以見。

【注釋】

　　原考釋：“前一卦例，兩巽為長女，與坤共為「三女」，坎為中男。後一卦例，震為長男，艮為少男，加乾為「三男」，離為中女。”

　　子居〈清華簡《筮法》解析〉：“這裡很可能也和前文例一樣，「三女同男」的「男」卦與「三男同女」的「女」卦並非一定要處於左下角。”[58]

　　旭昇案：三女同男，應是有利於男的卦象，因此結果是「男見」。至於是有利於去見男人、接見男人，或男人去見人，都有可能。三男同女，應是有利於女

的卦象，因此結果是「女見」。

【釋文】

|☰ ||| 咠（凡）見大人，　　　　　【五 D】

|☰ ☰　召（昭）穆，見。　　　　　【六 D】

【語譯】

　　凡是筮問見大人，遇到昭穆的卦象（右上艮少男、左上離中女，二者屬下一世代；右下乾為父、左下坤為母，屬於上一世代），占筮的結果是「見（可以見大人）」。

【注釋】

　　原考釋：〝此卦例，下乾、坤男女相對，上艮、離亦以少男、中女相對。「昭穆」在宗法指兩個世代，與此卦象相合。《周易》乾、訟、蹇、萃、巽等卦均有「利見大人」。〞

　　子居〈清華簡《筮法》解析〉：〝《筮法》中的昭穆自然是指各卦依長幼、先後、內外的次序排列。也就是說，若筮得的卦象顯示等級制度不亂，則為筮問「見大人」得「見」的象徵。由此節可見，《筮法》的「見大人」的卦象與《周易》中有「利見大人」的各卦卦象明顯是有著很大的區別的。〞[59]

　　季師旭昇〈《清華肆・筮法》「昭穆」淺議〉：〝原考釋謂「『昭穆』在宗法指兩個世代」，這是對的。原考釋以為與卦象相合，但是在解釋卦象時只說了「此卦例，下乾、坤男女相對，上艮、離亦以少男、中女相對」（第八節〈見〉），容易讓人誤會是下乾坤男女相對，上艮離男女相對。

　　所謂「昭穆」，《周禮・春官・小宗伯》「辨廟祧之昭穆」鄭玄注：「父曰昭，子曰穆。」《禮記・王制》：

---

[59] 子居：〈清華簡《筮法》解析〉，2014.4.7，清華大學簡帛研究網站 http://www.confucius2000. com/admin/list.asp?id=5953

天子七廟，三昭三穆，與太祖之廟而七。諸侯五廟，二昭二穆，與太祖之廟而五。大夫三廟，一昭一穆，與太祖之廟而三。士一廟。庶人祭於寢。

鄭注：

此周制。七者，大祖及文王、武王之祧，與親廟四。大祖，后稷。殷則六廟，契及湯與二昭二穆。夏則五廟，無大祖，禹與二昭二穆而已。

這些文字都說得很清楚，所謂昭穆，是指祖父子孫，遞為昭穆，左昭右穆，父昭則子穆，父穆則子昭。這就是「『昭穆』在宗法指兩個世代」。

但是，原考釋在第八節解釋卦象時只說了「此卦例，下乾、坤男女相對，上艮、離亦以少男、中女相對」，乾為父、坤為母，並不是兩個世代；少男、中女也不是兩個世代。而在第九節〈各〉則並未解釋該卦例的「昭穆」是什麼。

〈筮法〉的占筮都是以三爻的經卦相互間所呈顯的卦象來占斷，如第八節〈見〉的一至四簡的釋文說：「凡見，三女同男，男見。凡見，三男同女，女見。」筮詞中的「三男同女」、「三女同男」，便是卦象。原考釋說：「前一卦例，兩巽為長女，與坤共為「三女」，坎為中男。後一卦例，震為長男，艮為少男，加乾為「三男」，離為中女。」解釋得相當清楚。

同樣的，第九節〈各〉的「妻夫、昭穆、上毀」，也都應該是卦象。原考釋釋「妻夫」為「本卦例下為乾、坤，當係『妻夫』卦象」。「上毀」則在第十節〈瘳〉中做了解釋（雖然不是很明確）。對於第九節的「昭穆」，則並未再進一步解釋。

準照〈筮法〉的這種占筮方式，我們認為「昭穆」應該可以說得更清楚一點。第八節〈見〉，釋文作：

☰ ☰ 㠯（凡）見大人，　　　　　【五】

☲ ☷ 佋（昭）穆，見。　　　　　【六】

此例「☰ ☰」為「艮、乾」，「☲ ☷」為「離、坤」，「艮」為少男，「乾」為父，二人屬子與父，不同昭穆。「離」為中女，「坤」為母，二人屬女與母，亦不

同昭穆，子與父為一昭一穆，女與母亦為一昭一穆。當然，我們也可以解釋為兩下卦「乾坤」屬同一昭穆，兩上卦「艮離」屬同一昭穆。也就是兩上卦與兩下卦分屬不同昭穆。

同樣地，第九節〈咎〉的釋文是：

☴ ☰ 凸（凡）咎，見述（術） 【七】

☲ ☷ 日、妻夫、卲（昭） 【八】

穆、上毀，亡咎。 【九】

四經卦中，「☴ ☰」為「巽、乾」，「☲ ☷」為「離、坤」。「巽」為長女，「乾」為父，二者不同昭穆（即不同世代）。「離」為中女，坤為母，二者也不同昭穆（即不同世代），而均恰為一昭一穆。當然，本卦例也可以解釋為兩下卦「乾坤」屬同一昭穆（同一世代），兩上卦「巽離」屬同一昭穆（同一世代），兩下卦與兩上卦分屬不同昭穆。

因為這兩個卦例剛好都是兩上卦屬同一昭穆（同一世代），兩下卦屬另一昭穆（另一世代），因此能否有右上經卦與右下經卦論昭穆（世代），或左上經卦與左下經卦論昭穆（世代）？目前沒看到足夠的資料，還不敢說。

女性的昭穆（世代）應該怎麼看，《春秋繁露·三代改制質文》說：「婦從夫為昭穆。」這是說妻子（妾同），沒有說女兒。但女兒嫁後比照丈夫，未嫁前則比照兄弟，應屬合理。準此，女兒與男孩應該屬同一昭穆（世代）。也就是無論其為少女、中女、長女，都跟少男、中男、長男同一昭穆（世代）。"[60]

旭昇案：《周易·乾卦·九二》「利見大人」，舊說多主「大人」為貴族、聖人。[61]本篇的「見大人」究竟是見何人？簡文中並未明說，占卜用語解釋範圍很廣，跟卦辭的對應也不很嚴格，卦辭有「昭穆」，並不代表此處的「見大人」一定是見長輩。子居以為 "《筮法》的「見大人」的卦象與《周易》中有「利見大

---

[60] 季師旭昇：〈《清華肆·筮法》「昭穆」淺議〉，2014.5.2，復旦大學出土文獻與古文字研究中心網站 http://www.gwz.fudan.edu.cn/SrcShow.asp?Src_ID=2261
[61] 參伍華主編《周易大辭典》（廣州：中山大學出版社，1993），頁25。

人」的各卦卦象明顯是有著很大的區別的"，從簡文中似難看出有什麼不同。

第九節　咎

【釋文】

‖〈　‖‖　凸（凡）咎，見述（術／遂）　　　　　　【七D】

‖〈　《《　日、妻夫、召（昭）　　　　　　　　【八D】

穆、上毀，亡咎。　　　　　　　　　　　　　　【九D】

【語譯】

　　凡是筮問「咎」，遇到術／遂日、妻夫、昭穆、上毀的卦象，占筮的結果是沒有災咎。

【注釋】

　　原考釋："咎，《詩・伐木》傳：「過也。」在此指究問過失，故與上「見大人」條並列。「術日」，占筮之日，與「當日」意同，指出現與該日干支相當之卦。「妻夫」、「昭穆」見上。本卦例下為乾、坤，當係「妻夫」卦象。「上毀」，參下《瘳》節。"

　　子居〈清華簡《筮法》解析〉："《筮法》篇中數言「當日」，而「述日」僅此處與下節可見，故似有不同。筆者以為，遂可訓往、成，因此「遂日」或即「昨日」，「見遂日……無咎」或即「既往不咎」之意。又或者，也有可能「遂日」指的是建除術中的「成日」。「妻夫」自然是指互為陰陽的乾坤、震巽、坎離、艮兌，若見其中二卦相並列，就是「妻夫」之象。昭穆，可見上節。"[62]

　　宇祥案：「當日」已見於其他節，若「述日」亦解為「當日」不免重複，子

62 子居：〈清華簡《筮法》解析〉，2014.4.7，清華大學簡帛研究網站 http://www.confucius2000. com/admin/list.asp?id=5953

居「成日」之說有一定道理。駱珍伊學妹以為原考釋讀「遂日」為「術日」，指「占卜之日」，因為「術」字有「方術」之意，指「醫卜星象之術」，「術日」就是「占卜之日」，因此義同「當日」。「上毀」之義不是很明確，原考釋在下一節說"上節（宇祥案：即本節）卦例為巽長女、離中女，……不能男女相配，或即「上毀」之義"。

　　旭昇案：「遂日」之意費解，原考釋以為同「當日」，有一定可能，只是〈筮法〉已有「當日」，為何又有「術日」，二者有何不同？原考釋並未說明。子居釋為「昨日」或「成日」，也都不無可能。「昨日」見《莊子》、《韓非》、《呂氏春秋》，「見昨日」指「四經卦中有筮問之日前一天的卦」（子居釋為"「見遂日……無咎」或即「既往不咎」之意"，似非）。〈筮法〉第十八節有「五日為杢（來）」，原考釋釋為「有未來五日之內的干支」，則此處有昨日之卦，當不無可能。釋為「成日」，是用「建除術」的觀念。戰國時期建除術分秦楚二系[63]。楚系建除見《九店楚簡》五十六號墓簡 13-24，首月為：「荊尸：建於辰，陷於巳，（敄）破於午，平於未，寧於申，工於酉，坐於戌，盍於亥，成於子，復於丑，踠於寅，敓於卯。」[64]秦系建除見於《文物》一九八九年二期何雙全發表的〈天水放馬灘秦簡綜述〉，首月為：「正月：建寅、除卯、盈辰、平巳、定午、執未、彼申、危酉、成戌、收亥、開子、閉丑。」以十二支安排月日，秦系首為「建」，次為「除」，所以一般把這種占測之術稱為「建除」。子居把「遂日」釋為建除術的「成日」，也不無可能。《九店楚簡》對「成日」的描述是：「凡城（成）日，大吉，利以結言、取妻、嫁子、入人、成言。」[65]缺點是：目前所見到的楚除只有「成日」，沒有見到寫「遂日」的。

---

[63] 參孫占宇：〈戰國秦漢時期建除術討論〉，《西安財經學院學報》，第 23 卷第 5 期，2010 年9 月，頁 88-93。

[64] 參湖北省文物考古研究所・北京大學中文系編：《九店楚簡》（北京：中華書局，1999 年），頁 60。

[65] 參《九店楚簡》，頁 47。

第十節　瘳

【釋文】

〈‖ ‖⦀　凸（凡）瘳，見述（術）　　　　【一〇D】

‖〈 ‖‖　日、上毀，瘳。　　　　　　　【一一D】

【語譯】

　　凡是筮問「瘳（病癒）」，遇見術日、上毀的卦象，筮問的結果就是「瘳（病癒）」。

【注釋】

　　原考釋：「「術日」，見上。「上毀」，亦見於上節。本卦例上為兌少女、巽長女，上節卦例為巽長女、離中女，卦象相似，皆不能男女相配，或即「上毀」之義。」

　　子居〈清華簡《筮法》解析〉：「（原考釋之說）可以補充的是，「見遂日」若依上文理解為昨日，那麼就象徵著其病「已」，故而是病癒之象。另外，本節與上節在右上、左上的卦皆屬「女」卦，因此「上毀」似不僅是指「不能男女相配」，並且是上位的卦只有女而無男，而由上節的「無咎」和本節的「瘳」來看，得外柔之象在這兩節是屬於吉象的。」[66]

　　宇祥案：「上毀」之義不可確知，子居以為指「在上位的卦只有女而無男」，而且是吉象。可備一說。

第十一節　雨霽

【釋文】

〈‖ ‖⦀　凸（凡）雨，堂（當）日　　　　【一二D】

---

[66] 子居：〈清華簡《筮法》解析〉，2014.4.7，清華大學簡帛研究網站 http://www.confucius2000.com/admin/list.asp?id=5953

《《 《《 才（在）下，霻（數）而 【一三D】

內（入），雨。堂（當）日才（在）上， 【一四D】

霻（數）而出，乃齊（霽）。 【一五D】

【語譯】

凡是筮問「雨」，遇到筮問的日干在下卦、數而入（兌卦在下位），占筮的結果是「雨（會下雨）」。如果筮問的日干在上卦，數而出（兌卦在上位），占筮的結果就是「霽（雨停）」。

【注釋】

原考釋：＂本卦例兌卦在右上，乃「數而出」。本段末字或以為「齊」字省體的「宇」訛變，讀為「霽」。＂

復旦網帳號「長沙傅」：＂第十一節《雨旱》：簡15「數而出，乃◼（宀／干—旱）」，其中「干」的寫法可比對《慎子曰恭儉》簡1「◼迁（干）友以載道，精法以巽（順）勢」的「迁（干）」。整理者一說是「齊」之省，或無必要。＂[67]

子居〈清華簡《筮法》解析〉：＂本卦例的筮辭中，「日在下」、「數入」皆屬陰象，因此筮得其一的話，自然是筮雨得雨；「日在上」、「數出」則為陽象，所以是不雨。由此可知，筮得四位卦呈陰象為得雨，呈陽象為不雨。＂[68]

程薇〈試釋清華簡《筮法》中的「◼」字〉：＂對於「◼」字，專家們傾向于將它隸定作「宇」，讀為「旱」。不過，細推「◼」字所從，只是形與「干」字相似，卻不是干。關於「干」字，郭沫若先生早就指出，字是「盾下有鐏，盾上之 V 形乃羽飾」的象形文字，林澐先生對「干」字有更深入的論述。「干」字在楚文字中慣用，常寫作「◼」，或作形旁，寫作「◼」（《說命中》簡六）。而「旱」在楚文字中的構型有二種，一種作「◼」，從日從干；一種寫作「◼」，

---

[67] 復旦網帳號「長沙傅」，2014.1.9，〈《筮法》文字釋小〉，復旦大學出土文獻與古文字研究中心網站論壇 http://www.gwz.fudan.edu.cn/forum/forum.php?mod=viewthread&tid=6977

[68] 子居：〈清華簡《筮法》解析〉，2014.4.7，清華大學簡帛研究網站 http://www.confucius2000.com/admin/list.asp?id=5953

從雨，從旱。可見，「宇」字所從與「干」之單字或形旁皆不相同，故不宜將「宇」隸作從宀，干聲。

此節簡文中所提到的「雨」為《筮法》所總括的十七命之一，與《周禮・大卜》「以邦事作龜之八命」中的一命「七曰雨」相合，鄭注「雨，謂雨不雨也」。此類有關「雨不雨」的貞問在甲骨卜辭中早有大量出現，如「翌戊戌不雨」，「翌己亥其雨」，「翌辛丑其雨」。簡文以當日「上」與「下」、「出」與「入」來判斷當日將會「雨」、還是「不雨」，即「雨」或「傘」，顯然「傘」意為「不雨」。但因此將「傘」隸定為「旱」，從語義來看不甚妥當。雖說「旱」可以解釋為「不雨也」（《說文》），但多指「久暘為旱」（《論衡・雩》），楊樹達《積微居小學述林・釋旱》云：「旱從干者，干與乾古音同。天久陽不雨，則氣枯燥而不潤，故為乾而字從干也。」「旱」與久陽不雨相關，則「當日」（即正值那一天）「不雨」不能為「旱」。所以與「旱」相對應的雖然有「淫雨」的說法，如「若天旱，汝作淫雨」，《禮記・月令》注：「淫，霖也。雨三日以上為霖」，但這並不能簡單地與「雨」相對；並且，在文獻中，旱更多是與因過多下雨而造成的「水」（水澇災害）為對辭，且常連用，構成「水旱」。如《周禮・春官・保章氏》：「以五云之物，辨吉凶水旱降豐荒之祲象」。《大戴禮記》卷八《盛德》篇：「夫民惡之，必朝夕祝之，升聞於皇天，上帝不歆焉，故水旱並興，災害生焉。」《管子》卷三《五輔》篇：「天時不祥，則有水旱。」等等。因此，從語意對比看，將當日之「傘」隸定為「旱」，似不恰當。

那麼意為「不雨」的「傘」字相當於何字呢？

《尚書・洪範》云：「七，稽疑：擇建立卜筮人，乃命卜筮。曰雨，曰霽，曰圛，曰霧，曰克，曰貞，曰悔。」霽，《說文》：「雨止也。」「雨」和「霽」的卜問是古代卜筮活動的一項重要內容，常成對出現。我們猜想「傘」當是「齊」字的省寫，讀為同音之「霽」。

在甲骨卜辭中，有霽和雨互貞的例子。如：

戊子卜，貞：今日霽？其雨？☑霽（庫一六六五）

辛卯卜，貞：今日延霽？——妹延霽？

壬辰卜，今日不雨？（前三・一九・五）

《說文》：「霽，齊謂之霽。從雨妻聲。」于省吾先生將霽釋作霽。妻、齊兩字在古代音同字通。朱駿聲《說文通訓定聲》云：「霽當為霽之或體。」

在出土的秦漢簡帛材料中，不少是秦漢時期的《日書》等數術類文獻，其中就有大量「雨」、「霽」對占的實例。這些文獻中的「霽」字常寫作同音的「齊」字，如：

「雖雨，齊（霽）。」（《睡虎地秦簡日書甲種・稷辰》三三正）

「雨，齊（霽）。」（同上，三五正）

「旦雨夕齊（霽），夕雨不齊（霽）。」（同上，四三正）

隨州孔家坡《日書》的《叢辰》篇亦有：「唯（雖）雨，齊（霽）。」「以雨，居外者齊（霽）。」「正月以朔，多雨，齊（霽）。」「雨，居外者齊（霽）。」

另外阜陽漢簡《周易・卜辭》亦言：「齊（霽），不齊（霽）」，這些都是「齊」字讀為「霽」的重要例證。

數量最大、內容最豐富的日書材料要數北大漢簡中的《日書》，使我們有機會瞭解到日書的全貌。其中專門有《雨書》一篇，也以「雨」與「霽」作為互占辭。如「甲乙雨，丙丁霽，不乃庚辛」，「丙丁雨，戊己霽，不乃壬癸」，這是依十干順序，言某日雨、某日霽。

在褚少孫所補的《史記・龜策列傳》中，還有占卜雨、霽的詳細解說：「卜天雨不雨，雨，首仰有外，外高內下；不雨，首仰足開，若橫吉安。卜天雨霽不霽，霽，呈兆足開首仰；不霽，橫吉」，雖然卜法與筮法有所不同，但觀念卻是一致的。足見雨、霽為卜筮時的互貞辭。

總之，通過《周禮》、《尚書》等先秦文獻所提供的線索，借助甲骨卜辭互貞以及先秦秦漢簡帛中《日書》等數術類文獻的用語特點，分析「齊」字古文繁簡變化的脈絡，我們覺得清華簡《筮法》中的「伞」字當隸為「齊」字古文之省

寫，讀為「霽」，意即占問那天會不會繼續下雨？或者那天會不會雨止天晴？這樣解釋似乎比將之隸作「宇」、讀為「旱」，在本節占雨簡文中更顯合理。」[69]

宇祥案：「數而出，乃△。」△字作 ，又見第三十節「十七命」簡 63 作 。原考釋第二說「齊」字省體，讀為「霽」。可從。其實在傳世文獻和出土材料中，有關「雨」和「旱」或「雨」和「霽」皆有不少記載，難以從文意判斷簡文此處該釋「旱」或「霽」。關鍵在於 《上博七·凡物流形》甲 4、《上博七·凡物流形》乙 3，這兩個「齊」字。與此兩字比對，△字可視為此兩字的省體，亦應為「齊」字，在此處簡文讀為「霽」，為「雨止」之意。（參拙文〈談楚簡中特殊的「齊」字〉）

季師旭昇認為：圖版此字，釋為宇（从干，宀為贅符），尚可接受，但讀為旱與卜問「凡雨」前後對應不恰當。如果「凡雨」的「雨」是卜問當年的雨水，如果雨水不足就是旱災，因此本條雨、旱相對，未必矛盾。《上博四·柬大王泊旱》就是楚國遇到旱災的證明。至於因此造成十七命雨和旱分成兩個命題的疑點，只能以十七命不是很嚴密回答。

【釋文】

〈|| |《　金木相見　　　　　　　　　　　【一六 D】

||《　《||《　才（在）上，佥（陰）。水　　　【一七 D】

火相見才（在）下，風。　　　　　　　　【一八 D】

【語譯】

上卦是金（兌）木（巽）相見，筮問的結果就是「陰」。下卦是水（艮）火（坎）相見，筮問的結果就是「風（會颳風）」。（與京房易五行不同）

[69] 程薇：〈試釋清華簡《筮法》中的「傘」字〉，《深圳大學學報》，2014 年第 3 期。

【注釋】

原考釋：" 據下文《卦位圖》，本卦例上方兌在西方，屬金，巽在東南，屬木，是「金木相見在上」卦象；下方艮在東北，屬水，坎在南方，屬火，是「水火相見在下」卦象。"

子居〈清華簡《筮法》解析〉：" 下文《卦位圖》裡的五行與八卦的對應關係，明顯只是依順時針以正卦的下一卦隅卦配屬於該正卦方位所對應的五行，僅是抽去了乾、坤二卦而已（推測是歸於土）。京房易則是以震巽為木、離為火、坤艮為土、乾兌為金，坎為水，所以《筮法》的這個五行與八卦的配屬關係，和京房易的五行八卦配屬關係明顯不同。「金木相見」為金克木，兌卦屬金，為陰「在上」，即不見日之象，所以是「陰」；「水火相見」為水克火，艮卦屬水，同樣是陰，陰「在下」，所以是「風」。"[70]

「金木相見在上」為什麼就是「陰」，不好理解。子居以為金剋木，而金屬陰，其卦在右上，因此就是「陰」。「水火相見在下」為什麼就是「風」，也不好理解。子居以為水剋火，艮卦屬水，為陰，陰在下，所以是「風」，也不好理解。旭昇案：班固《白虎通・五行》以為「金為少陰」，因此「金」在上卦為「陰」，也還可以理解。《周易・說卦傳》「巽為風」、「艮為山」，〈筮法〉本節以「水火相見在下」為風，只能說與《周易・說卦傳》的流派及解釋不同吧！

第十二節　男女

【釋文】

〈〈〈　|〈〈　凸（凡）男，上去　　　　　【一九D】

|||〈　|〈|　弍（二），下去弌（一），　　　【二〇D】

中男乃男，女乃女。　　　　　【二一D】

---

[70] 子居：〈清華簡《筮法》解析〉，2014.4.7，清華大學簡帛研究網站 http://www.confucius2000.com/admin/list.asp?id=5953

【語譯】

凡是筮問生男生女，上卦去掉上面的第五、第六爻，下卦去掉下面的第一爻，剩下的卦象是男就生男，卦象是女就生女。

【注釋】

原考釋：“此指筮問生育男女。本卦例於右方上卦去其自上二爻，下卦去其自下一爻，左方卦操作相同，結果其中間都是「⚎」即坎卦，為中男，是為得男之象。”

子居〈清華簡《筮法》解析〉：“本節筮辭的「凡男」下似漏抄「女」字。並且，在筮辭中也沒有說明若按這個步驟操作後，左右各得一男卦一女卦的話，當如何判斷。筆者以為，若遇到以上情況，似是繼續執行該步驟，即右卦居上，左卦居下，再次「上去二，下去一」，然後必然只剩一個卦象，以此再來判斷男女。由前文所列地支與卦和數字的對應表可見，除乾、坤沒有見到對應數字外，屬男卦的震、坎、艮都是奇數，屬女卦的巽、離、兌都是偶數，這種以奇、偶數來判斷所生之子是男是女的方法，在天水放馬灘秦簡《日書》中也可見到，《日書》乙種簡 293 中，有「婦有壬者而欲智其男女，投日、辰、星而參合之，奇者男殹，偶者女殹，因而參之，即以所中鐘數為卜」[71]就是同樣以奇、偶數來判斷所生之子是男是女的方法，區別只在於，《筮法》中的數是筮卦所得，放馬灘秦簡《日書》中的數則是以日、辰、星對應的數字相加而得。”[72]

旭昇案：「中男乃男」可以有三個解釋：1.「中男」為一個詞。長男、少男都不生男。2.「中」指中間的爻，形成長男、中男、少男都可以生男。3.「中」釋為「得」，《周禮‧地官‧師氏》：「掌國中失之事，以教國子弟。」鄭玄注：「中，中禮者也；失，失禮者也。故書中為得。杜子春云：當為得，記君得失，若《春秋》是也。」得男卦乃生男。本節的「中男乃男」似是第 1 解。但依情理而言，懷妊不是生男就是生女，一般機率相差不大，如果只是卜到坎卦（中男）才生男，那麼機率似乎太低了。因此第 2、3 解其實也都有可能，即依法上卦去掉五、六爻，下卦去掉一爻，剩下的卦如果是長男、中男、少男，都表示會生男生；相反

---

[71] 原注 34，據晏昌貴先生《天水放馬灘秦簡乙種〈日書〉釋文（稿）》，《簡帛》第五輯（上海：上海古籍出版社，2010 年），頁 39。

[72] 子居：〈清華簡《筮法》解析〉，2014.4.7，清華大學簡帛研究網站 http://www.confucius2000.com/admin/list.asp?id=5953

地，如果剩下的卦如果是長女、中女、少女，都表示會生女生。

第十三節　行

【釋文】

〈|| ||| 凸（凡）行，嚳（數）出，　　　　　　　　　【二二D】

〈〈〈 |〈〈 述（遂）；嚳（數）內（入），復（復）。【二三D】

【語譯】

　　凡是筮問「行」，遇到數而出（兌卦在右上），筮問的結果就是「遂（會成行）」；遇到數而入（兌卦在左下），筮問的結果就是「復（未能達到目的地而返回原地）。」

【注釋】

　　原考釋：＂本卦例兌卦在右上，是「數出」。遂、復相對，與本篇第四節《支》一致。＂

　　子居〈清華簡《筮法》解析〉：＂網友暮四郎則提出：「簡23第四欄原釋『複』之字，或為『退』之訛寫。」[73]所說是。前文已言，「數出」屬得陽之象，因此其行可「遂」；「數入」屬得陰之象，所以當放棄其行。以此類推，似乎若沒有筮得「數出」、「數入」的話，則判斷四位卦呈得陽之象，也可以是「遂」；若四位卦呈得陰之象，則是「退」。＂[74]

　　旭昇案：「復」字不得隸為「退」，該字形於第四節「支（變）」已有討論，請參看。「復」字的常見義為「回復」，「凡行，數入，復」意謂：「凡是筮問行，遇到兌卦在左下，結果就是『復（未能達到目的地而返回原地）』。」

---

[73] 原注36，武漢網帳號「暮四郎」（黃杰），2014.1.8，〈初讀清華簡（四）筆記〉，武漢大學簡帛研究中心網站簡帛論壇 http://www.bsm.org.cn/bbs/read.php?tid=3155
[74] 子居：〈清華簡《筮法》解析〉，2014.4.7，清華大學簡帛研究網站 http://www.confucius2000.com/admin/list.asp?id=5953

第十四節　貞丈夫女子

【釋文】

|||　|||　　𠣬（凡）貞（貞）　　　　　　　　　【二四A】

|||　|||　　丈夫　　　　　　　　　　　　　【二五A】

．．．．．．．．．．．．．．．．．．．．．．．．．．．．．．．

|||　|||　　月夕　　　　　　　　　　　　　【二六A】

|||　|||　　軓（乾）之　　　　　　　　　　【二七A】

．．．．．．．．．．．．．．．．．．．．．．．．．．．．．．．

|||　|||　　卒（萃），乃　　　　　　　　　【二八A】

|||　|||　　屯（純）吉，　　　　　　　　　【二九A】

．．．．．．．．．．．．．．．．．．．．．．．．．．．．．．．

|||　|||　　亡（無）旾（春）　　　　　　　【三〇A】

|||　|||　　顕（夏）穌（秋）各（冬）。　　【三一A】

|||　|||　　𠣬（凡）貞（貞）　　　　　　　　【二四B】

|||　|||　　女子　　　　　　　　　　　　　【二五B】

．．．．．．．．．．．．．．．．．．．．．．．．．．．．．．．

|||　|||　　月朝　　　　　　　　　　　　　【二六B】

巛 ⑾ 臾（坤）之 【二七B】

....

巛 巛 卒（萃），乃 【二八B】

巛 ⑾ 吉，亡（無） 【二九B】

....

巛 巛 旾（春）頴（夏） 【三〇B】

巛 ⑾ 緜（秋）各（冬）。 【三一B】

【語譯】

凡是貞問「丈夫（成年男子）」，遇到月夕、或乾之萃的卦象，就都是吉，不管卦象是春夏秋冬／四季吉凶。（凡是貞問丈夫，遇到下旬日，出現乾之萃的卦象，就都是吉，不管日子在春夏秋冬。）

凡是貞問「女子」，遇到月朝、或坤之萃的卦象，就是吉，不管卦象是春夏秋冬／四季吉凶。（凡是貞問女子，遇到上旬日，出現坤之萃的卦象，就是吉，不管日子在春夏秋冬。）

【注釋】

原考釋："貞，訓為「問」。卒，讀為「萃」，《周易·萃》鄭注：「聚也。」《左傳》桓公五年杜注同。卦例或三乾，或兩乾，或三坤，皆為萃聚。屯，讀為「純」，《考工記·玉人》注：「猶皆也。」《禮記·緇衣》注同。"

武漢網帳號「暮四郎」（黃杰）："《筮法》簡28第一、二欄原釋「卒」之字，似為以「衣」形表「卒」，與楚簡的一般用字習慣有別，而同於《唐虞之道》簡18以「衣」形表「卒」。楚簡「卒」一般用「𠂔／卒」表示。"[75]

---

[75] 武漢網帳號「暮四郎」（黃杰），2014.1.8，〈初讀清華簡（四）筆記〉，武漢大學簡帛研究中心網站簡帛論壇 http://www.bsm.org.cn/bbs/read.php?tid=3155，第0樓。

　　子居〈清華簡《筮法》解析〉：“比較明顯的是，隨機筮得本節各卦例的可能性是非常非常低的。所以，結合前面第三節「享」的卦例，筆者以為，在這兩節中，或者「月朝」右側兩卦為坤、「月夕」右側兩卦為乾是固定的，或者有一定的約束機制可以導致乾、坤卦的高頻出現。並且，何以貞丈夫一段的乾卦上爻皆為數字爻九，何以貞女子一段的坤卦就沒有其他數字爻，這些爻象的原因目前都不清楚。只是可以知道貞女子一段的左下角各卦為巽、離、兌、艮的順序，顯然是人為安排的。”[76]

　　宇祥案：「暮四郎」之說不確。簡 28「卒」字兩見：（字形）、（字形），確是「卒」字。「卒」字楚簡本就有（字形）、（字形）兩種寫法，參季師旭昇《說文新證》卷八「卒」字條。此處「月朝」、「月夕」原考釋未再作說明。以原考釋第三節「享」對「月朝」、「月夕」的理解，那麼此處「月朝」應指第一卦例左下的艮；「月夕」應指第五卦例左下的巽。

　　季師旭昇認為：1.丈夫女子指被貞問的成年男女，而不是指貞問者。2.乾之萃指右上、右下、左上都是乾（依子居指右邊兩卦）；坤之萃同。3.月朝，依第三節原考釋指左下經卦，最下爻與上二爻不同；月夕，依第三節原考釋指左下經卦，最上爻與下二爻不同。如依此解吉的機率很低。4.駱珍伊學妹以為月朝、月夕，指貞問的時間或被貞問事件發生的時間。5.亡春夏秋冬，亡讀為無，指不管、不論是。春夏秋冬可能指四季吉凶的卦象或占問的時間。

　　旭昇案：丈夫，成年男子，《穀梁傳·文公十二年》：「男子二十而冠，冠而列丈夫。」同樣的，「女子」應該指「成年女子」。貞丈夫女子，不是去貞問「求神問卜的人」的本身，而是求神問卜的人要「關心的人」。如「某甲」失蹤了，父母去問「某甲」的安危，「丈夫女子」就是「某甲」，而不是「父母」。這類問卜內容，得到吉卦的機會通常是很低的。子居質疑“隨機筮得本節各卦例的可能性是非常非常低的”，因而主張“或者「月朝」右側兩卦為坤、「月夕」右側兩卦為乾是固定的，或者有一定的約束機制可以導致乾、坤卦的高頻出現”，可能是沒有必要的。又，本節出現不少「九」，在第一節中稱「九」與「五」為惡爻，

[76] 子居：〈清華簡《筮法》解析〉，2014.4.7，清華大學簡帛研究網站 http://www.confucius2000.com/admin/list.asp?id=5953

但是在本節中，「九」並沒有不好的作用。可見得「九」與「五」並非一定為惡爻。

第十五節　小得

【釋文】

〈〈　|〈|　㠯（凡）少（小）旻（得），　　　【二四C】

|〈|　〈||　乃旻（得）之。　　　【二五C】

....

〈〈　|〈|　㠯（凡）少（小）旻（得），　　　【二六C】

|〈|　||〈　乃旻（得）之。　　　【二七C】

....

〈〈|　〈〈|　參（三）同弍（一），　　　【二八C】

〈〈|　〈〉|　乃旻（得）之。　　　【二九C】

【語譯】

　　凡是貞問「小得」，遇到小得的卦象，結果就是「得」。凡是貞問「小得」，遇到小得的卦象，結果就是「得」。遇到「三同一」的卦象，結果就是「得」。

【注釋】

　　原考釋：“第三卦例，三震與一坎共見，故云「三同一」。”

　　子居〈清華簡《筮法》解析〉：“考慮到三個卦例中皆以「坎」為共同存在的卦，因此推測對「小得」的判斷當是與「坎」卦有關。本節前兩個卦例，皆符

合第二節「得」的筮辭「三女同男」。後一個卦例則為純男，也可判斷為符合第二節「得」的「三左同右」，左下角的坎雖然全部是特殊的數位爻（惡爻），但從筮辭中則無所體現，這也就證明前文所說，惡爻的存在並不一定導致特殊判斷。至於何以「小得」會從「得」中獨立出來列舉卦例，其機制則並不清楚。」[77]

　　旭昇案：小得應該既是卦象也是問事，原考釋把小得當標題，應是指問事，子居也認為是問事，恐怕說得不夠周延。與第二節「得」相比，「得」的右上卦是乾為父，右下卦及左上卦是坤為母；本節的第一卦例右上卦是坎為中男，右下卦及左上卦是離為中女，均較第二節為小，因此是小得的卦象。第二卦例同。

【釋文】

‖‖‖ 坓（邦）去（虛）政已，　　　【三〇C】

‖〈 〈〈‖ 於公利貧。　　　　　　　　【三一C】

【語譯】

　　邦國空虛，執政權被罷黜，（這種情況）對公來說，安貧較有利。。

【注釋】

　　原考釋：「此卦例當係附錄於《小得》之後，可能是一次實筮的記錄。「邦」即「國」，去，《戰國策・燕策一》鮑注：「猶失也。」卦例乾在坤下，震長男在巽長女下，顛倒不當，故云失政。「於公利貧（分）」疑指利分公室，從用辭看，似與稱王之楚國不合。」

　　子居〈清華簡《筮法》解析〉：「筆者則以為，本卦例仍是說的「小得」。去，當讀為郤，「邦郤」即國政隙壞，類似的描述可見于《商君書・修權》所言

[77] 子居：〈清華簡《筮法》解析〉，2014.4.7，清華大學簡帛研究網站 http://www.confucius2000.com/admin/list.asp?id=5953

「故國有隙蠹而不亡者，天下鮮矣。」政已，即政息，如《禮記・中庸》所言：「文武之政，布在方策，其人存，則其政舉；其人亡，則其政息。」所以「邦去政已」當是指國政崩壞，難以挽回的局面。「於公利貧」則是避禍的手段，《左傳・襄公二十二年》：「吾聞之，生於亂世，貴而能貧，民無求焉，可以後亡。敬共事君，與二三子。生在敬戒，不在富也。」即這種思想的體現，相對于應「得」的要少，所以是「小得」。整理者所言「卦例乾在坤下，震長男在巽長女下，顛倒不當，故云失政。」似不確，本卦例當是卦序不合于「昭穆」，所以筮辭才說「邦去政已」，若以自左下至右上為：坤巽乾震，應該就合于「昭穆」了。由本卦例的筮辭還可以知道，《筮法》篇的使用物件是當是邦國之重臣，而非普通百姓。」[78]

旭昇案：原考釋釋「邦去」為「國失」，釋「於公利貧」為“「於公利貧（分）」疑指利分公室”，意思不是很明白。已經失去邦國，沒有執政權的人，無論其為王、為公，大概很難有「利分公室」的機會了。子居釋「邦去」為「邦隙」，指「國政隙壞」，「邦去政已」“當是指國政崩壞，難以挽回的局面”；「於公利貧」指「貴而能貧」，“相對于應「得」的要少，所以是「小得」”。意思似乎較清楚。釋「政已」為「政息」，亦近是而不夠精確。「已」，有罷黜之意，《論語・公冶長》：「令尹子文三仕為令尹，無喜色；三已之，無慍色。」皇侃義疏：「已，謂黜止也。」因此，「政已」可解釋為「政權遭罷黜」。「邦去」則可通讀為「邦虛」，「虎（曉母魚部）」聲與「去（溪母魚部）」聲可通（見《漢字通用聲素》頁396），二字聲近韻同。「虛」從丘、虍聲，虍虎同音，因此「去」可以通讀為「虛」（前引《漢字通用聲素》所舉的例證就是《史記・司馬相如列傳》「禹禹鱸魶」，《漢書》、《文選・上林賦》「鱸」並作「魼」，此為「虛」聲與「去」聲可通之例證）。「邦虛」即「國虛」，《黃石公三略・上略》：「無三年之食，是謂國虛。國虛，則民貧；民貧，則上下不親。」《戰國策・東周・或為周最謂金投》：「秦、齊合，則公之國虛矣。」「邦虛」指邦國空虛；「政已」指執政權被罷黜。「於公利貧」指：「這種情況對公來說，安貧較有利。」這當然也是「少得」。本節前三例的「少得」意為「小得」，即「小有獲得」；第四例的「少得」意為「缺少獲得」。同為「少得」，而讀音、釋義似都不同。

---

[78] 子居：〈清華簡《筮法》解析〉，2014.4.7，清華大學簡帛研究網站 http://www.confucius2000. com/admin/list.asp?id=5953

第十六節　戰

【釋文】

〢〢 〢〢　凸（凡）是（正／征），內　　　　　　【二四D】

〢〢 〢〢　戠（勝）外。　　　　　　　　　　　【二五D】

···

〢〢 〢〢　凸（凡）是（正／征），外　　　　　　【二六D】

〢〢 〢〢　戠（勝）內。　　　　　　　　　　　【二七D】

【語譯】

　　凡是貞問征戰，內卦（987）勝過外卦（654）就代表我軍戰勝敵軍。凡是貞問征戰，外卦（654）勝過內卦（987）就代表敵軍戰勝我軍。

【注釋】

　　原考釋：“卦例均以「一」代替「七」的位置，值得注意。節題據本篇第三十簡《十七命》有「戰」，與此節占勝負相符，乃試加。”

　　馬楠〈清華簡《筮法》二題〉：“清華簡《筮法》中出現的卦畫有「一」、「六」、「四」、「五」、「八」、「九」六種，其中最常出現的卦畫爲「一」和「六」，筆者認爲，「一」實際上代表的是數字「七」，全篇中證據有三處：

　　　　　　　　　　　　　　　　　　　　　　　　　【24】—【27】
（1）
戠　凡　戠　凡
內　是　外　是
　　外　　　內

兩組卦分別爲「九八七六五四」和「四五六七八九」，正合於「內勝外」、「外勝內」。

（2）　巳　辰　卯　寅　丑　子　【52】—【57】
　　　　亥　戌　酉　申　未　午
　　　　▽　╳　ハ　一　ハ　ラ

簡文以十二地支配卦畫，則釋「一」爲「七」也同樣通順。

（3）簡文云「其失十三」。【15】

則簡文中數字卦卦畫可分爲三組，相加皆爲 13：

4+9=13　　5+8=13　　6+7=13

而《筮法》所見數字卦中「一」實爲數字七，又可通過數字卦的算法得到驗證。基於「大衍之數五十」的朱熹《周易本義》算法可以寫作：

50-1=49 分爲左右，分別除 4，取餘數（整除以 4 計）相加，則得到 5 或 9；

餘下 44 或 40，分爲左右，分別除 4，取餘數（整除以 4 計）相加，得到 4 或 8；

餘下 32、36、40，分爲左右，分別除 4，取餘數（整除以 4 計）相加，得到 4 或 8；

如果三次得到：

5+4+4=13，則 49-13=36=4×9；（老陽）

5+4+8=17，或 9+4+4=17，則 49-17=32=4×8；（少陰）

5+8+8=21，或 9+4+8=21，則 49-21=28=4×7；（少陽）

9+8+8=25，則 49-25=24=4×6。（老陰）

結果以 7、8 爲主，9、6 爲輔。事實上，並沒有一種類似的算法可以同時得到 1、4、5、6、8、9 六個數字，並以 1、6 爲主。相對而言，一種算法的結果主體爲 6 和 7，由於 4=6-2；9=7+2；8=6+2；5=7-2，所以可以想像 4 和 9；5 和 8 是 6、7 變化出的兩組數，即計算結果爲 6、7、6±2、7±2，這種結果顯然是可以實現的。"[79]

　　子居〈清華簡《筮法》解析〉："嚴格地講，如本節卦例這樣的筮得結果，其出現率是非常非常低的，因此當是舉最典型的卦例來涵蓋其他諸卦例。于五行相克中，水克火。在《筮法》裡，離爲水，坎爲火，因此第一個卦例是「內勝外」，第二個卦例是「外勝內」。推而廣之，將八卦按《筮法》第二十一節分屬五行：震巽屬木、坎屬火、兌屬金、艮離屬水，乾坤屬土，然後按五行相生、相克的規律來分析四位卦，即可知外內孰勝。"[80]

　　宇祥：原考釋和馬楠之說大致可從。馬楠所用的算法爲「揲蓍法」，其言「……並以 1、6 爲主」、「主體爲 6 和 7」，但什麼時候用 1 或 7 未說明，又加減 2 無一定規律。

　　旭昇案：馬楠主張〈筮法〉卦爻中的「一」應代表「七」，所舉四點理由中，（一）、（二）兩點可從。第（三）點「其失十三」，意思應該是它失的機率是十分之三，而不是失的總數是十三次，馬楠理解爲 6+7=13，恐有誤解。第（四）點用大衍之數的筮法，得出 7、8、6、9 四個數字，然後透過「4=6-2；9=7+2；8=6+2；5=7-2」，得出「所以可以想像 4 和 9；5 和 8 是 6、7 變化出的兩組數，即計算結果爲 6、7、6±2、7±2」，這就解釋出了〈筮法〉的數字爻出現 4、5、6、7、8、9，以及用「1」代表「7」的由來。但是，這是站在相信易卦都是由「大衍揲卦法」揲出來的，如果易卦並非都是由「大衍揲卦法」揲出來的，那麼馬楠的解釋就未必可信了。我們現在所能看到的數字卦上的數字，其實是從 1 到 10 的十個數字都有的（只是 2、3、10 三個數字出現得極少），這就不是用「大衍揲卦法」所能揲出來的了。「大衍揲卦法」只能揲出 6、7、8、9 四個數字。我們很

[79] 馬楠：〈清華簡《筮法》二題〉，2014.1.7，清華大學出土文獻研究與保護中心網站 http://www.ctwx.tsinghua.edu.cn/publish/cetrp/6831/2014/20140107213343748792367/20140107213343748792367_.html。又載於《深圳大學學報》2014 年 01 期。

[80] 子居：〈清華簡《筮法》解析〉，2014.4.7，清華大學簡帛研究網站 http://www.confucius2000.com/admin/list.asp?id=5953

難理解最早的揲卦法為什麼要用那麼複雜的方法，然後只能揲出 6、7、8、9 四個數字，這四個數字以外的數字再想盡各種辦法把它變出來。最合理的解釋，恐怕是最早的揲卦法應該是很素樸的，很簡單地就可以揲出 1 到 10 的十個數字。後來 2 與 3 會與 1 混淆，最早遭到淘汰。後來數字越減越少，而揲法則越來越複雜。「大衍揲卦法」只能揲出 6、7、8、9 四個數字，以 7、8 為主，得 7 就用 1 來代替，得 9 就減 2 為 7、得 8 就減 2 為 6，這就是大多數楚簡中的數字卦多半為 1 與 6 的原因。《上博三・周易》及漢代馬王堆《周易》、阜陽《周易》所見數字卦均為 1 與 8，那就是得 6 加 2 為 8。至於〈筮法〉中為什麼還是出現 4、5、8、9，而沒有歸併到 1、6，或許是簡化得較慢、或許是採取的演化路徑不完全相同，目前還無法完全明瞭。

凡是，武漢網帳號「有鬲散人」："簡 24-25「凡是，內勝外」，簡 26-27「凡是，外勝內」，其中所謂的「是」，當釋為從「正」，「丁」（「丁」字沒有填實）聲的「正」，讀為「征」。此處簡文講的是戰爭之事，讀為「征」十分合適。下文簡 28-29「凡成，同乃成」，簡 30-31「不同，乃不成」，講的是「成」，即和，與上文的「征」呼應。下文第三十節的《十七命》中，與「成」並言的是「戰」，「戰」對應的正是此處的「征」，「戰」與「征」同義。古書記錄的命辭中有「征」，如《周禮・大卜》："以邦事作龜之八命，一曰征……」如此看來，此節的節題應改為「征」。"[81]

季師旭昇〈清華四芻議：聞問，凡是（征）〉："「凡是」一詞，有點奇怪。依「十七命」的凡例，「凡」字之後多半是要卜問的事類，如：第三節的「凡享」、第四節的「凡攴」、第六節的「凡娶妻」、第七節的「凡讎」、第八節的「凡見」、第九節的「凡咎」、第十節的「凡瘳」、第十一節的「凡雨」、第十二節的「凡男」、第十三節的「凡行」、第十四節的「凡貞丈夫」、第十五節的「凡小得」、第十七節的「凡成」，「凡」之下都是所卜問的「事」。簡 62 第三十節「十七命」所述為「曰果、曰至、曰享、曰死生、曰得、曰見、曰瘳、曰咎、曰男女、曰雨、曰取妻、曰戰、曰成、曰行、曰讎、曰旱、曰祟」，都與前面各節所問吻合。只有本節的「凡 ⻗」，所述內容為征戰，標題與「十七命」的「曰戰」不

---

[81] 武漢網帳號「有鬲散人」，2014.1.8，〈初讀清華簡（四）筆記〉，武漢大學簡帛研究中心網站簡帛論壇 http://www.bsm.org.cn/bbs/read.php?tid=3155&page=2，第 11 樓。

同。所以令人覺得有點奇怪。

楚簡的「是」字一般作「🝳」（如本篇簡 57），所以初看會認為此字從「正」，上從「囗」象城邑形，應是楚文字「征」之特殊寫法。但是，本篇的「是」字確有作「🝳」形者，如簡 46、57「是故」之「是」即作「🝳」，所以原考釋把「🝳」字隸為「是」，也確有其依據，不是誤釋。

但是，「凡是」究竟是何義，原考釋並未解釋。與卜問內容也難以契合。我們以為：「是」字上古音屬禪母支部，「正（征）」的上古音章母耕部，二字上古聲母同屬舌頭音，韻為陰陽對轉，所以「是」與「正（征）」應該讀音極為接近，因而此處的「是」字應該讀為「正（征）」，釋文當作：

呂（凡）是（正／征），內戠（勝）外。　呂（凡）是（正／征），外戠（勝）內。

意思是：「凡卜問征戰，得此卦者，內勝外。」「凡卜問征戰，得此卦者，外勝內。」本篇第一卜的二卦由初爻往上爻分別都是「九八一（七）六五四」，因此是內勝外；第二卜的二卦由初爻往上爻分別都是「四五六一（七）八九」，因此是內勝外。

「是」字作「🝳」，與一般常見的「是」字相比較，其上部的「日」形少一筆作「囗」形，是否因為讀為「征」，所以刻意省筆，而其音讀「是」、「征」本又相近，因此「是故」之「是」也受類化而作此形。這二形究竟是不同的字（一為「正」、一為「是」），還是二形都是「是」字，但可以通讀為「正」，還有待深究。由於是第一次出現「是」字做這種字形，值得我們留意。」[82]

武漢網帳號「海天遊蹤」（蘇建洲）：「剛剛看到季老師的文章，將「第十六節戰」的「凡是」讀為「凡征」，其說可從。11 樓的有鬲散人亦有相同意見，但分析似較為曲折。【是與正】確實有通假例證，《蓋廬》簡 18「毋要堤堤之期，毋擊堂堂之陣」可對應《孫子兵法‧軍爭篇》「無邀正正之旗，勿擊堂堂之陣」，「堤堤」當讀為「正正」，這可為本簡「是」讀為「正」提供證據。至於字形「是」上部寫作「○」形也不是初見，《子羔》、《仲弓》的「是」都是這樣寫的。」[83]

---

[82] 季師旭昇：〈清華四芻議：聞問，凡是（征）〉，2014.1.10，武漢大學簡帛研究中心網站 http://www.bsm.org.cn/show_article.php?id=1980

[83] 武漢網帳號「海天遊蹤」（蘇建洲），2014.1.10，〈初讀清華簡（四）筆記〉，武漢大學簡帛研究中心網站簡帛論壇 http://www.bsm.org.cn/bbs/read.php?tid=3155&page=5，第 40 樓。

　　劉雲〈釋清華簡《筮法》中的「正」字〉：整理者將 A（字祥：「是」字，字形作 。後皆同。）釋為「是」。戰國文字中的「是」字的確有這麼寫的，[84]而且《筮法》中就有這麼寫的「是」字。[85]這樣看來，整理者的意見似乎沒有問題。不過，A 表示戰爭之類的意思，但「是」字顯然沒有戰爭之類的意思。那麼 A 該怎麼理解呢？整理者沒有對 A 作進一步的解釋。

戰國文字中有一類累加「丁」聲的「正」字，如：

（《陶文圖錄》3·151·2）

（郭店簡《唐虞之道》簡 3）

（下部偏旁，《古璽彙編》3061）

我們認為 A 就是這類「正」字。A 與上揭「正」字的差異，僅在於 A 所從的「丁」是勾廓的，而上揭「正」字所從的「丁」是填實的。戰國文字中的「丁」字有填實與勾廓兩種寫法，如：

（陳逆簠，《集成》4096）　（國差𦉜，《集成》10361）

（下部偏旁，侯馬盟書 198：12）　（下部偏旁，侯馬盟書 16：15）

我們認為「A（正）」應讀為「征」，訓為征伐。「征」從「正」聲，「正」讀為「征」在語音上沒有任何問題，而且也符合戰國文字的用字習慣。征伐是「征」的常用義，不煩舉例。我們上文已指出，A 表示戰爭之類的意思，將「A（正）」讀為「征」，訓為征伐，在語義上也十分合適。古書記載的命辭中有「征」，如《周禮‧春官‧大卜》：「以邦事作龜之八命，一曰征，二曰象，三曰與，四曰謀，五曰果，六曰至，七曰雨，八曰瘳。」A 為命辭，將「A（正）」讀為「征」，與古書記載的命辭吻合。

　　李旭昇先生有和我們類似的觀點，不過他認為整理者將 A 釋為「是」沒有

---

[84] 原注 6，參滕壬生：《楚系簡帛文字編（增訂本）》，湖北教育出版社，2008 年 10 月，第 148 頁。

[85] 原注 7，李學勤主編：《清華大學藏戰國竹簡（肆）》，第 154 頁。

問題，並進而將「是」讀為「征」。就上古音來說，「是」為禪母支部字，「征」為章母耕部字，二字聲母同屬舌音，韻部陰陽對轉，古音的確不遠，所以，將「是」讀為「征」在語音上沒有問題。但問題是，將「是」讀為「征」與戰國文字的用字習慣不合，據我所知，戰國文字中「是」及「是」聲字似沒有讀為「正」或「正」聲字的例子。不過，戰國文字的情況十分複雜，有很多超出我們想象的現象，季先生的觀點依然有成立的可能。

　　戰國文字中累加「丁」聲的「正」字，我們上文列舉了三個，這是我們所能見到的所有的這類「正」字。這三個字中，第一個為齊系文字，[86]第三個為晉系文字，[87]第二個出現於郭店簡《唐虞之道》中，據馮勝君先生研究，郭店簡《唐虞之道》是具有齊系文字特點的抄本。[88]也就是說，這類「正」字在楚文字中沒有出現過，僅見於齊系和晉系文字。《清華大學藏戰國竹簡（肆）》所收戰國竹簡上的文字，從整體上看無疑是楚文字，A 作為累加「丁」聲的「正」字，出現於這些文字中，是不是很反常呢？答案是否定的。

　　《清華大學藏戰國竹簡（肆）》所收戰國竹簡上的文字，雖然從整體上看是楚文字，但其中的某些文字具有齊系文字的特點。[89]如：《筮法》簡 2 中的「病」字作 ，該字所從之「丙」與楚文字中的「丙」字不同，而與齊系文字中的「丙」字相似，楚文字中的「丙」字一般作 （包山簡 31），齊系文字中的「丙」字或作 （莒侯少子簋，《集成》4152）；《筮法》簡 28 中的「卒」字作 ，該字與楚文字中的「卒」字不同，而與齊系文字中的「卒」字相似，楚文字中的「卒」字作 （上博簡《曹沬之陳》簡 28），齊系文字中的「卒」字作 （郭店簡《唐虞之道》簡 18）；[90]《別卦》簡 2 中的「僕」字作 ，該字與楚文字中的「僕」字不同，而與齊系文字中的「僕」字相似，楚文字中的「僕」字一般作 （上

86　原注 10，參孫剛：《齊文字編》，福建人民出版社，2010 年 1 月，第 38 頁。

87　原注 11，參湯志彪：《三晉文字編》，吉林大學博士學位論文，2009 年，第 462 頁。

88　原注 12，馮勝君：《論郭店簡〈唐虞之道〉、〈忠信之道〉、〈語叢〉一～三以及上博簡〈緇衣〉為具有齊系文字特點的抄本》，北京大學博士後研究工作報告，2004 年。

89　原注 13，這一點已有學者指出，參簡帛網「簡帛論壇」中「暮四郎」網友的帖子「初讀清華簡（四）筆記」，2014 年 1 月 8 日；復旦大學出土文獻與古文字研究中心網「論壇」中「長沙傅」網友的帖子「《筮法》文字識小」，2014 年 1 月 9 日。

90　原注 14，《筮法》簡 28 中的「卒」字不只與齊系文字中的「卒」字相似，還與秦系、燕系文字中的「卒」字相似。考慮到我們列舉的《清華大學藏戰國竹簡（肆）》所收戰國竹簡上的其他文字，具有典型的齊系文字的特點，我們將此「卒」字所具有的特點亦歸為齊系文字的特點。

博簡《東大王泊旱》簡 20），齊系文字中的「僕」字或作（叔尸鎛，《集成》285.5）。

通過以上分析，我們可以看出，A 作為累加「丁」聲的「正」字，出現於《筮法》中是完全可以理解的。[91]

復旦網帳號「心玉」：“《郭店・唐虞之道》的字形，應該是橫筆寫粗了，而不是從丁如《郭店・五行》簡 41 的「不」字。”[92]

復旦網帳號「海天」（蘇建洲）：“拜讀劉雲兄大作，有些意見與兄商榷：

1.簡 46「是」作，與本簡兩「是」字作、同形，而與簡 9 的「正」寫作不同，可見後二者解為「是」是直接且合理的。類似寫法的「是」亦見於（《集成》95，㽵孫鐘）、（《集成》98，㽵孫鐘）、（《集成》100，㽵孫鐘）、（《集成》101，㽵孫鐘）、（《集成》3910.1，是婁簋）、（《集成》3910.2，是婁簋）、（《子羔》簡 10）、（《子羔》簡 10）、（《子羔》簡 12）、（《子羔》簡 12）。

2.「是」讀為「征」，並非沒有通假例證，請看《蓋廬》簡 18「毋要堤堤之期，毋擊堂堂之陣」可對應《孫子兵法・軍爭篇》「無邀正正之旗，勿擊堂堂之陣」，「堤堤」當讀爲「正正」，這可為本簡「是」讀為「征」提供證據。

3.《筮法》簡 2 中的「病」字作具有齊系文字特色，已有網友「長沙傅」提出（ http://www.gwz.fudan.edu.cn/forum/forum.php?mod=viewthread&tid=6977 ）。「卒」字作的特點，已有黃杰點出。

4.劉雲兄認為《別卦》簡 2 中的「僕」字作，與楚文字中的「僕」字不同，而與齊文字相近。按：此說蓋一時不察，請看（《志書乃言》01）、（僕，《成王為成濮之行》）”[93]

---

[91] 劉雲：〈釋清華簡《筮法》中的「正」字〉，2014.1.21，復旦大學出土文獻與簡帛研究中心網站 http://www.gwz.fudan.edu.cn/SrcShow.asp?Src_ID=2220

[92] 復旦網帳號「心玉」發言見於「劉雲：〈釋清華簡《筮法》中的「正」字〉，2014.1.21，復旦大學出土文獻與簡帛研究中心網站 http://www.gwz.fudan.edu.cn/SrcShow.asp?Src_ID=2220」一文下方學者評論欄，發言時間 2014.1.21 22:48:39

[93] 復旦網帳號「海天」（蘇建洲）發言見於「劉雲：〈釋清華簡《筮法》中的「正」字〉，2014.

　　復旦網帳號「苦行僧」（劉雲）：“謝謝海天兄的意見。「是」字上部可以作「○」形，文中已指出。將「是」讀為「征」與戰國文字的用字習慣不合，文中強調的是戰國文字，不過後世的證據，不能說沒有意義，文中也該引用兄所說的意見，此處疏漏。學者關於《筮法》中「病」字與「卒」字的意見，文中有小注說明。至於「僕」字，是我太馬虎了，實在不應該，多謝海天兄指出。另外，這類特殊的「正」字也不是文中所說的僅有三個，剛發現郭店簡《唐虞之道》簡13中亦有這類「正」字。行文倉促，漏洞太多，實在慚愧！”[94]

　　復旦網帳號「海天」（蘇建洲）：“劉雲兄一直強調「戰國文字」的用字習慣，而將秦漢簡帛的用字習慣視為「後世的證據」，這種一刀切的說法我認為恐有問題。事實上，戰國竹簡的釋讀得力於不少秦漢簡帛的證據，比如《上博九·舉治王天下》第一篇〈胡公見大公望〉：「（胡）公見大公望於呂述（隧）」，「呂隧」的確讀便是根據馬王堆《戰國縱橫家書·蘇秦謂燕王章》：「自復而足，楚將不出睢（沮）章（漳），秦將不出商閣（於），齊不出呂（隧）」、《銀雀山漢墓竹簡·選卒》：「勝不服於呂遂。」再舉一個白於藍先生《戰國秦漢簡帛古書通假字彙纂》所舉的例證：「不論是從郭店簡《窮答以時》篇還是從馬王堆漢墓帛書《十六經·正亂》篇以及武威漢簡《儀禮》甲本《有司》篇的用字情況來看，『酭』當是當作『醢』字來用的。」（《前言》頁9）這也可說明戰國秦漢簡帛用字的延續性。自然《蓋廬》簡18的「堤堤」讀為「征征」也可以認為是戰國時期用法的延續。”[95]

　　復旦網帳號「王寧」：“《筮法》第十六節的這個「是」，可能是讀為「敵」。該節篇題是「戰」，據整理者說是根據《十七命》中的「戰」所加，「戰」、「敵」在意思上能對應起來。”[96]

　　1.21，復旦大學出土文獻與簡帛研究中心網站 http://www.gwz.fudan.edu.cn/SrcShow.asp?Src_ID=2220」一文下方學者評論欄，發言時間 2014.1.21 23:00:27

[94] 復旦網帳號「苦行僧」（劉雲）發言見於「劉雲：〈釋清華簡《筮法》中的「正」字〉，2014.1.21，復旦大學出土文獻與簡帛研究中心網站 http://www.gwz.fudan.edu.cn/SrcShow.asp?Src_ID=2220」一文下方學者評論欄，發言時間 2014.1.21 23:33:33

[95] 復旦網帳號「海天」（蘇建洲）發言見於「劉雲：〈釋清華簡《筮法》中的「正」字〉，2014.1.21，復旦大學出土文獻與簡帛研究中心網站 http://www.gwz.fudan.edu.cn/SrcShow.asp?Src_ID=2220」一文下方學者評論欄，發言時間 2014.1.22 7:27:27

[96] 復旦網帳號「王寧」發言見於「劉雲：〈釋清華簡《筮法》中的「正」字〉，2014.1.21，復旦大學出土文獻與簡帛研究中心網站 http://www.gwz.fudan.edu.cn/SrcShow.asp?Src_ID=2220」一文下方學者評論欄，發言時間 2014.1.23 9:48:44

旭昇案：「⿱𠄌正」字釋為「是」字，應無問題，解為「正」，同「征」。《說文解字》：「正，是也。」也可為「是」、「正」音義互通添一證據。

內、外，原考釋："內、外，指戰爭中我方、敵方。一說據《詩・魚麗》序鄭箋：「內，謂諸夏也；外，謂夷狄也。」"

子居〈清華簡《筮法》解析〉："「內」，在兵法中又稱「主人」，是指守方；「外」，在兵法中又稱「客」，是指攻方。例如《乙巳占》卷十即言：「外來為客，在內為主人。」又《乙巳占》卷九：「有赤氣從城上出者，兵內勝，宜備之。……蒙云圍城而入城者，外勝，得入。」《觀象玩占》卷三十八：「日背璚，有芒刺。向外，為外勝；向內，為內勝。」《開元占經》卷八引《太公陰秘》：「日暈，有五色雲如杵貫日。從外入，外人勝；從內出，內人勝。」《太白陰經・雜占》：「月有暈，則先起兵者勝。月暈抱帶者有赤色，在外，外人勝；在內，內人勝。」皆可證「內」指「主人」，「外」指「客」，而並非是整理者所言「戰爭中我方、敵方」或「內，謂諸夏也；外，謂夷狄也」。"[97]

宇祥案：此處從原考釋釋為我方、敵方。

第十七節　成

【釋文】

⿰川川　⿱凡　呂（凡）成，同　　　【二八D】

⿰川川　⿰川｜　乃成。　　　【二九D】

．．．．．．．．．．．．．．．．．．．．．．．．．．．．

⿰川川　⿰川｜　不同，乃　　　【三〇D】

---

[97] 子居：〈清華簡《筮法》解析〉，2014.4.7，清華大學簡帛研究網站 http://www.confucius2000.com/admin/list.asp?id=5953

《| 〈|| 　不成。　　　　　　　【三一D】

【語譯】

　　凡是筮問「成（講和／成功）」，中心四爻（右上卦的最下爻、右下卦的最上爻、左上卦的最下爻、左下卦的最上爻）相同，結果就是「成」；中心四爻不同，結果就是「不成」。

【注釋】

　　原考釋："成，講和，與「戰」相對。前一卦例，合觀其左右，中心四爻皆為「五」，「同」為成和之象。後一卦例，中心四爻或「六」或「一」，「不同」為不成之象。"

　　子居〈清華簡《筮法》解析〉："《左傳·隱公三年》：「信不由中，質無益也。」本節即是如整理者所言，取象中心的四爻，四爻同，則為「成」；四爻不同，則為「不成」。至於「中心四爻皆為『五』」蓋是為了凸顯中心四爻的重要性，其實則並非一定要是特殊的數字爻。從有筮戰、筮成的情況也可以看出，《筮法》篇的使用物件為有兵權的重臣，而非普通民眾。"[98]

　　季師旭昇認為：成，未必是談和，也有可能是成功。子居末句不可信。依原考釋，中心四爻相同才叫成，那麼成與不成的比例486：3610（約1：8）。

第十八節　志事

【釋文】

凸（凡）筶（筮）志　　　　　【二四E】

事，而見　　　　　　　　　【二五E】

---

[98] 子居：〈清華簡《筮法》解析〉，2014.4.7，清華大學簡帛研究網站 http://www.confucius2000.com/admin/list.asp?id=5953

㬎（當）日奴（如）　　　　【二六 E】

㬎（當）脣（辰），乃　　　　【二七 E】

曰迷（速），疾　　　　　【二八 E】

亦然。五　　　　　　　【二九 E】

日為杢（來），　　　　　【三〇 E】

乃中昪（期）。　　　　　【三一 E】

【語譯】

　　凡是筮問「志事」，見到與占筮當日相同的天干或地支，就會「速（得）」，貞問疾病也會速瘥（很快病好）。如果占卜到的卦，與占卜之日的干支不相應，有未來五日之內的干支，那麼在相應的干支那天也會得到（志事／瘥癒）。（子居以為，在未來五日內會得到志事或瘥癒。）

【注釋】

　　原考釋：“「志事」，欲達成之事，詞見天星觀、望山、包山等簡，如包山二〇〇簡有「志事少遲得」、「志事速得」。奴，讀為「如」，訓「或」，見《古書虛字集釋》第五五〇頁。「見當日如當辰」，卦象中出現與筮日干支相當之卦，「當日」指天干，「當辰」指地支。迷，即「速」字，楚文字常從二「朱」作。筮占志事時卦象與該日干支相應，是志事將速得。筮占疾病時，則為速瘥。若無與筮日干支相當之卦，而有其後于日內干支之卦，則稱「來」某日。「中期」，指在所筮問的時限之中，或作「期中」，詞也見於天星觀、望山、包山、葛陵等簡。”

　　子居〈清華簡《筮法》解析〉：“筆者則以為，「辰」當訓為時辰，先秦時已有一日分為十二辰的概念，如雲夢睡虎地秦簡《日書》乙種有「雞鳴丑，平旦寅，日出卯，食時辰，暮食巳，日中午，日仄未，下市申，舂日酉，牛羊入戌，

黃昏亥，人定子。」即是其例。「見當日如當辰」不能理解為「出現與筮日干支相當之卦，『當日』指天干，『當辰』指地支」的緣故，前文已言，所以，這裡的「當日」就只是指見到與筮問之日的干支相吻合的卦，「當辰」就是指見到與筮問的時辰干支相吻合的卦。「見當日或當辰」，就是指見到其中之一即可。由於有六十甲子，而四位卦一般會得到八個干支組合，分別與日干支、時辰干支對應的話，筮得「見當日或當辰」的概率大概為四分之一左右，可以保證筮得率不會太高。整理者所說「若無與筮日干支相當之卦，而有其後五日內干支之卦，則稱『來』某日」一段的解釋，似屬於引申過度，因為「見當日或當辰」的概率已經是約四分之一了，那麼不難知道，「有其後五日內干支之卦」的可能性大約會高達三分之二，這樣豈不是失去了筮問的意義？因此，筆者認為，「五日為來，乃中期」對應的當是「見當日如當辰，乃曰速」的應驗時限，即志事將得、疾病將愈的時間範圍。"[99]

宇祥案：綜合二十五節「天干與卦」與二十七節「地支與卦」的內容可製成下表：

	乾	坤	艮	兌	坎	離	震	巽
天干	甲壬	乙癸	丙	丁	戊	己	庚	辛
地支	X	X	辰戌	巳亥	寅申	卯酉	子午	丑未

假設以「丁卯」為例（「丁卯」對應上表為「兌」和「離」卦），以下試將各種情況列出：

1.「當日」表示四位卦中至少出現一兌卦，其機率是 1/8，換算為百分比約為 12%。

2.「當辰」表示四位卦中至少出現一離卦，其機率是 1/8，換算為百分比約為 12%。

3.「當日或當辰」：表示四位卦（占卜四次）中，至少出現一兌卦「或」一離卦的機率是 2/8=1/4（每次占卜皆為 8 個變數，乾坤雖無對應地支仍佔其中 2 個變數），以此機率換算百分比為 25%。

---

[99] 子居：〈清華簡《筮法》解析〉，2014.4.7，清華大學簡帛研究網站 http://www.confucius2000.com/admin/list.asp?id=5953

4.「當日和當辰」：表示四位卦中，至少出現一兌卦「和」一離卦。因此在四位卦中所有「當日和當辰」的排列組合共有 2048 個組合，又組成一兌卦「和」一離卦出現的次數為 349 次，故其機率為 349/2048，換算百分比約為 17%。（這個數字很有疑問。在四位卦中所有「當日和當辰」的排列組合共有 8*8*8*8=4096-純陽 1-純陰 1=4094。又，組成一兌卦「和」一離卦出現的次數為 349 次，這個數字是怎麼得出來的？）

算式如下：占卜到「兌卦」（以 A 表示）的機率為 $\frac{1}{8}$，占卜到「離卦」（以 B 表示）的機率為 $\frac{1}{8}$。

一、占卜 4 次，結果為 1 個 A 和 1 個 B 以上的機率，有 3 種組合：

（1）3A1B → $c_3^4\left(\frac{1}{8}\right)^4$

（2）2A2B → $c_2^4\left(\frac{1}{8}\right)^4$

（3）1A3B → $c_1^4\left(\frac{1}{8}\right)^4$

（1）+（2）+（3）= $\frac{4+4+6}{8^4} = \frac{7}{2048}$

二、占卜 4 次，結果只有 1 個 A 和 1 個 B 的機率，有 2 種組合：

（1）1A1B 配 2C～2H（6 組，每組排列 $\frac{4!}{2!} = 12$ 種排列方式）$6 \times 12 \times \left(\frac{1}{8}\right)^4 = \frac{9}{512}$

（2）1A1B 配 2 異（從 C～H 中選 2 個變異數 = C_2^6），$\frac{4!C_2^6\left(\frac{1}{8}\right)^4}{2} = \frac{45}{1024}$

（1）+（2）所以是 $\frac{9}{512} + \frac{45}{1024} = \frac{63}{1024}$

三、占卜 4 次，結果有 1A2B 和 2A1B 的機率，有 2 種組合：

（1）1A2B 配 2C～2H（6 組，每組排列 $\frac{4!}{2!} = 12$ 種排列方式）$6 \times 12 \times \left(\frac{1}{8}\right)^4 C_1^3 = \frac{27}{512}$

（2）2A1B 配 2C～2H（6 組，每組排列 $\frac{4!}{2!} = 12$ 種排列方式）$6 \times 12 \times \left(\frac{1}{8}\right)^4 C_1^3 = \frac{27}{512}$

（1）+（2）所以是 $\frac{2}{512} \times 2 = \frac{54}{512}$

由一～三的結果，在占卜 4 次中，至少出現一個兌卦和一個離卦的機率是

$$\frac{7}{2048} + \frac{63}{1024} + \frac{54}{512} = \frac{349}{2048} = 0.17041015625$$

　　原考釋在第五節「至」和第十八節「志事」中，對「當日」和「當日如當辰」之說有二點需提出來討論。第一點，確實如黃傑先生所言，原考釋對「當日」的說明是前後不一的。若以簡文「當日、不易向，聞問不至。」為例，取原考釋「占筮之日干支相合之卦」來推算，假設四位卦中皆為乾坤的組合，就會出現只有天干而沒有對應地支的情況（參上表所列對應關係），將使占筮沒有意義。因此，就原考釋的思路而言，「當日」應指「與占筮之日的天干相合之卦」。同理，第十八節「志事」的「當辰」應指「與占筮之日的地支相合的卦」。

　　第二點，原考釋對「當日如當辰」的說明是「卦象中出現與筮日干支相當之卦」（第 4 種情況），但卻將「如」訓為「或」（第 3 種情況）。而從上表第 3 和第 4 種情況來看，這兩種情況是有區別的。因為第 3 種情況其實並不保證兌、離卦會同時出現，當然也就不保證能得到干支相合之卦。因此，若以原考釋所言「與筮日干支相當之卦」，「如」應該訓為「與」，[100]如此一來才會出現「與筮日干支相當之卦」的情況（第 4 種情況），舉例來說，即在「丁卯日筮得對應丁卯的卦（兌和離卦）」，如此說明似較清楚一些。

第十九節　志事、軍旅

【釋文】

《《　|《　凸（凡）筮（筮）志事，而見同　　　　　　　　【三二A】

---

[100]　裴學海：《古書虛字集釋》（上海：上海書店，1996 年），頁 550。

〣｜　〢｜　弔（次）於四立（位）之中，乃　　　　　【三三 A】

…………曰爭之，虖（且）相亞（惡）也。　　　　　【三四 A】

｜｜｜　〢｜｜　奴（如）簪（筮）軍（軍）遾（旅），乃曰不　　【三五 A】

〣〣　｜｜〣　禾（和），虖（且）不相用命。　　　　　　【三六 A】

【語譯】

　　凡是筮問志事，而見到四位之中爻有「同次」（四個經卦的中爻相同）的卦象，結果就是「爭，而且互相厭惡」。

　　如果筮問軍旅（有這樣的現象），結果就是「不和，而且不服從命令」。

【注釋】

　　原考釋："「四位」指右上、右下、左上、左下四卦。「見同次於四位之中」，疑指此四卦之次爻彼此相同者，如前一卦例次爻皆為陰爻，後一卦例次爻皆為陽爻。"

　　子居〈清華簡《筮法》解析〉："卦象的同次，象徵的就是同僚相爭，所以筮辭稱「乃曰爭之，且相惡也」，由此也可以知道，先秦所言「志事」多為「政事」。引申至軍旅的話，同僚相爭自然會「乃曰不和，且不相用命」。

　　仔細看本節卦例，還可以看出，兩個卦例的卦序是特意安排的，若不考慮中爻一致，而將兩個卦例的卦序按陰陽還原的話，就會得到：震坎艮乾、巽離兌坤。

　　回顧之前各節卦例的話，當不難看出，四位元卦的順序是左上、左下、右下、右上，以左下為內、右上為外，而不是整理者所習慣列出的「右上、右下、左上、左下」。並且，這節的內容同樣說明《筮法》篇的使用物件為握有兵權的國之重臣，而不是黎民百姓。"[101]

---

[101] 子居：〈清華簡《筮法》解析〉，2014.4.7，清華大學簡帛研究網站 http://www.confucius200
　　0.com/admin/list.asp?id=5953

復旦網帳號「長沙傅」：“第十九節《志事、軍旅》：簡 33 釋為「爭」的 ▢ 字似為「耒」。”[102]

宇祥案：「長沙傅」以為 ▢ 字似為「耒」。楚簡目前無單獨的「耒」字，僅有「耒」字所從的「協」字，作：▢《清華壹・尹誥》簡 2，從三耒三犬，耒下方之二叉訛作肉形。「協」字於甲骨文作 ▢（《粹》55），從二耒二犬；金文作 ▢（癭鐘，《集成》247），所從「耒」字下方已訛為肉形。「▢」字從又從力，似非「耒」。此字原考釋釋為「爭」，楚簡「爭」字作：1.▢《上博六・申公臣靈王》簡 5、2.▢《清華貳・繫年》簡 76、3.▢《清華貳・繫年》簡 78，從爪從力從尤（「又」之聲化）。目前學界認為「爭」字是由「耕」字假借分化而來，楚簡的「耕」字有以下 9 種寫法：1.▢（《郭店・窮達以時》簡 2），從又從力從田；2.▢（《郭店・成之聞之》簡 13），從口從力從田；3.▢（《郭店・緇衣》簡 11），從又省從力從禾；5.▢（《上博三・周易》簡 20），從爪從力從力、井聲；6.▢（《上博四・柬大王泊旱》簡 23），從又從力、井聲；7.▢（《上博二・容成氏》簡 13），從爪從攴從力、青聲；8.▢（《清華壹・保訓》簡 4），從又從田、井聲；9.▢（清華伍・命訓）簡 13）、▢（清華伍・命訓）簡 1），從爪從力從田從來。▢」字可以分析成從又從力，視為「爭」字之省，頗為合理（省「爪」，「尤」旁還原為「又」旁），放在簡文中也文從句順。不必改釋為「耒」。

第二十節　四位表

上氃(軍) 之立(位)	中氃(軍) 之立(位)	子眚(姓) 之立(位)	躳身 之立(位)	君之 立(位)也	身之 立(位)也	門之 立(位)也	室之 立(位)也	【三二B】 【三三B】
								【三四B】
下氃(軍) 之立(位)	朿(次)氃(軍) 之立(位)	臣妾 之立(位)	妻之 立(位)也	臣之 立(位)也	大夫之 立(位)也	外之 立(位)也	宮廷 之立(位)	【三五B】 【三六B】

【注釋】

原考釋：“朿，《汗簡》用為「次」字古文。「次軍」疑即偏軍，在三軍之次，偏軍見《史記・燕世家》。「子姓」，指子孫，《儀禮・特牲饋食禮》注：「言子姓

[102] 復旦網帳號「長沙傅」，2014.1.9，〈《筮法》文字釋小〉，復旦大學出土文獻與古文字研究中心網站論壇 http://www.gwz.fudan.edu.cn/forum/forum.php?mod=viewthread&tid=6977

者，子之所生。」另《國語・楚語下》注：「子姓，眾同姓也」，恐與此不合。外，《大戴禮記・曾子立事》「宮中雍雍，外焉肅肅」，王聘珍《大戴禮記解詁》云：「外，謂宮之外也。」"

子居〈清華簡《筮法》解析〉："整理者所言《燕世家》即《史記・燕世家》：「今王喜四年，秦昭王卒。……燕王不聽，自將偏軍隨之。」燕王喜在位時段正屬戰國末期，與《筮法》篇的成文時間相合。「宮廷」一詞在傳世文獻中始見於《楚辭・招魂》：「宮庭震驚，發激楚些。」《荀子・儒效》：「是君子之所以騁志意於壇宇宮廷也。」《荀子・禮論》：「是君子之壇宇宮廷也。」也都同樣是戰國末期的文獻。

在本節中所列四位的對應關係，於《筮法》篇前文所列的各卦例中基本沒有體現，但卻與後世的四柱八字有著很深的淵源，從中不難看出四柱八字術的端倪。只要將四位表的四位對應於歲、月、日、時，其構成與四柱就一般無二。而《筮法》第二十三節「果」的「凡果：大事歲在前，果；中事月在前，果；小事日乃前，果；其餘昭穆，果」一段內容，就明顯有著這樣的導向作用。宋代廖中《五行精紀》在概括四柱祿命時言：「凡推男命，以年為父，胎為母，月為兄弟，日為己身、妻妾，時為子孫。」將其與《筮法》的四位表第二表比較可見，雖有相當程度的不同，但其相似性也是非常明顯的。

本節第一個四位表可以說明，《筮法》篇的服務物件會關注四軍吉凶，因此當擁有很大的實權。第三個四位表將「身之位」區別於「君之位」、「大夫之位」以外，更是說明《筮法》篇的服務物件是公卿一級的國之重臣。第四個四位表涉及到門、室、宮廷，同樣說明《筮法》篇的服務物件身份絕非一般。由此不難推斷，這批清華大學接受校友捐贈入藏的清華簡，很可能本是屬於在戰國末期某位公卿一級人物的。

另外，由之前各節的卦例來看，本節所列的四個四位表，似皆應左二位與右二位互易，才更符合卦例中的卦序關係。四位元式數字卦本是自左下起的，本節四位表與此的差異似乎表明，抄錄四位表的人也許是按自右至左的書寫習慣對四

位元的認識作了調整，但這一點僅屬於筆者的推測，目前仍當存疑。"[103]

旭昇案：子居為了強調四位卦是由左上至右下排列，因而說「本節所列的四個四位表，似皆應左二位與右二位互易，才更符合卦例中的卦序關係」，似乎沒有什麼必要。由前面的卦例，只看到左下卦往往有特殊的占筮功能，但看不到由左上至右下排列的必然證據。

附錄：占卜方法

《周易・繫辭上》：

大衍之數五十，其用四十有九。分而為二以象兩，掛一以象三，揲之以四以象四時，歸奇於扐以象閏。五歲再閏，故再扐而後掛。天數五。地數五。五位相得而各有合，天數二十有五，地數三十。凡天地之數五十有五。此所以成變化而行鬼神也。乾之策二百一十有六，坤之策百四十有四，凡三百有六十，當期之日。二篇之策，萬有一千五百二十，當萬物之數也。是故四營而成易，十有八變而成卦，八卦而小成。引而伸之。觸類而長之，天下之能事畢矣。顯道，神德行。是故可與酬酢，可與祐神矣。

挂扐法：

宋朱熹《周易本義・筮儀》中以「歸奇」、「挂一」以外的蓍草總數目定一爻之象。三變的結果，其總數只能有四種情況：三十六、三十二、二十八、二十四。如為三十六，則為老陽之象；二十四為老陰之象；二十八為少陽之象；三十二為少陰之象。陽爻之象畫為——，陰爻之象畫為－－，畫卦的次序是由下往上。

過揲法：

唐孔穎達《周易正義》中以三變卦扐之總數定一爻之象。第一變卦扐之數不是五便是九，第二變卦扐之數不是四便是八，第三變之數與第二變同。三變卦扐

[103] 子居：〈清華簡《筮法》解析〉，2014.4.7，清華大學簡帛研究網站 http://www.confucius2000.com/admin/list.asp?id=5953

之總數有八種可能：如為五、四、四，三數相加為十三，用四十九減去十三為三十六，為老陽之象；如為九、八、八，三數相加為二十五，四十九減去二十五為二十四，為老陰之象；如為五、八、八，三數相加為二十一，四十九減二十一為二十八，為少陽之象；如為九、四、八，亦是少陽之象；為九、四、四，三數相加為十七，四十九減去十七為三十二，為少陰之象；為五、四、八，亦是少陰之象，卦扐法與過揲法的共同之處在於：都是從三變的結果中，找出三十六、三十二、二十八、二十四之數，各除以四，則為七、八、九、六之數。七、八為少陽少陰之數，九六為老陽老陰之數。[104]

程浩〈《筮法》占法與大衍之數〉：“前賢已經指出，「大衍之數五十」後有脫文，原文實為「大衍之數五十五」。《繫辭》又有：「天數五，地數五，五位相得而各有合。天數二十有五，地數三十，凡天地之數五十有五，此所以成變化而行鬼神也。」因此，我們試將「成變化而行鬼神」之數五十五運用到《周易‧繫辭》所述運籌之法進行演算：

第一營「分而為二以象兩」，即將 55 支算籌隨機分為兩份。假設兩份分別為 23 與 32，用等式表示即為 55＝23＋32；

第二營「挂一以象三」，即從其中一份中取出一支算籌置於旁側。第一步的等式就變為 55＝23＋31＋1；

第三營「揲之以四以象四時」，即取除四的餘數。23、31、1 除四的餘數分別為 3、3、1；

第四營「歸奇於扐以象閏」，即將餘數相加從籌策中去除。最終的運算結果即為 55－（3＋3＋1）＝48。

《繫辭》云：「四營而成易」，以上「四營」稱為一「變」。「五歲再閏，故再扐而後挂」，是說把剩下的籌策再用「四營」的方法進行運算。通過歸納法我們可以發現，第一變所得的餘數之和只能是 3 或 7，而之後再變所得的餘數之和則只能是 4 或 8。

---

[104] 張其成主編：《易學大辭典》（北京：華夏出版社，1992 年），頁 572-573。

運算步驟	餘數之和		運算結果
原數			55
第一變	3	7	52　48
第二變	4	8	48　44　40
第三變	4	8	44　40　36　32
第四變	4	8	40　36　32　28　24
第五變	4	8	36　32　28　24　20　16

根據以上規律，可以將這種演算法的運算步驟與可能得到的結果列表如下：

原數五十五經過五變得到的結果 36、32、28、24、20、16 除四以後，便是《筮法》中所見的數字「四」、「五」、「六」、「七」、「八」、「九」。由此可見，《筮法》的數字卦例正是用所謂「大衍之數（天地之數）五十五」通過《繫辭》所述占法推演得來的。

這種運算方法與《繫辭》占法有兩處不同：第一，《繫辭》用籌數五十（實為四十九），此用五十五；第二，《繫辭》三變成一爻，此處五變成一爻。考慮到《筮法》與《周易》本屬兩種占筮系統，二者存在這種差異就很容易理解了。"[105]

賈連翔〈清華簡《筮法》與楚地數字卦演算方法的推求〉："我們認為，《繫辭傳》此章確實可以作為探索楚地數位卦演算方法的鑰匙，只是對文義理解的不同，造成的演算法與結果的大相徑庭。調和上述問題並同時滿足前文提出的「已知條件」的辦法，只需要對「挂一」這一概念重新定義。

「挂一」可以理解為拿出 1 根蓍草，也可以理解為拿出 1 捆蓍草，前說「分而為二以象兩」的「二」理解為 2 捆蓍草，則僅接著的「掛一以象三」理解為 1 捆似乎更有呼應。這樣一理解，通過「分二」、「挂一」的兩個步驟，實際上是將 49 根蓍草隨機分成了 3 捆，再對 3 捆蓍草分別進行「揲四」、「取餘」兩個步驟，這就是四營，也是一變，然後進行三變而完成一爻。此種演算方法是符合《繫辭》大衍之數章所描述的。由於篇幅所限，具體的演算步驟在此省略，現將三變的結果列表如下：

---

[105] 程浩：〈《筮法》占法與大衍之數〉《深圳大學學報》2014 年第 1 期。

	蓍草數	49				
變數	取餘數	結果				
一	5　9	44　40				
二	4　8　12	40　36　32　28				
三	4　8　12	36　32　28　24　20　16				

49 根蓍草經過這樣三變得到的結果 36、32、28、24、20、16 除以 4 後，便得到了 9、8、7、6、5、4 六個筮數。"[106]

劉彬〈清華簡《筮法》筮數的三種可能演算〉："第一種，用五十六根蓍草，通過演算，得出筮數九、八、七、六、五、四：……列表示之：

蓍草總數	56	
取一	55	
變數	挂扐數	過揲數
一變	3，7	52，48
二變	4，8	48，44，40
三變	4，8	44，40，36，32
四變	4，8	40，36，32，28，24
五變	4，8	36，32，28，24，20，16
筮數		9，8，7，6，5，4

第二種，用五十七根蓍草，通過演算，得出筮數九、八、七、六、五、四：……列表示之：

蓍草總數	57	
取一	56	
變數	挂扐數	過揲數
一變	4，8	52，48
二變	4，8	48，44，40

---

[106] 賈連翔：〈清華簡《筮法》與楚地數字卦演算方法的推求〉《深圳大學學報》2014 年第 3 期。

三變	4, 8	44, 40, 36, 32
四變	4, 8	40, 36, 32, 28, 24
五變	4, 8	36, 32, 28, 24, 20, 16
筮數		9, 8, 7, 6, 5, 4

第三種，用五十八根蓍草，通過演算，得出筮數九、八、七、六、五、四：……
列表示之：

蓍草總數	58	
取一	57	
變數	挂扐數	過揲數
一變	5, 9	52, 48
二變	4, 8	48, 44, 40
三變	4, 8	44, 40, 36, 32
四變	4, 8	40, 36, 32, 28, 24
五變	4, 8	36, 32, 28, 24, 20, 16
筮數		9, 8, 7, 6, 5, 4

以上證明，給出清華簡《筮法》筮數三種可能的演算：使用 56 或 57 或 58
根蓍草，在按照《繫辭上》大衍筮法「一變」前的步驟，經過「五變」的前提下，
可以得出筮數九、八、七、六、五、四。當然，如賈連翔和程浩用 50 或 55 根蓍
草，參照、改變《繫辭上》大衍筮法的步驟，也可以得出《筮法》六個筮數。這
說明，清華簡《筮法》筮數的演算方法不止一種，而是若干種。"[107]

---

[107] 劉彬：〈清華簡《筮法》筮數的三種可能演算〉，「清華簡與儒學專題國際學術研討會」（山
東煙臺大學，2014 年 12 月）。

《筮法》譯釋（二十一至三十節）

張榮焜　撰寫
季旭昇　校訂

第二十一節　〈四季吉凶〉

【釋文】

　　旾（春）：杢（來／震）、巽大吉；袋（勞）少（小）吉；艮、羅（離）大凶；兌少（小）凶[01]。【三七】

　　頾（夏）：袋（勞）大吉；杢（來／震）、巽少（小）吉；艮、羅（離）舀＝（小凶）；兌大凶。【三七】

　　㱦（秋）：兌大吉；艮、羅（離）少（小）吉；袋（勞）大凶；〔杢（來／震）、巽〕少（小）凶。【三八】

　　各（冬）：艮、羅（離）吉；兌少（小）吉；杢（來／震）、巽大凶；〔袋（勞）少（小）凶〕。【三八】

　　㠯（凡）簪（筮）志事及軥（軍）【三八】遬（旅），乃蟷（惟）兇之集於四立（位）是視，乃㠯（以）名元（其）兇[02]。【三九】

【語譯】

　　春：來（震）卦、巽卦大吉；勞卦小吉；艮卦、離卦大凶；兌卦小凶。

　　夏：勞卦大吉；來（震）卦、巽卦小吉；艮卦、離卦小凶；兌卦大凶。

　　秋：兌卦大吉；艮卦、離卦小吉；勞卦大凶；〔來（震）卦、巽卦〕小凶。

　　冬：艮卦、離卦大吉；兌卦小吉；來（震）卦、巽卦大凶；〔勞卦小凶〕。

　　凡是貞問志事及軍旅，要看「凶」集於四位的何處，就代表這一位是凶的。

【注釋】

01. 𣪘（來）巽大吉，𡥈（勞）少（小）吉，艮羅（離）大凶，兌少（小）凶。

　　𣪘（來），原考釋謂：“即震卦。《歸藏》震卦作「𪅓」。見馬國翰《玉函山房輯佚書》輯本，云：「初𪅓，干寶《周禮注》、朱震曰震。李過曰：『為震為𪅓，𪅓者理也，以帝出乎震，萬物所始條理也。』」「來」、「𪅓」皆來母之部字。”

　　旭昇案：〈筮法〉八卦名與傳本《周易》八卦名，只有「來／震」、「勞／坎」看起來差異較大，其他乾、坤、艮、羅（離）、兌、巽，或同音或音近，沒有太大的差異。其實，「來／震」、「勞／坎」應該也是屬於音近關係的異名。《周易・說卦傳》：「帝出乎震，……萬物出乎震，震東方也。」看完這一段敘述，我們很難理解「震」與「來／𪅓」意義上有多密切的關聯。我們現在看到〈筮法〉把「震」卦寫成「來」卦，很可能「震」與「來」只是音近通用。上古音「來」、「𪅓」均屬來母之部，「震」屬照母文（諄）部，二字聲同屬舌頭，韻則「之」部與「文（諄）」部音近可通（陳新雄《古音學發微》頁）。則「震」卦與「來／𪅓」卦可能是音近的異名。如果以「來／震」對應春天，啟蟄開始聞雷，則「震」字似乎關係較近。

　　𡥈（勞），原考釋謂：“即「勞」字，卜辭金文等習見。《說卦》第五章云坎，「勞卦也」。王家臺秦簡《歸藏》即作「𡥈」，輯本則作「犖」。”

　　旭昇案：《周易・說卦傳》：「戰乎乾，勞乎坎，……坎者、水也，正北方之卦也，勞卦也，萬物之所歸也，故曰：勞乎坎。」看完這一段敘述，我們還是很難理解「坎」和「勞」意義上有多密切的關聯。我們現在看到〈筮法〉把「坎」卦寫成「勞」卦，很可能「坎」與「勞」只是音近通用。上古音「勞」字屬來母宵部；「坎」的韻部歸屬，各家有點差異，陳復華、何九盈《古韻通曉》頁一二五已經指出段玉裁、朱駿聲、江有誥、周祖謨四氏都以「欠」聲歸談部；嚴可均歸侵部。據「漢字古今音資料庫」，王力、董同龢、李方桂都歸談部，周法高歸侵部；根據「東方語言學網」，白一平、鄭張尚芳、潘悟雲歸在談部（但認為李

方桂、王力歸入侵部，與「漢字古今音資料庫」不同）。

坎，從土、欠聲，《說文》、《廣韻》都是「苦感切」。此字晚出，最早見《龍龕手鑑》：「塪塪塪坎：苦感反。坑也、險也、陷也。」出土文字材料目前最早只見於馬王堆帛書〈五十二病方〉179：「燔之坎中。」戰國楚簡未見「坎」字，相當於「坎」字的地方，楚簡或作「贛」（《上博六・用曰》7「贛贛險險」）、或作「墊」（《上博九・成公治兵》8「申（陣）於墊（坎），則徒甲進退」）。「贛」、「墊」二字應該也是從「欠」聲。「欠」字，《廣韻》「去劍切」，各家都歸入談部。那麼，為什麼從「欠」聲的「坎」字，有些學者卻歸入侵部呢？大概是因為「坎」字《廣韻》讀「苦感切」，其切語下字「感」，各家都歸入「侵」部。因此，如果從「坎」所從的「欠」聲來歸部，大部分學者都會歸入談部；如果從《廣韻》「坎」字讀「苦感切」的切語下字來歸部，則有些學者就會歸入侵部。

由於「坎」字晚出，所以我們如果以其較早的戰國楚系文字作「贛」、「墊」都從「欠」聲來看，它似乎應該像大部分學者所歸入的「談」部較合適。上古音「談」部字與「宵」部字有對轉關係（參章太炎《文始》、裘錫圭〈從殷墟卜辭的"王占曰"說到上古漢語的宵談對轉〉，章裘之間還有多位學者談到這個問題，請參裘文），「勞」上古音屬於宵部，這兩個字的韻部存在著對轉關係，應無可疑。「勞」的上古聲母屬來母，「坎」屬溪母，二者同屬舌頭音，關係密切，自不待言。據此，「勞」與「坎」極有可能是聲音相近的異文。相當於《周易》坎上坎下的「坎」卦，王家臺秦簡《歸藏》作「勞」；馬王堆帛書《周易》20「䨼」字，隸定應作「贛」，讀「坎」。至於八卦的本名應該是「勞」還是「坎」，目前的資料不足，似乎還難以斷定。如果「坎／勞」對應夏，夏天農作勞苦，或許「勞」字較合理。

羅（離），原考釋謂："「羅」即「離」，同音通假，與馬王堆帛書《周易》同。

以上四季吉凶可列表如次（用通用卦名）：

	大吉	小吉	大凶	小凶
春	震 巽	坎	艮 離	兌

夏	坎	震 巽	兌	艮 離
秋	兌	艮 離	坎	震 巽
冬	艮 離	兌	震 巽	坎

據此補出簡文脫句。

此節以震巽應春在東，坎應夏在南，艮離應冬在北，與下文《卦位圖》一致。表中無乾、坤，乾、坤詳見下節《乾坤運轉》。"

子居〈清華簡《筮法》解析〉謂："由《筮法》第二十七節「地支與卦」可見，地支與卦的對應中不列乾、坤二卦，因此相應的由十二月構成的四季系統自然也就只以震、巽、坎、離、艮、兌六卦筮問吉凶。其中，震、坎、兌、離皆直接對應於春木、夏火、秋金、冬水。巽次於震，故而屬春木；艮次於離，故而屬冬水。然後按四季的正卦為始，以春夏遇陽卦為吉、秋冬遇陰卦為吉的原則，依照震巽、坎離、艮兌的次序由春季起配置，所以春季就是震巽大吉、坎小吉、離艮大凶、兌小凶，下面的夏季以坎為正卦，因此震巽同為陽卦屬小吉，大凶、小凶的對應關係也和春季互易，就得到兌卦大凶，離艮小凶。秋季以兌為正卦，整體卦序與春季完全相反，所以是兌、艮、離、坎、巽、震。冬季以離卦為正卦，艮卦附屬於冬，兌卦與離艮同為陰卦為小吉，大凶、小凶的對應關係和秋季互易，就得到震巽為大凶，坎為小凶。

整理者列舉了《筮法》中卦名與《歸藏》卦名的相關性，李學勤先生也已在數篇論及《筮法》的文章中談及了《筮法》與《歸藏》的關係，此不具述。可以確定的是，《筮法》所承襲的數位卦系統，從考古材料上講，明顯要遠早於《連山》、《歸藏》和《周易》。《左傳·襄公九年》：「穆姜薨於東宮，始往而筮之，遇艮之八。」杜預注：「《周禮》：『大卜掌《三易》。』然則雜用《連山》、《歸藏》、《周易》。二《易》皆以七八為占。故言遇艮之八。」孔穎達疏：「《周易》之爻，唯有九六。此筮乃言遇艮之八，二《易》皆以七八為占。故此筮遇八，謂艮之第二爻不變者，是八也。揲蓍求爻，《繫辭》有法。其揲所得，有七八九六。說者謂七為少陽，八為少陰，其爻不變也。九為老陽，六為老陰，其爻皆變也。《周易》以變為占，占九六之爻，傳之諸筮，皆是占變爻也。其《連山》、

《歸藏》以不變為占，占七八之爻。二《易》並亡，不知實然以否。」所說雖不能言皆是，但《連山》、《歸藏》和《周易》同屬於由數位爻轉變至陰陽爻的系統，則可以確定。無論是以七八之爻，還是以九六之爻，乃至爻的變與不變，都屬於數位卦系統的遺存，而《連山》、《歸藏》和《周易》之名，則很可能對應於齊地、宋地和魯地三大傳承中心，是以六十四卦為基礎的《易》占在三地的不同傳承。由春秋至戰國時期，這三種《易》學又不斷相互影響、分化、整合，《歸藏》的《齊母經》、《鄭母經》等篇或即分化與整合的遺存。學者們所意識到的《筮法》篇相較於《周易》、更接近《歸藏》的特徵，大概就是因為對比《周易》而言，齊地、宋地的《連山》、《歸藏》對數位卦系統的承襲內容更多，舊有特點更為顯著的緣故。筆者在之前的清華簡若干篇研究文章的論述中已經多次指出，清華簡的《書》系傳承，以齊文化背景下的《書》系篇章為多，還有一些類似《傅說之命》（《尚書》佚篇《說命》）這樣有著宋文化背景與齊文化影響皆存的《書》系篇章。現在再考慮到《筮法》也同樣體現出較接近齊地、宋地的《連山》、《歸藏》系統，並且《筮法》篇是戰國末期文獻且很可能本是屬於公卿一級人物的話，或許可以作一個推測，即清華簡中的多數內容，極有可能原本是楚頃襄王身為太子在齊國作人質期間收集、抄錄的文獻材料（不過也不排除收集、抄錄者是楚頃襄王的隨臣）。那麼，清華簡就當是出土於楚頃襄王即位後所起用的重臣之墓，甚至不排除就是出自楚頃襄王墓的可能。據《史記·楚世家》：「二十九年，秦復攻楚，大破楚，楚軍死者二萬，殺我將軍景缺。懷王恐，乃使太子為質於齊以求平。三十年，秦復伐楚，取八城。……秦因留楚王，要以割巫、黔中之郡。楚王欲盟，秦欲先得地。楚王怒曰：『秦詐我而又強要我以地！』不復許秦。秦因留之。……齊王卒用其相計而歸楚太子。太子橫至，立為王，是為頃襄王。」這段時間正與清華大學委託北京大學加速器質譜實驗室、第四紀年代測定實驗室對清華簡無字殘片樣品所做碳 14 年代測定的資料結果西元前 305±30 年相吻合。由此即可判斷，《筮法》篇很可能就是抄寫於西元前 299 年左右，即戰國末期之初段。」[1]

　　榮焜案：《筮法》第一節〈死生〉原考釋者謂「卦例中的吉凶均同於本篇第二十一節《四季吉凶》內的春季。」說可參。依《史記·楚世家》，楚懷王二十

---

[1] 子居：〈清華簡《筮法》解析〉，清華大學簡帛研究網站，2014.4.7。
http://www.confucius2000.com/admin/list.asp?id=5953。

九年為西元前三百年，太子（即後來的頃襄王）質齊即在此時。據碳 14 年代測定，《筮法》約成西元前 305±30，二者時代相當，子居據此推定〈筮法〉於此時從齊地抄錄。其說證據不足。楚國與中原往來甚早，據《史記·楚世家》：「周文王之時，季連之苗裔曰鬻熊。鬻熊子事文王，蚤卒。其子曰熊麗。熊麗生熊狂，熊狂生熊繹。熊繹當周成王之時，舉文、武勤勞之後嗣，而封熊繹於楚蠻，封以子男之田，姓羋氏，居丹陽。楚子熊繹與魯公伯禽、衛康叔子牟、晉侯燮、齊太公子呂伋俱事成王。」齊、楚在成王時共事，自然早有來往；能事文王、成王，當然也對中原文化有足夠的認識。《史記·楚世家》載楚成王「三十九（西元前633）年，魯僖公來請兵以伐齊，楚使申侯將兵伐齊，取穀，置齊桓公子雍焉。齊桓公七子皆奔楚，楚盡以為上大夫」。齊桓公七子皆奔楚，帶來的齊文化一定是非常豐富的。類似這樣的機會很多，齊楚文化交流，不必等到楚懷王二十九年。此外，楚簡上面看到的「四位卦」很多，如天星觀楚簡的下限就在西元前三四〇年前後，則四位卦傳入楚地的時間肯定早於西元前三百年楚頃襄王質齊。事實上，數字卦在殷商之前就已經產生，源遠流長，傳入楚地的時間當然也不會太晚。

02. 凸（凡）箁（筮）志事及靪（軍）遮（旅），乃蠵（惟）兇之集於四立（位）是視，乃㠯（以）名亓（其）兇

靪（軍）遮（旅），子居〈清華簡《筮法》解析〉謂："軍旅之事屬於凶事的觀念，文獻中常見，如《老子》：「兵者，不祥之器，物或惡之，故有道不處。君子居則貴左，用兵則貴右。……故吉事尚左，凶事尚右。是以偏將軍居左，上將軍居右。殺人眾多，以悲哀泣之；戰勝，以哀禮處之。」《國語·越語下》：「夫勇者，逆德也；兵者，兇器也；爭者，事之末也。陰謀逆德，好用兇器，始於人者，人之所卒也。」《淮南子·兵略訓》：「將已受斧鉞，答曰：『國不可從外治也，軍不可從中禦也。二心不可以事君，疑志不可以應敵。臣既以受制於前矣，鼓旗斧鉞之威，臣無還請，願君亦以垂一言之命於臣也。君若不許，臣不敢將。君若許之，臣辭而行。』乃爪鬋，設明衣也，鑿凶門而出。」高誘注：「凶門，北出門也。將軍之出，以喪禮處之，以其必死也。」等皆是。但何以「志事」與「軍旅」類似也屬於「凶之所集」，這一點就不是很好理解了。「於四位是視，乃以名其凶」是否就是按整理者所言「如春季筮軍旅之事，得震卦在右上『上軍

之位』，則為上軍大吉之象」好像也有存疑的必要。"[2]

名，原整理者謂："《荀子・正論》注：『謂指名。』如春季筮軍旅之事，得震卦在右上『上軍之位』，則為上軍大吉之象。綜合上節《四位表》與四季吉凶所應之卦，推定何者為凶。"

榮焜案：《筮法》第十八節「志事」原考釋謂「『志事』，欲達成之事。」簡文言及所欲達成之事能否即時完成或疾病能否早日痊癒，似乎與軍旅沒有明顯關連。惟十七節所述為志事是否將速得、疾病能速癒或於筮問期限內達成，都是屬「吉」的，本節所述則是為「凶」的卦象。

讀書會季師：本節特別強調凶似乎有提醒為政者軍旅屬凶事的作用。子居對原考釋的存疑沒什麼必要，但是他所提出軍旅為凶事的概念符合《筮法》原文的精神，因此原考釋舉例應該從凶的方向去舉例，如「如春季筮軍旅之事，得艮離卦在右上『上軍之位』，則為上軍大凶之象。」

第二十二節　〈乾坤運轉〉

【釋文】

凸（凡）𠄙（乾），月=（月夕）吉[01]；巺（坤），月朝吉[02]。巺（坤），朏（晦）之日【三九】逆𠄙（乾）以長（當）巽；內（入）月五日豫（舍）巽，𠄙（乾）巺（坤）長（當）艮；旬，𠄙（乾）巺（坤）乃各仮（返）亓（其）所。【四〇】

【語譯】

凡是乾卦，月夕（每月下旬）吉；坤卦，月朝（每月上旬）吉。坤卦在每月月盡之日迎著乾卦一起，照著巽卦的吉凶來推；到這個月的初五就離開巽卦，乾和坤改為照著艮卦的吉凶來推。到初十日乾和坤各自返回原來的位置。

---

[2] 子居：〈清華簡《筮法》解析〉。

【注釋】

01.凸（凡）軏（乾），月＝（月夕）吉

乾，原考釋為「軣（乾）」。王寧〈讀《清華簡（肆）》札記二則〉謂："清華簡肆《筮法》中的「乾」寫作「」，整理者隸定作「軣」，這個字應該就是「軏」字，《說文》：「軏，日始出，光軏軏也。从旦狁聲。」「狁」字甲骨文裡寫作「」（《前》5.5.7），金文裡寫作「」（休盤），《筮法》的「軏」除去「旦」的部份就是「狁」之變形。大約古代「軏」也被隸定為「軣」，所以《集韻》中載「乾」的俗體作「乹」。

《筮法》中的乾卦作「軏」，可以解決秦簡《歸藏》的一個疑問，就是它的乾卦應該是什麼。秦簡《歸藏》乾卦的全辭是：「天目朝朝，不利爲；草木贊贊，偶下（下殘）」，首先是它的辭例和其它卦不類，其它的卦開始都是在卦象之下接「某（卦名）曰」，但是這個乾卦卻沒有。廖名春先生認為：

> 從已披露的秦簡《歸藏》54個卦名看，有53個卦名都是在卦畫之後，『曰』字之前。只有乾卦卦名後無『曰』字，而代之以『目』。因此，筆者頗疑簡文書寫有誤，『曰』、『目』形近，書手錯將『曰』字寫成了『目』字。如果這一推測能成立的話，那麼，《周易》的乾卦秦簡《歸藏》就是作『天』了。《周易·說卦傳》：『乾爲天。』將乾稱爲『天』是理所當然。[3]

按：廖先生說此簡文書寫有誤是對的，但是其分析似可商榷。從句式來看，「天目朝朝」與「草木贊贊」為對文，很顯然「天目」不能看為「天曰」之誤。這是抄手抄脫了卦名和「曰」字。根據傳本《歸藏》，此卦名仍當作「乾」，「天目」以下均卦辭之文。筆者在《對秦簡歸藏幾個卦名的再認識》一文中認為：

> 其卦名當是『朝』，原文當爲『朝曰：天目朝＝……』，『朝』是『乾』字之誤，二字古文皆從『軏』，形近而誤。爻辭中的『目』是『日』之誤，『朝＝』讀『朝朝』，即《周易·乾》中『君子終日乾乾』的『乾乾』，此讀爲

[3] 原注3，廖名春：〈王家臺秦簡《歸藏》管窺〉，簡帛研究網，2000.12.05。
http://www.jianbo.org/Wssf/Liaominchun2-01.htm。

『乾乾』，《說文》：『乾，日始出光乾乾也。』『天日乾乾』即『日始出光乾乾』。故秦簡《歸藏》原本也是作『乾』，與傳本和《周易》相同，是抄手抄漏了卦名，又把爻辭中的『日』誤寫爲『目』，把『乾＝』誤抄成了『朝＝』。」

現在從《筮法》的「乾」作「乾」來看，爲鄔說提供了一個比較直接的證據，就是秦簡本《歸藏》的乾卦的確是寫脫了卦名和「日」字，把「乾」訛作了「朝」。其卦辭中的「朝朝」即「乾乾」，讀爲「乾乾」，「乾」、「乾」音近通假。」[4]

榮焜按：「乾」與「朝」字形並不近，混同的機會不大，《歸藏》乾卦的問題還有待更多資料才能確定。

02. 巺（坤），月朝吉

巺（坤），原考釋隸爲「巺」，謂："巺，即「坤」字，見《碧落碑》、《汗簡》等，也是輯本《歸藏》的特徵。"

武漢網帳號「暮四郎」（黃杰）謂："簡文中的「坤」字作▨，整理報告隸定爲巺，似失其本形。其字上部中間从▼，不應徑以「丨」代之。▼當即「云」之省體，由「圓」（▨，望山2號墓48號簡，內从「云」）亦作▨（上博二《容成氏》簡7）可證。另外可聯繫楚簡之「云」（乙）、「昆」（▨）。「坤」、「圓」、「云」、「昆」均文部字。故清華簡之「坤」當从「云」聲或「云」省聲。"[5]

武漢網帳號「苦行僧」（劉雲）謂："將此用爲「坤」之字理解爲从「臼」，「天」聲，似更直接一些。《戰國策·趙策》「欲亡韓吞兩周之地」之「吞」，《戰國縱橫家書·蘇秦獻書趙王章》作「呻」；上博簡《子羔》簡11中的「軟」，讀爲「吞」。"[6]

武漢網帳號「奈我何」謂："現在可以瞭解，爲何傳世本《歸藏》對應「坤」

---

[4] 王寧：〈讀《清華簡（肆）》札記二則〉，《學燈》第30期，簡帛研究網站，2014.2.22。

[5] 武漢網帳號「暮四郎」（黃杰）：〈初讀清華簡（四）筆記〉，第1樓，武漢大學簡帛研究中心網站簡帛論壇，2014.1.8。http://www.bsm.org.cn/bbs/read.php?tid=3155。

[6] 武漢網帳號「苦行僧」（劉雲）：〈初讀清華簡（四）筆記〉，第2樓，武漢大學簡帛研究中心網站簡帛論壇，2014.1.8。http://www.bsm.org.cn/bbs/read.php?tid=3155。

卦之字要那麼寫了，說白了就是在描繪這個字形。可以參看馬國瀚輯本《歸藏》。

或以為傳本、今本同字而釋其為「寅」；李學勤先生曾指出，傳本之字形就是「坤」字，漢碑中有此寫法，為從大、申聲；現在看來似乎都有問題。未能免俗，也猜測一下：上部是否可以看作是借用「昆」字作聲符呢？「昆」、「坤」二字古音皆屬見組文部，古音極近。"[7]

武漢網帳號「奈我何」又謂："楚簡中的「昆」字形那就不必說了（參看李家浩先生《楚墓竹簡中的「昆」字及從「昆」之字》一文所列），楚簡中「昆」（上部）和此字形極為相似。仿照李學勤先生的字形分析思路，此字可分析為從大、昆聲之字。"[8]

程燕〈說清華簡「坤」〉謂："整理者釋此字為「坤」，是非常正確的。但字形未作分析。我們試著對此字的形體略作分析，不當之處，敬請專家指正。

在分析此字形體之前，我們先看一下楚文字中的「昆」及從「昆」之字：

昆　郭店·六德 28　　郭店·六德 29

惃　郭店·尊德義 16

鞞　包山 273

繩　包山 268　　信陽二 07　　信陽二 013　　信陽二 018

緄　包山 268

關於「昆」字，黃德寬、徐在國先生說："關於「」字的構形，似乎可分析為從臼、從云聲。……古音「昆」屬見紐文部，「云」屬匣紐文部，二字聲紐同屬喉音，韻部相同，故「昆」字可以「云」為聲符。"[9]

李家浩先生說："頗疑古文「昆」即昆蟲之「昆」的象形。「昆」是小蟲，

[7] 武漢網帳號「奈我何」：〈初讀清華簡（四）筆記〉，第 3 樓，武漢大學簡帛研究中心網站簡帛論壇 2014.1.8。http://www.bsm.org.cn/bbs/read.php?tid=3155。

[8] 武漢網帳號「暮四郎」（黃杰）：〈初讀清華簡（四）筆記〉，第 6 樓，武漢大學簡帛研究中心網站簡帛論壇，2014.1.8。http://www.bsm.org.cn/bbs/read.php?tid=3155。

[9] 原注 2，黃德寬、徐在國：〈郭店楚簡文字續考〉，《江漢考古》1999 年第 2 期。又《新出楚簡文字考》（安徽大學出版社，2007 年），頁 21。

故古文「昆」的頭比黽的小。"[10]

以上三位先生都引了傳抄古文對「昆」字形體提出了自己的看法。我們認為清華簡中的「坤」字，應該分析為从「大」，「昆」聲。「昆」从「臼」，「云」聲。上古音「坤」，見紐文部；「昆」，溪紐文部。二字聲紐均屬見系，韻部相同，所以，「坤」字可以「昆」為聲符。至於「坤」字形體為何从「大」，可以從以下說法中得到啟發。《老子》：「故道大、天大、地大、王亦大。」《說文》：「天大、地大、人亦大，故大象人形。」《周易‧說卦傳》：「立天之道曰陰與陽，立地之道曰柔與剛，立人之道曰仁與義，兼三才而兩之，故《易》六畫而成卦，分陰分陽，迭用柔剛，故《易》六位而成章。」《史記‧太史公自序》：「通天地人之變，成一家之言。」《易‧說卦》：「坤也者，地也。」《說文》：「坤，地也。《易》之卦也。从土从申。土位在申。」《左傳‧莊公二十二年》：「坤，土也。」所以，簡文「坤」字形體从「大」是具有表意作用的。因「坤」是地，地大，所以从「大」。

至於整理者所涉傳抄古文中的「坤」字，形體如下：

碧落碑　　　　 汗 6‧81 碧落碑

四 1‧37 碧落碑　　 海 1‧19

與簡文「坤」字形體相比較，下部是「大」，上部所从 ，明顯是源於 形。這也再次印證了傳抄古文是來源於戰國文字。"[11]

武漢網帳號「有鬲散人」謂："甲骨中有字作 （《合》37474）、（《合》8720），從「臼」、從「天」，或從「収」、從「天」，這兩個字與《筮法》中用為坤的字可以合觀。"[12]

徐在國《隸定古文書證》頁 276 云：" 與：《汗》6.81 下引碧落文坤字作

---

[10] 原注 3，李家浩：〈楚墓竹簡中的「昆」字及从「昆」之字〉，《中國文字》新 25 期。又載《著名中年語言學家自選集‧李家浩卷》（安徽教育出版社，2002 年），頁 309。

[11] 程燕：〈說清華簡「坤」〉，復旦大學出土文獻與古文字研究中心網站，2014.1.9。http://www.gwz.fudan.edu.cn/SrcShow.asp?Src_ID=2211。

[12] 武漢網帳號「有鬲散人」：〈初讀清華簡（四）筆記〉，第 30 樓，武漢大學簡帛研究中心網站簡帛論壇，2014.1.9。http://www.bsm.org.cn/bbs/read.php?tid=3155&page=4。

，與、同。黃錫全曰：「古璽坤字作、等（璽文 19.6），疑此為形譌省。古璽土旁每从，如坡作，均作，坨作等（璽文卷 13）。又《說文》貴字正篆作，「从貝，臾聲。臾，古文蕢」。也許此為臾形譌為為為譌誤，誤人為。坤屬溪母文部，貴屬見母物部，二字音近假借。（《汗簡注釋》495-496 頁）」（讀書會金宇祥補充資料）

榮焜案：上述學者梳理戰國文字「坤」相關字形十分清楚，整理者釋讀十分正確。甲骨文（《合》37474）字，卜辭：「壬申卜貞：王……田，往來亡災？王旬曰：『吉。獲狐十……』」。，為進行田獵活動的地點。（《合》8720）字的卜辭：「貞：？」可能亦是地名。是否與「臾」同字，還要更多的證據。別卦此字釋為从大、昆聲；昆又从云聲，較合理。本文姑且先隸作「臾」。

03.臾（坤）朏（晦）之日逆軟（乾）以長（當）巽

原考釋謂："此處論筮四位之卦而見乾、坤時的吉凶推斷。乾在月夕時恆吉，坤在月朝時恆吉。同時，在一個月內，乾、坤在卦位四隅上運動；在晦日，坤迎乾一起「長巽」，「長」讀為同屬端母陽部的「當」。《呂氏春秋·大樂》：「當，合也。」乾、坤合意指按巽的吉凶判定。「入月五日」即初五日，乾、坤「豫巽」，豫讀為舍，意即乾、坤離開巽，而一起「長艮」，即改合於艮，指按艮的吉凶判定。「旬」，即至初十日，乾、坤各返回原位。乾、坤這樣以十日為周期的運動，推想在每個月十一至二十日，二十一至三十日照樣進行。圖解如次：

簡文只有晦而無朔，值得注意。"

子居〈清華簡《筮法》解析〉謂："晦日無月，因此為純陰之日，屬坤卦，自此日起長巽，入月五日舍巽長艮，是乾坤共長巽五日，此後乾坤共長艮也是五日，復歸於晦日。與這段內容對應，在馬王堆帛書《刑德》乙篇中有：「辰戌日奇，入月五日奇，十七日奇，廿九日奇，不受朔者歲奇，得三奇以戰，雖左迎刑

德，勝。」由《筮法》第二十七節「地支與卦」所列表格可知，艮卦即對應辰戌，所以《刑德》乙篇說「入月五日奇」。因此上，比較本節與《刑德》乙篇的內容就不難知道，本節是以十日（旬）為週期描述四隅卦的運動，《刑德》乙篇則是以十二日為週期的，二者很可能是同一內容在干、支方面的不同應用。」[13]

榮焜案：《說文》：「晦，月盡也。」指每月最後一天。由此節可以知道，同一個卦象，在不同卜筮時間出現，會有不同的意義。

旭昇案：依原考釋之說，本節可以表列如下：

晦	月朝（1 日-10 日）			月夕（21 日-30 日）	
	坤，月朝吉			凡乾，月夕吉	
入月五日(晦-5 日)	5-10 日	10-15 日	15-20 日	20-25 日	25-晦日
坤，晦之日逆乾以當巽	入月五日舍巽，乾坤當艮	旬，乾坤乃各返其所			

說明：1.晦之日，是否從月末開始算，到初五日？

     2.入月五日，是否從初五日至十日？以下類推。古人稱日數，銜接處往往說得不太清楚。

     3.十五日至晦日如何推？簡文也沒有說明。

第二十三節　〈果〉

【釋文】

凸（凡）果，大事戠（歲）才（在）【四〇】前，果[01]；中事月才（在）前，果；省（小）事，日乃前，果；亓（其）余（餘）卲（昭）穆，果[02]。奴（如）刲（卦）奴（如）肴（爻）[03]，卡=（上下）同𦚔（狀），果。外事【四一】嚳（數）而出，乃果；內事嚳（數）而內（入），亦果[04]。【四二】

【語譯】

　　凡是筮問「果」，如果是筮問大事，筮問當時代表當年的干支出現在上卦，筮問的結果就是「果」；如果是筮問中事，筮問當時代表當月的干支出現在上卦，筮問的結果就是「果」；如果是筮問小事，筮問當時代表當日的干支出現在上卦，筮問的結果就是「果」。其餘的如果出現昭穆（上、下卦分屬上下世代），筮問的結果也是「果」。無論是卦或爻，出現上下相同的卦或爻，筮問的結果也是「果」。外事（外交、戰爭）「數而出（兌卦在右上）」，筮問的結果就是「果」。內事（內政）「數而入（兌卦在左下）」，筮問的結果也是「果」。

【注釋】

01. 凸（凡）果，大事戠（歲）才（在）前，果

　　果，原考釋謂：“意指事的遂成，《周禮・大卜》鄭注：「鄭司農云：『果，謂事成與不成也。』」”

　　歲，原考釋謂：“「歲」、「月」、「日」在前，疑指所值干支在卦象的上卦出現。據此當時似已有干支紀月、紀年的制度。”

　　旭昇案：〈筮法〉說「歲在前」，但是沒有明說「前」是一定要兩上卦？還是一上卦就可以？如讓年是「甲申」年，前說必需兩上卦為「乾（屬甲）、坎（屬申）」；後說只要一上卦就可以，那麼只要兩上卦中出現一個「乾」或一個「坎」就代表「果」了。前說的機率是 1/8，後說的機率是 1/64。以〈筮法〉其他卦例機率多半偏低來看，前說的機會似乎大一點。「月在前」、「日乃前」的情況同。又，《周禮・大卜》「果」有二說，鄭司農釋為「事成與不成」，鄭玄注釋為「以勇決為之」，即「果決」。以相關文獻來看，鄭司農所釋較好。果，即有成果。王家臺秦簡《歸藏》：「𩿨 曰：昔者宋君卜封□而攴占巫蒼，巫蒼占之曰：吉。𩿨之它它，𩿨之碎碎。初有吝，後果述。」「果述」當即「果成」。

02.亓（其）餘卲（昭）穆，果

　　卲，原考釋隸定為「佋」。復旦網帳號「長沙傅」謂：“第二十三節《果》：簡41「昭穆」的「昭」，整理者隸定為「佋」，不確。此字實為常見的「卲」，

《繫年》中此字就讀為「昭」。"[14]

　　榮焜案：「卲」字《繫年》10作**刀卩**，左上為「刀」，非「人」；右上為「卩」，故當隸定為「卲」，讀為「昭」。長沙傳說可從。

03. 奴（如）圭（卦）奴（如）肴（爻）

　　如，原考釋謂："「如卦如爻」的「如」，訓為「或」。"

　　旭昇案：「如卦如爻，上下同狀」是什麼意思，原考釋沒有說得很清楚。卦的「上下同狀」，或許比較簡單，即上下卦相同，上卦為乾，下卦亦為乾之類。當然，同卦未必數字相同，如「‖〈」與「⺊〤」的數字爻雖然不同，但都是巽卦，應該可以算同狀。爻的「上下同狀」似乎也應該這樣，例如「〤〈」與「⺊〤」的上爻同樣是陽爻，應該也可以算是「上下同狀」吧！

04.內事霽（數）而內（入），亦果

　　內事，武漢網帳號「明珍」（駱珍伊）謂："「內事」一詞，又見於《上博八・顏淵問於孔子》簡1，顏淵請教孔子「君子之內事」。原考釋對「內事」提出了三個可能，其一指宗廟祭祀，其一指朝廷內的事，其三則是指宮內之事。然而孔子的回答是「敬宥過而先有司，老老而慈幼」、「老老慈幼」等句又見於《上博三・仲弓》的簡7，仲弓請教孔子「為政」應當以何為先。

　　由此看來，楚簡中所謂的「內事」，應該是指為政與治民等對內之事。如此，則「外事」當指外交或戰爭等對外之事。然而，《筮法》乃占卜之辭，釋義也不該過鑿。如前句所言「大事」、「中事」、「小事」也只是一組相對之辭。"[15]

　　子居〈清華簡《筮法》解析〉謂："大體上，典籍中多是以「大事」、「小事」對舉，幾乎很少看到說「中事」的情況。並且，事的大小也基本不是以「歲」或「日」來區分的。因此，《筮法》篇作者在這裡將「歲」對應於「大事」、「月」

[14] 復旦網帳號「長沙傳」：〈《筮法》文字識小〉，復旦大學出土文獻與古文字研究中心網站論壇，2014.1.9。http://www.gwz.fudan.edu.cn/forum/forum.php?mod=viewthread&tid=6977。

[15] 武漢網帳號武漢網帳號「明珍」（駱珍伊）：〈初讀清華簡（四）筆記〉，第67樓，武漢大學簡帛研究中心網站簡帛論壇，2014.4.23。
http://www.bsm.org.cn/bbs/read.php?tid=3155&page=7。

對應於「中事」、「日」對應於「小事」，顯然是為了更系統地將歲、月、日的干支引入占筮之中，從而與數位卦形成對應關係。而一旦成功地引入之後，這樣的觀念，也就自然會成為後世「三命之術」、「四柱八字」的先聲。

干支紀年，基本可以確定在戰國時期曆法研究中已經存在了，雖然實際應用上僅有歲陰、歲陽這樣的蛛絲馬跡可見，但現在既有了《筮法》篇所言「大事歲在前」，則不難知道，不僅僅是在曆法的理論性研究中，甚至在戰國末期占筮系統中，也已經引入了干支紀年方法。「中事月在前」更是說明，雖然與干支紀年類似，月陽可見於《爾雅》，還沒有見到更為確定的直接記錄材料，但在戰國末期，干支紀月應該也是已經存在了的。

「其餘昭穆，果。如卦如爻，上下同狀，果」則體現了《筮法》作者對秩序與趨同性的關注，類似的觀念，發展至戰國末期基本上已經是無可逆轉的大勢所趨了。」[16]

旭昇案：《禮記·曲禮上》：「內事用柔日，外事用剛日。」前段已指出外事指外交、軍事等；此處內事指祭祀、內政。

第二十四節　〈卦位圖、人身圖〉譯釋

【釋文】
（最外周中間）東方也，木也，青色。【六〇A】

南【四九A】方【五〇A】也，【五一A】，火【五二A】也，【五三A】赤【五〇B】色【五一B】也。【五二B】西方也，金也，白色。【四二A】

北【四九B】方【五〇B】也【五一B】，水【五二B】也，【五三B】黑【五〇C】色【五一C】也。【五二C】

（最外周角隅）糸（奚）古（故）　【四三A】

胃（謂）之　　　　【四四A】

[16] 子居：〈清華簡《筮法》解析〉。

辳（震）？司　　　【四五A】

雷，是　　　　　【四六A】

古（故）胃（謂）　【四七A】

之辳（震）[01]。　【四八A】

祭（奚）古（故）　【五四A】

胃（謂）之　　　【五五A】

裞（勞）？司　　【五六A】

查（樹），是　　【五七A】

古（故）胃（謂）　【五八A】

之裞（勞）[02]。　【五九A】

祭（奚）古（故）　【四三B】

胃（謂）之　　　【四四B】

兌？司　　　　　【四五B】

收，是　　　　　【四六B】

古（故）胃（謂）　【四七B】

之兌[03]。　　　【四八B】

祭（奚）古（故）　【五四B】

胃（謂）之　　　【五五B】

羅（離）？司　　【五六B】

痕（藏），是　　【五七B】

古（故）胃（謂）　【五八B】

之羅（離）[04]。　【五九B】

【語譯】

東方屬木，青色；南方屬火，赤色；西方屬金，白色；北方屬水，黑色。

為什麼叫作震？因為震負責打雷，所以叫震。為什麼叫作勞（坎）？因為勞（坎）負責種植，所以叫勞（坎）。為什麼叫作兌？因為兌負責收成，所以叫兌。為什麼叫作羅（離）？因為羅（離）負責收藏，所以叫羅（離）。

【注釋】

01.糸（奚）古（故）胃（謂）之鼉（震）？司雷，是古（故）胃（謂）之鼉（震）

原考釋謂：“四卦所司雷、樹、收、藏，與常見的春生、夏長、秋收、冬藏含意相似。勞（坎）卦屬火在南方，而離卦屬水在北方，與《說卦》第五章相悖。”

子居〈清華簡《筮法》解析〉謂：“「奚故謂之震？司雷，是故謂之震。」則說明《筮法》以震卦對應於啟蟄，也即二十四節氣的驚蟄，《夏小正》中，第一句就是「正月，啟蟄，雁北鄉。雉震呴。」《夏小正》的傳文對此的解說為「震也者，鳴也。呴也者，鼓其翼也。正月必雷，雷不必聞，惟雉為必聞。何以謂之雷？則雉震呴，相識以雷。」再看《考工記》所言「凡冒鼓，必以啟蟄之日。」何以必以啟蟄之日呢，《山海經‧大荒東經》稱「東海中有流波山，入海七千里。其上有獸，狀如牛，蒼身而無角，一足，出入水則必風雨，其光如日月，其聲如雷，其名曰夔。黃帝得之，以其皮為鼓，橛以雷獸之骨，聲聞五百里，以威天下。」這個解釋雖然是傳說性的，但仍然可以由此見到雷與啟蟄之日的關係。由此可見，春正月啟蟄與雷的對應關係在古人屬於故舊常識。《左傳‧桓公五年》云：「凡祀，啟蟄而郊，龍見而雩，始殺而嘗，閉蟄而烝。」其所用四時節氣與《筮法》接近，且明顯有著觀象授時的特徵，因此當早於以測量和推算為基礎的「二分二至」為四節的時代，很可能與《筮法》本節內容類似，是和數位卦系統並行的非常古老的文化遺存。”

旭昇案：《說文》：「震：劈歷振物者。从雨、辰聲。《春秋傳》曰：『震夷伯之廟。』」《春秋‧僖公十五年》：「己卯晦，震夷伯之廟。」杜預注：「震者，雷電擊之。」震从雨，本義即雷震。

02.糸（奚）古（故）胃（謂）之裝（勞）？司壴（樹），是古（故）胃（謂）之裝（勞）

子居〈清華簡《筮法》解析〉謂：“「奚故謂之勞？司樹，是故謂之勞。」何以夏季對應於「樹」，整理者只是簡單的說與「夏長」含意相似，但為什麼「夏長」會對應於「勞」呢？通常都是認為春季為農忙之時，明顯與此不符。因此，

筆者以為，這裡的「樹」主要是指種植黍、菽而言。據《周禮·天官·疾醫》：「以五味、五穀、五藥養其病。」鄭玄注：「五穀，麻、黍、稷、麥、豆也。」《孟子·滕文公上》：「樹藝五穀，五穀熟而民人育。」趙歧注：「五穀謂稻、黍、稷、麥、菽也。」豆即菽，故由此可見，黍與菽都是先秦時期的主食。並且，「甲骨文中有關黍的占卜是穀類作物中最多的」[17]、「菽只見與黍同卜，不見與其他作物同卜」[18]，可見黍是殷商時期最主要農作物，五穀之一的菽則與黍密切相關。黍與菽的種植季節，正是夏季。如《夏小正》：「五月……初昏大火中……大火者，心也。心中，種黍菽糜時也。」《淮南子·主術訓》：「大火中，則種黍菽。」《說苑·辨物》：「主夏者大火，昏而中，可以種黍菽。」《說文·黍部》：「黍，禾屬而黏者也。以大暑而種，故謂之黍。」皆可證。換言之，「司樹，是故謂之勞」雖然與西周以降的農忙時期不全然相符，但若放到殷商時期，則是非常一致的。此點正與李零先生所言「現在已發現的數字卦，尚未發現早於商代晚期的材料」[19]在時間上若合符契。

「奚故謂之兌？司收，是故謂之兌。」兌、奪同音，馬王堆帛書《周易》中兌卦即書為「奪」，字又書作「敓」，《說文·攴部》：「敓，強取也。《周書》曰：『敓攘矯虔。』」所引《周書》即《尚書·呂刑》，今《呂刑》作「奸宄奪攘矯虔。」由此，強取與「收」對應。

「奚故謂之羅？司藏，是故謂之羅。」整理者在第二十節「四季吉凶」中已指出「『羅』即『離』，同音通假，與馬王堆帛書《周易》同」，廖名春先生在《清華簡〈筮法〉篇與〈說卦傳〉》一文中言：「清華簡《筮法》篇將『離』稱之為『羅』，在傳世文獻和出土文獻裡都有反映。馬王堆帛書《周易》離卦之『離』寫作『羅』，輯本《歸藏》同。特別是《周易·繫辭傳》稱：『古者包犧氏之王天下也……作結繩而為罔罟，以佃以漁，蓋取諸離。』而帛書本《繫辭傳》『離』則作『羅』。比較起來，當以帛書本《繫辭傳》為勝。《爾雅·釋器》：『鳥罟謂之羅。』《說文·網部》：『羅，以絲罟鳥也。』《詩·王風·兔爰》：『有兔爰爰，雉離於羅。』毛

---

[17] 原注 55，彭邦炯先生：《甲骨文農業資料考辨與研究》（吉林文史出版社，1997 年 12 月），頁 316。

[18] 原注 56，彭邦炯先生：《甲骨文農業資料考辨與研究》（吉林文史出版社，1997 年 12 月），頁 345。

[19] 原注 57，李零：《中國方術考》（東方出版社，2000 年 4 月），頁 256。

傳：『鳥網為羅。』可見羅本是捕鳥的網。而離卦的卦形為正像網罟之狀。因此在《繫辭傳》的作者心中，『羅』當為本字。由此看，清華簡《筮法》篇『離』作『羅』，也是淵源有自。清華簡《筮法》篇將『羅』訓為『藏』，是從『羅』的羅致、包羅義引申出來的。《莊子・天下》篇：『萬物畢羅，莫足以歸。』『萬物畢羅』而曰『歸』，正是『司藏』之意。」[20]所言甚明晰。"

　　榮焜按：〈筮法〉把「震」、「勞（坎）」、「兌」、「羅（離）」對應東南西北及春夏秋冬，是相當明顯的。夏秋冬三季並沒有對應廿四節氣，因此春季也不必過於執著對應「驚蟄（啟蟄）」。一般而言，冬季極少打雷，一到春天，開始下雨之後，雷電便開始了，因此〈筮法〉以「雷震」對應春天。

【釋文】

（次外圈）

【注釋】

　　原考釋謂："與依《說卦》所繪卦位圖比較，正於坎離相反。"

　　子居〈清華簡《筮法》解析〉謂："「值得補充說明的是，坎卦屬火在南方，離卦屬水在北方，雖與傳世《說卦》第五章相悖，但卻與馬王堆帛書《易之義》所言「天地定位，山澤通氣，火水相射，雷風相薄，八卦相錯」正合，多數研究者在分析《易之義》的「火水相射」句時認為是訛誤，但邢文先生則認為《易之義》原文不誤，言：「《周易》中的水、火，有特殊的陰陽之義。《洪範》『水

---

[20]　原注 58，《文物》2013 年第 8 期。

曰潤下。火曰炎上。』所以如此，是因為『水既純陰，故潤下趣陰；火是純陽，故炎上趣陽。水、火分別是純陰、純陽的代表。《周易》中，水、火分別為坎、離二卦的卦象，《說卦》『坎為水』『離為火』。但是，坎水、離火二卦，卻分屬陽卦、陰卦；坎為中男，『離……為中女』，與卦象本身的陰陽意義正好相反。……我們說，方點陣圖中坎、離的位置是正確的，這已經由帛書六十四卦的排序所證明；而帛書所說的『火水相射』同樣不誤，『火水』之序符合馬王堆帛書易學的思想。」[21] 現在，如果我們改變一下觀念，承認《說卦》篇各章實際有著各自不同的來源，今本《說卦》是後人按照《周易》的觀念對先秦原文進行了修改、拼合的結果的話，這個情況就會變得易於理解。《說卦》中的大部分內容，原本所「說」的物件，應是屬於數位卦系統的八卦，而非《周易》的八卦。所以，對照《筮法》篇本節以坎為火、離為水及邢文先生的分析的內容可知，坎為火、為中男，離為水、為中女，這樣的對應，在卦象上是非常適合的。因此，這與坎水、離火完全可能是並行於世的觀念。而《易之義》在大量引用了《周易》卦辭爻辭的同時，也引用了較原始的「火水相射」之說，正說明數位卦系統的卦象說對《易傳》及相關內容也有著相當的影響。"

榮焜按：《說卦》「帝出乎震，齊乎巽，相見乎離，致役乎坤，說言乎兌，戰乎乾，勞乎坎，成言乎艮。萬物出乎震，震東方也。齊乎巽，巽東南也，齊也者、言萬物之絜齊也。離也者、明也，萬物皆相見，南方之卦也。聖人南面而聽天下，嚮明而治，蓋取諸此也。坤也者、地也，萬物皆致養焉，故曰：致役乎坤。兌、正秋也，萬物之所說也，故曰：說言乎兌。戰乎乾，乾、西北之卦也，言陰陽相薄也。坎者、水也，正北方之卦也，勞卦也，萬物之所歸也，故曰：勞乎坎。艮、東北之卦也。萬物之所成終而所成始也。故曰：成言乎艮。」

後天八卦圖：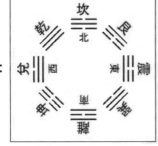

---

[21] 原注 54，《帛書周易研究》（人民出版社，1997 年 11 月），頁 130-131。

《筮法》第二十四節卦位圖：

離
乾　　　艮
兌　　　　　　震
坤　　　巽
坎

　　　値得思考的問題如下：

1.《筮法》對於卦與方位的配置是否為另一種系
統？原圖版之排列為（如右圖），「勞坎南」在上、
「北羅離」在下、「東震」在左、「西兌」在右，
與我們一般看的圖不同，依現在習慣的方位，這
個圖要順時鐘轉 180 度。而本段釋文僅言「東方也，木也，青色。」或「奚故謂
之震？司雷，是故謂之震。」並未明確提到卦與方位。但是《筮法》此處又與《說
卦》第五章的記載很接近，故此圖當為震東、坎南、離西、兌北，沒有問題。

2.《說卦》「坎者、水也，正北方之卦也，勞卦也，萬物之所歸也，故曰：勞乎
坎。」《說卦》云「坎」為萬物之所歸，會不會流傳到楚地後，楚人認為南方才
是萬物所歸，故將坎、離對調？

（內圈）

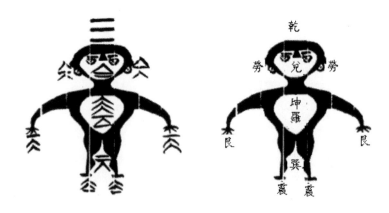

【注釋】

　　原考釋謂：“《說卦》第九章：「乾為首，坤為腹，震為足，巽為股，坎為
耳，離為目，艮為手，兌為口。」與此圖比對，基本相合，惟離在腹下方為異。”

子居〈清華簡《筮法》解析〉謂："《說卦傳》第十一章「離為火、……其於人也，為大腹」正與《筮法》的離卦對應人身為下腹相合。《周易·益卦》：「上九：莫益之，或擊之，立心勿恒，凶。」清代紀磊《周易消息》卷十：「乾為立，坤為心、為恒。」尚秉和《周易尚氏學》：「坤為心（象失傳，詳焦氏《易詁》）、「坤為腹、為門庭，為心」、「坤為順、為心」皆可證坤卦本有心象。另又，尚秉和《焦氏易林注》有：「坤為腹，為胸。」由此可知，《說卦傳》第九章的「坤為腹」的腹，實指胸部。《周易·明夷》：「六四：入於左腹，獲明夷之心。」所言顯然「左腹」自是指「左胸」，《詩經·周南·兔罝》：「赳赳武夫，公侯腹心。」將「腹心」連言同樣是以「腹」為「胸」，《詩經·小雅·蓼莪》：「顧我復我，出入腹我。」鄭玄箋：「腹，懷抱也。」懷抱只能在胸，不會在現在所說的腹部。故以上數例皆可證先秦時言「腹」可以指「胸」，因此坤卦自然就有胸象、心象。

值得注意的是，在天水放馬灘秦簡《日書》乙種簡343中，另有一套以數字對應身體病疵之所的內容：「九者首毆，八者肩肘毆，七六者匈腹腸毆，五者股臍毆，四者膝足毆，此所以曹病疵之所毆」其所用之數由四至九，正說明數字爻也存在與身體各部位對應的關係，而《筮法》篇中則沒有記錄相關內容，放馬灘秦簡《日書》乙種所記恰可補充。"[22]

榮焜案：《清華四·別卦》橫排順序為乾、艮、勞（坎）、徠（震）、坤、兌、羅（離）、巽，分別為父、少男、中男、長男、母、少女、中女、長女；縱排順序為乾、坤、艮、兌、勞（坎）、羅（離）、徠（震）、巽，分別為父、母、少男、少女、中男、中女、長男、長女，都有一定順序可言。《說卦》順序乾、坎、艮、震、巽、離、坤、兌，前四卦為陽卦，後四卦為陰卦，都較《筮法》的排列有順序可循。宇祥疑「會不會流傳到楚地後，楚人認為南方才是萬物所歸，故將坎、離對調？」依《筮法》看，已有卜筮時間不同而對同一卦象作不同解釋的情形，因地不同而有不同調整，有其可能性。當然，也有可能是不同易數派別間的差異，或是現在流傳的周易是經過逐漸調整出系統性的可能。

讀書會季師：《筮法》人身圖：坤為胸、離為腹；《周易·說卦》坤為腹、離為目，二者不同。如依子居胸包含在腹中，那麼坤卦就沒有問題。《周易·說卦》

---

[22] 子居：〈清華簡《筮法》解析〉。

14、15、16 章「其於人也」說的都是人的疾病，因此「大腹」應該解釋為人的肚子腫脹鼓起來之類的疾病。子居誤以大腹為下腹，不可信。

第二十五節 〈天干與卦〉譯釋

【釋文】

卦象	卦名	天干	簡號
☰	戟（乾）	甲壬	【四三C】
☷	巺（坤）	乙癸	【四四C】
☶	艮	酓（丙）	【四五C】
☱	兌	丁	【四六C】
☵	裝（勞）	戊	【四七C】
☲	羅（離）	己	【四八C】
☳	譽（震）	庚	【四九C】
☴	巽	辛	【五〇C】

【注釋】

原考釋謂："《京氏易傳》卷下有京房的「納甲」說云:「分天地乾、坤之象，益之以甲、乙、壬、癸;震、巽之象配庚、辛，坎、離之象配戊、己，艮、兌之象配丙、丁。」此處簡文對應與之相同。"

子居〈清華簡《筮法》解析〉謂："此種情況說明，早在京房易之前的先秦時期，納甲說已廣為流傳，而納甲說的流傳，則使得《易》占的數字占筮系統因操作計算的繁複而日漸衰微，納甲本身與天干的直接關係則因簡明易得而順利與《日書》融為一體，所以從現在的各種出土《日書》內容中，往往可尋得數字卦占筮系統的佚說遺存，其各種吉凶推求的理論依據，也往往是發源於數字卦的占筮卦象等內容。所以，對清華簡《筮法》篇的研究，當與目前的《日書》研究相結合，才能獲得更多的認知。"[23]

---

[23] 子居:〈清華簡《筮法》解析〉。

　　榮焜案：「納甲」指將天干納入八卦，即「乾」納甲壬，「坤」納乙癸，「震」納庚，「巽」納辛，「坎」納戊，「離」納己，「艮」納丙，「兌」納丁。後代卜筮家以干支與卦爻，五行、五方相配，即從此來。《易學大辭典》云：「納甲為漢代易學術語。將八卦與天干（以甲為首）、五行、方位相配合，故名。其法先將八卦和天干區分，為陰陽兩組。八卦陽組為乾、震、坎、艮；陰組為坤、巽、離、兌；天干陽組為甲、丙、戊、庚、壬，陰組為乙、丁、己、辛、癸。然後陽卦納陽干，陰卦納陰干，乾卦內角納甲、外象納壬，坤卦內象納乙、外象納癸，震卦納庚，坎卦納戊，艮卦納丙，巽卦納辛，離卦納己，兌卦納丁。又「甲乾乙坤，相得合木，故甲乙在東；丙艮丁兌，相得合火，故丙丁在南；戊坎己離，相得合土，故戊己居中；庚震辛巽，相得合金，故庚辛在西；天壬地癸，相得合水，故壬癸在北。惠棟《易漢學》又以月象盈虧配合卦象，納甲由西漢京房創立，東漢魏伯陽《周易參同契》、三國虞翻加以發揮，或據以說《易》，或據以說丹。後世卜筮家多宗之，並用於占術。」（《易學大辭典》頁446。）

第二十六節　〈祟〉譯釋

【釋文】

軌（乾）祟：屯（純）、五，宜（曼/湣）宗[01]。九，乃山。肴（淆），乃父之不殟=（葬死）。莫屯（純），乃室中、乃父[02]。【四三 D】

巺（坤）祟：門、行。屯（純），乃母。八，乃伊（噎）弖（以）死、乃西祭。四，乃祘（緂）者[03]。【四四 D】

艮祟：舀（竈）[04]。九，乃祟（豦／遽）[05]。五，乃槐臭[06]【四五 D】

兌祟：女子大面端（憚）虞（赫）死、長女為妾而死[07]。【四六 D】

裘祟：風、長殤（殤）。五，伏鐱（劍）者。九，戊（牡）祟（豦／遽）。四，祘（緂）者。弌（一）五，乃祏（辜）者[08]。【四七 D】

羅（離）祟：寏（熱）、冰（溺）者。四，繢（繘）者。一四一五，長女殤（殤）。二五夾四，殈（辜）者[09]。【四八 D】

辱（震）祟：日出，東方。忓（旰）日，監（炎）天。昊（晨）日，〔？〕天。莫（暮）日，雨帀（師）。五，乃痙（狂）者。九，乃戶[10]。【四九 D】

巽祟：孨（俛／娩）殤（殤）。五、八乃晉（巫）。九，粒、宏（攣）子。四，非痙（狂）乃繢（繘）者[11]。【五〇D】

夫天之道，男戠（勝）女，眾戠（勝）募（寡）[12]。【五一 D】

【語譯】

卜問祟遇到乾卦：如果有全部由一構成的三爻卦或全部由五構成的三爻卦，就表示是由與宗族斷絕、死在外鄉的人變成的鬼在作怪。如果有全部由九構成的三爻卦，就表示是山在作怪。如果遇到五、九爻混出，那就是死去不得安葬的父親作怪，如果遇到由兩個數字構成的卦，那就是室中、死去的父親作怪。

卜問祟遇到坤卦：表示是門、行道作怪。如果有全部由六構成的三爻卦，那就是死去的母親作怪。如果有全部由八構成的三爻卦，那就是翳死者作怪，就是「西祭」作怪。如果有全部由四構成的三爻卦，那就是繢死者作怪。

卜問祟遇到艮卦：表示是房室的西南隅在作怪。如果遇到有九的爻出現，那就是遽鬼在作怪。如果遇到有五的爻出現，那就是「楒臭」這種鬼在作怪。

卜問祟遇到兌卦：表示是「大臉而被嚇死的女子」變成的鬼、或是「長女當妾而死」變成的鬼在作怪。

卜問祟遇到勞（坎）卦：表示是風（飄風），夭死的長子作怪。遇到有五的爻出現，表示是被劍殺死的人作怪。遇到有九的爻出現，表示是祟（豦／遽鬼）作怪。遇到有四的爻出現，表示是繢死的人作怪。遇到本卦中有四有五的爻出現，表示是辜死者作怪。

卜問祟遇到羅（離）卦：表示是被燒死的、溺死的人在作怪。遇到有四的爻

出現，表示是縊死的人作怪。遇到本卦中有四有五的爻出現，表示是夭死的長女作怪。遇到本卦中二五夾四的爻出現，表示是辜死者作怪。

卜問祟遇到震卦：在日出時，東方的鬼怪作怪。在旰日時，是炎天作怪。在晨時，是□天作怪。在日落時，是雨師作怪。遇到有五的爻出現，是（死去的）狂者作怪。遇到有九的爻出現，是戶神作怪。

卜問祟遇到巽卦：表示是難產而死的產婦作怪。遇到有五或有八的爻出現，是死去的巫者作怪。遇到有九的爻出現，是死了以後被淺埋的野孩子作怪。遇到有四的爻出現，不是死去的狂者就是縊死者作怪。

天地自然的道理，男的勝過女的，多的勝過少的。

【注釋】

01. 軹（乾）祟：屯（純）、五，宴（泯）宗

屯（純），原考釋謂："屯，讀為「純」，意指僅以「一」構成的乾卦。"

五，原考釋謂："五，乾卦中有「五」爻出現，以下類推。"

宴（滅）宗，原考釋謂："「宴」字簡文下部所從與楚簡「廈」字下半同形（見李守奎《楚文字編》，華東師範大學出版社，二〇〇三年，第一八五頁），應為「昬」，古音在明母月部，在此讀為同音的「滅」。「滅宗」，指已絕滅的宗族。《左傳》文公九年：「是必滅若敖氏之宗。」"

武漢網帳號「有鬲散人」謂："《筮法》簡43「宴宗」之「宴」的下部，陳劍先生曾有專文考釋，該字與「民」古音相近，我們認為此處的「宴」，當讀為「泯」。《說文新附·水部》：「泯，滅也。」《詩·大雅·桑柔》：「亂生不夷，靡國不泯。」毛傳：「泯，滅也。」《後漢書·崔琦傳》：「家國泯絕，宗廟燒燔。」"[24]

---

[24] 武漢網帳號「有鬲散人」：〈初讀清華簡（四）筆記〉，第 13 樓，武漢大學簡帛研究中心網站簡帛論壇，2014.1.8。http://www.bsm.org.cn/bbs/read.php?tid=3155&page=2。

純五滅宗，武漢網帳號「暮四郎」（黃杰）謂：“按這樣解釋的話，滅宗的機率顯然太大，因爲它包括純「一」成卦、卦中有「五」兩種情況，包括五的乾卦雖然暫時還比較少見（《筮法》簡 29 第四欄有一例），但純「一」的乾卦卻在《筮法》中到處都是。考慮到「滅宗」之事對古人的嚴重性，我們認爲，「純五」當讀爲一句，指整個乾卦都由數字五構成，這種情況的機率比較小。”[25]

王化平〈讀清華簡《筮法》隨札〉謂：“【注釋】云「滅宗」指「已絕滅的宗族」，不妥。此節文字所指的「祟」均是某位鬼神，因此，宗恐怕不指宗族，而是指宗主，或嫡長子，所謂「滅宗」疑指已死的宗主或嫡長子。”[26]

旭昇案：![字] 字應該就是冡字異體，上部的民聲（真部）替換為宀聲（元部）；也可能是从宀、敃聲的字；或「宀」只是飾符。字讀為泯。原考釋讀「滅宗」，指「已滅絕的宗族」；有鬲散人以為指「家國泯絕，宗廟燒燔」，似不妥。已滅絕的宗族已無後人，則不可能有後裔占卜其是否作祟。一般人的占卜也不太可能卜問到與自己毫無關係、整個宗族被滅絕的鬼魅作祟。王化平以為“「滅宗」當為已死的宗主，或嫡長子作祟”，其意似把「宗」字讀為「主」。換一個角度想，本條的作祟者比較可能是「泯宗者」，即流浪在外而死亡，不得宗族庇佑的異鄉魂。《詩經‧唐風‧杕杜》：「有杕之杜、其葉湑湑。獨行踽踽。豈無他人、不如我同父。嗟行之人、胡不比焉。人無兄弟、胡不佽焉。」《王風‧葛藟》：「緜緜葛藟、在河之滸。終遠兄弟、謂他人父。謂他人父、亦莫我顧。」泯宗者流浪在外，慘死異鄉，因此容易心生怨恨，作祟親人。

02.九，乃山。肴（淆），乃父之不牀=（葬死）。莫（暮）屯（純），乃室中、乃父

九，乃山，武漢網帳號「暮四郎」（黃杰）謂：“「九乃山」，似承上「純五，滅宗」而言，當理解爲「純九，乃山」，即如果整個乾卦都由數字九構成，則爲山。”[27]

[25] 武漢網帳號「暮四郎」（黃杰）：〈初讀清華簡（四）筆記〉，第 5 樓，武漢大學簡帛研究中心網站簡帛論壇，2014.1.8。http://www.bsm.org.cn/bbs/read.php?tid=3155。

[26] 王化平：〈讀清華簡《筮法》隨札〉，《周易研究》，2014.3。

[27] 武漢網帳號「暮四郎」（黃杰），〈初讀清華簡（四）筆記〉，第 5 樓，武漢大學簡帛研究中心網站簡帛論壇，2014.1.8。http://www.bsm.org.cn/bbs/read.php?tid=3155。

旭昇案：山，各家都沒有意見，大概都認為是指一般的山。《包山楚簡》有賽禱「峗山」（簡214）、與禱「五山」（簡240）。

肴（淆），原考釋謂：“意謂「五」、「九」混出。”

武漢網帳號「暮四郎」（黃杰）謂：“「肴」，整理報告讀爲「淆」，認爲指「五」、「九」混出，可從。正如（2）（宇祥按：原文第二則）所指出的「九乃山」承上「純五，滅宗」一樣，「肴（淆）」承上「純五，滅宗」（純五）及「九乃山」（純九）兩種情況，指「五」、「九」混出。”[28]

莫（暮），原考釋謂：“暮，在暮時占卜。”

武漢網帳號「暮四郎」（黃杰）謂：“「莫純」，整理報告讀爲「暮純」，認爲「暮」指在暮時占筮。這樣，「暮純」似難以解釋。我認爲「莫純」之「莫」當解爲不，「莫純」是對「純」的否定，指卦中雜有不同的數字，或者每個爻數都不同。前面的「肴（淆）」也當包括在此之中，但是由於「肴（淆）」只指「五」、「九」混出，所以此處再補充言之。”[29]

武漢網帳號「暮四郎」（黃杰）又謂：“《筮法》「祟」節簡43「肴（淆）乃父之不之不㿚，整理報告讀為「父之不葬死」，未作解釋。按：「不葬死」（不葬而死）似難講通。我認為此句當讀為「父之不死、葬」，「不死、葬」即不死、不葬，「不死」意為不得其死，以非正常方式死亡，「不死、葬」意為不得其死，亦不得安葬。”[30]

袁金平、李偉偉：〈清華簡《筮法·祟》與睡虎地秦簡《日書甲种·詰》對讀札記〉：“「死不葬」意謂死而無葬身之地，是古時習語，不煩舉例。《日甲·詰》即見用例，簡50背貳云：「鬼恒贏（裸）入人宮，是幼殤死不葬。」整理者將「不㿚＝」釋作「不葬死」其實是正確的。”

---

[28] 武漢網帳號「暮四郎」（黃杰），〈初讀清華簡（四）筆記〉，第5樓，武漢大學簡帛研究中心網站簡帛論壇，2014.1.8。http://www.bsm.org.cn/bbs/read.php?tid=3155。

[29] 武漢網帳號「暮四郎」（黃杰），〈初讀清華簡（四）筆記〉，第5樓，武漢大學簡帛研究中心網站簡帛論壇，2014.1.8。http://www.bsm.org.cn/bbs/read.php?tid=3155。

[30] 漢網帳號「暮四郎」（黃杰），〈初讀清華簡（四）筆記〉，第32樓，武漢大學簡帛研究中心網站簡帛論壇，2014.1.10。http://www.bsm.org.cn/bbs/read.php?tid=3155&page=4。

讀書會金宇祥：“此處可讀為「不葬死」，意思是「不因為／為了（父）死而葬」。文獻中類似用法如：

　　《韓非子‧飭令》：「重刑少賞，上愛民，民死賞。多賞輕刑，上不愛民，民不死賞。」

　　《管子‧重令》：「將帥不嚴威，民心不專一，陳士不死制，卒士不輕敵，而求兵之必勝，不可得也。」

　　《管子‧法法》：「令已布而賞不從，則是使民不勸勉、不行制、不死節。」

　　《管子‧大匡》：「管仲辭於君曰：『君免臣於死，臣之幸也。然臣之不死紏也，為欲定社稷也。社稷不定，臣祿齊國之政而不死紏也，臣不敢。』」

　　《呂氏春秋‧務大》：「鄭君問於被瞻曰：『聞先生之義，不死君，不亡君，信有之乎？』」

《韓非子‧飭令》：「民死賞」，陳奇猷言「民為賞而死」。（陳奇猷：《韓非子新校注》上海古籍出版社，2000年，頁1175。）所以「民不死賞」即「民不為賞而死」。此種語法結構可分析為「否定詞＋死＋目的賓語」，〈筮法〉此處用法亦同此。另外，除了袁金平指出《睡虎地秦簡‧日甲》的「死不葬」以外，《北大伍‧荊決》亦有「死不葬」一詞。整理三處用法：〈日甲〉和〈荊決〉用「死不葬」；〈筮法〉用「不葬死」，從以上分析可知「不葬死」和「死不葬」意思相同，又〈筮法〉、〈日甲〉、〈荊決〉皆屬占筮類的材料，就此情形推論，〈筮法〉的用語可能早於〈日甲〉、〈荊決〉，因「不葬死」之意略嫌曲折，故較晚的時代便改以「死不葬」這樣較易理解的語序。”

室中，原考釋謂：“室中，當即五祀中的「中霤」。”

子居〈清華簡《筮法》解析〉：“筆者以為，蓍四郎所言各條內容，除讀「莫」為原字甚是外，餘者皆不成立。對照下文坤祟的「純乃母」即不難看出，乾祟的「純」就當如整理者所言「意指僅以『一』構成的乾卦」，並且本節是筮問八卦為祟時各為何種神鬼精怪的這種特殊情況，而不是任何見到的八卦之象皆如此理解，因此自然不會有如蓍四郎所言「機率顯然太大」的情況。「滅宗」指的是宗鬼，也非「『滅宗』之事」。「莫純」指五、九並見；「殺」則指五、七、九並見，因此屬於「莫純」中較特殊的情況。所以「莫純」為「父」，「殺」則專指「父之不葬死」者，即死後沒有行葬禮埋葬者。關於此點，整理者所言也是不準

確的。乾祟中的宗、父、室中，皆為乾卦之象。"[31]

讀書會季師：乾祟所出現卦象有四個：純、五、九、肴、莫純，純指全部由一構成（依暮四郎解說少了最常出現的純一這一卦，所以暮四郎把「純、五」讀為「純五」不可取），「五」指「純五」，「九」指「純九」，「肴」及「莫純」指由兩個不同數字構成的卦（Ａ：115，151，511，155，515，551；119，191，911，199，919，991，559，595，955，599，959，995）及由三個數字不同的卦（Ｂ：159，195，519，591，915，951），至於「肴」為前者或「莫純」為前者，難以判斷。「肴」姑且先釋為Ａ，「莫純」姑且先釋為Ｂ。「不葬死」，黃杰釋為不得好死、不得埋葬，把不死釋為不得好死，目前沒有看到書證。從子居釋為「死後沒有行葬禮埋葬者」。「莫純」，從黃杰釋「莫」為「不」，但應是Ａ或Ｂ，無法判斷。

旭昇案：室中，原考釋以為即五祀中的「中霤」。可從。傳統典籍「五祀」頗為複雜。《禮記·祭法》：「王為群姓立七祀，曰司命，曰中霤，曰國門，曰國行，曰泰厲，曰戶，曰灶；王自為立七祀。諸侯為國立五祀，曰司命，曰中霤，曰國門，曰國行，曰公厲；諸侯自為立五祀。大夫立三祀，曰族厲，曰門，曰行。適士立二祀，曰門，曰行。庶人立一祀，或立戶，或立灶。」《禮記·曲禮下》：「天子祭天地，祭四方，祭山川，祭五祀，歲遍；諸侯方祀，祭山川，祭五祀，歲遍。大夫祭五祀，歲遍。士祭其先。」鄭玄注：「五祀，戶、灶、中霤、門、行也。此蓋殷時制也。《祭法》曰："天子立七祀，諸侯立五祀，大夫立三祀，士立二祀。謂周制也。"」從相關材料來看，戰國秦漢的「五祀」相當複雜，楊華做過整理。[32]可以參看。

03.巺（坤）祟：門、行。屯（純），乃母。八，乃伊（噎）吕（以）死、乃西祭。四，乃綊（緓）者。【四四】

門、行，原考釋謂："門、行為五祀中的兩種。"

屯（純），原考釋謂："純，指僅以「六」構成的坤卦。"

[31] 子居：〈清華簡《筮法》解析〉。

[32] 楊華〈"五祀"祭禱與楚漢文化的繼承〉，武漢簡帛網，2005.11.12，網址：http://www.bsm.org.cn/show_article.php?id=63。

武漢網帳號「暮四郎」（黃杰）謂："整理報告認為「純」指僅以「六」構成的坤卦。綜合後文的「八乃……四乃……」考慮，此說有理。「八」、「四」很可能是指純八、純四，即僅以「八」或「四」構成的坤卦。這也可以參考乾祟條的「純五減宗。九乃山。」"[33]

伊（噎）呂（以）死，原考釋謂："𡥝，即《說文》「奴」字古文「𡚰」。「奴以死」，男子為奴而死者。"

武漢網帳號「暮四郎」（黃杰）謂："

2.坤祟：門、行。純乃毋。八乃 以死，乃西祭。四乃繼者。

整理報告隸定為「𡥝」，認為即《說文》「奴」字古文「𡚰」，故釋為「奴」。此說不可從。本篇「女」字多見，未有作左旁之形者。

從殘劃看，頗疑 與清華簡叁《良臣》簡2「伊尹」、「伊陟」之「伊」（、）是同一個字，僅偏旁左右互換而已。細看之下， 左半部的那一捺劃與上部橫劃相接，而 右半部的捺劃則不與上部橫劃相接，有所不同。但據學者們考據，「伊」右半部本來是從「四」（參見簡帛網・簡帛論壇・簡帛研讀・「請教」（http：//www.bsm.org.cn/bbs/read.php?tid=2864），2011-12-22；復旦大學出土文獻與古文字研究中心讀書會《〈清華（貳）〉討論紀錄》，復旦大學出土文獻與古文字研究中心網，2011-12-23），所以這個差別並無關緊要。

若此意見不誤，則該字可讀為「翳」。古「伊」、「翳」通用。「翳」有與「死」類似的意思，如《詩・大雅・皇矣》「作之屏之，其菑其翳」，《毛傳》「木立死曰菑，自斃曰翳」；《國語・周語下》「而又奪之資，以益其災，是去其藏而翳其人也」，韋昭注：「翳，猶屏也。……一曰翳，滅也。」「翳以死」，即斃以死，滅以死。"[34]

付強〈說清華簡《筮法》中釋為「奴」之字〉謂："我們認為整理者釋此字

[33] 武漢網帳號「暮四郎」（黃杰）：〈初讀清華簡（四）筆記〉，第53樓，武漢大學簡帛研究中心網站簡帛論壇，2014.1.13。http://www.bsm.org.cn/bbs/read.php?tid=3155&page=6。

[34] 武漢網帳號「暮四郎」（黃杰）：〈初讀清華簡（四）筆記〉，第10樓，武漢大學簡帛研究中心網站簡帛論壇，2014.1.8。http://www.bsm.org.cn/bbs/read.php?tid=3155&page=2。

為「奴」是值得商榷的，「奴」字在《筮法》篇中多次出現作如下揭諸形：

筮法·志事（簡26）	筮法·軍旅（簡35）	筮法·果（簡41）	筮法·果（簡41）	筮法·爻象（簡61）	筮法·爻象（簡61）

　　由上表我們可以看出「」與「奴」在字形上存在較的大差異，仔細觀察此字左邊作「」形，與上博簡《緇衣》中「儀型文王，萬邦作（孚）」之「」作「」形有較大的相似性，所以我們更傾向於把此字釋為一個從「孚」聲從「人」之字。「」字既見於甲骨又見於金文，關於此字裘錫圭先生曾有專門的文章進行過考釋，認為此字應該釋為「厄」讀為「果」，並引《周禮·春官·大卜》：「以邦事作龜之八命」，「五曰果」。鄭玄注引鄭司農云「果謂事成與不成也」，古多訓「果」為「成」。《論語·子路》：「言必信，行必果」，黃侃《義疏》引繆協云：「果，成也。言必然合乎信，行必期諸成。」《文選》卷二十五謝宣遠《於安城答靈運》詩「幸會果代耕」句李善注：「許慎《淮南子》注曰：果，成也。」《國語·晉語八》：「若是道也果，可以教訓，何敗國之有？」韋昭注：「果，必行也。」意亦與「成」相近。「果」字的這種意義，應該是由「結出果實」之義引申出來的，跟現代人所說的「實現」相近。卜辭「茲厄（果）」的「厄（果）」當取此義。[35]

　　後來在《遂公盨銘文考釋》一文中解釋「永于寧」時，裘先生改變原來把「」字釋為「厄（果）」的看法，而根據新近發現的上博簡《緇衣》「儀型文王，萬邦作（孚）」之「」作「」形，說疑「」與「」為一字，此字雖尚不能釋出，但其讀音應與「孚」相同或相近。《尚書·呂刑》：「五辭簡孚，正於五刑。」偽孔傳：「五辭簡核，信有罪驗，則正於五刑。」楊筠如《尚書覈詁》：「孚讀為符，信也，合也。」《盤庚》：「以不浮於天」，《君奭》：「若卜筮罔不是孚」，並同。[36]

---

[35] 原注3，裘錫圭：〈釋「厄」〉，《裘錫圭學術文集（甲骨文卷）》，（復旦大學出版社，2012年），頁449-460。

[36] 原注4，裘錫圭：〈遂公盨銘文考釋〉，《裘錫圭學術文集（金文及其他古文字卷）》，（復旦大學出版社，2012年），頁146-166。

　　綜上，所以清華簡《筮法》此處應該隸定為「八乃仰（孚）以死」，「仰」也當為楊筠如《尚書覈詁》所訓「信也，合也。」」[37]

　　讀書會金宇祥：「原圖版作█，書後字形表處理過的作█。清華肆「女」字所從見書後字形表頁 172。若依整理者釋為「奴」，爭議處有三：1.此字左半部「女」旁的豎筆未突出，與《筮法》其他「女」旁相異。「女」旁豎筆未突出在其他楚簡中有：█《上博一·緇衣》簡 12「妝」、█《上博六·競公虐》簡 1「娟」。2.「女」字左邊的筆畫作█與《筮法》其他「女」旁作█相異。3.《筮法》「奴」字多作從女從又，僅此字作從女從人。付強認為是從人孚聲，引█《上博一·緇衣》簡 1 為例證。檢原圖版，由於左半部下方殘泐故難以判斷。在文意上其引用楊筠如《尚書覈詁》所訓「信也，合也。」文義也不是很明白。」

　　榮焜案：清華簡「女」字作█（〈尹至〉1），作偏旁時寫法相近，如「姬」字作█（《繫年》31），其左側筆畫兩端向內彎，右側捺畫突出於最上面橫筆，與█字左側偏旁筆畫有異。又《上博簡》「伊」字作█（《上博二·子羔》簡 2）、█（《上博二·子羔》簡 11），《清華簡》「伊」字作█（〈良臣〉02）、█（〈良臣〉02），字形除偏旁「人」一右一左外，█與█的「尹」旁與█字左側偏旁左邊豎筆寫法相近，右邊一筆█字為一般「又」字寫法，上面筆畫左彎，而█形寫法則與█字左偏旁較為相近。綜合言之█與█字形最為相近，故暫將█字釋為「伊」，讀為「翳」，「翳以死」，即斃以死。

　　旭昇案：此字字形確實較特殊，姑依黃杰隸為「伊」。本節筮「祟」多為不正常死亡，「翳以死」語義較含混。或可讀為「噎以死」。「伊」通「翳」，「翳」或假借為「殪、暳」（《故訓匯纂》頁 1821「翳」字條下義項第 67-70、73）。「噎以死」謂食物塞住咽喉而致死。

　　西祭，原考釋謂：「西祭，西方之神，與下震祟的「東方」相對。」

　　武漢網帳號「暮四郎」（黃杰）：「「西祭」，整理報告解釋為西方之神，與下震祟的「東方」相對。此解似不確。從語法上看，「西祭」與「█（伊—翳）

[37]　付強：〈說清華簡《筮法》中釋為「奴」之字〉，武漢大學簡帛研究中心網站，2014.5.6。http://www.bsm.org.cn/show_article.php?id=2016。

以死」並列，應當是動詞。《禮記・祭義》：「祭日於東，祭月於西。」「祭日於壇，祭月於坎，以別幽明，以制上下。」《祭法》：「王宮，祭日也；夜明，祭月也。」《國語・魯語下》：「是故天子大采朝日，與三公、九卿祖識地德；日中考政，與百官之政事，師尹維旅、牧、相宣序民事；少采夕月，與大史、司載糾虔天刑；日入監九卿，使潔奉禘、郊之粢盛，而後即安。」章昭云：「言天子與公卿因朝日以修陽政而習地德，因夕月以理陰教而糾天刑。」祭月與刑罰之事有關。此處「西祭」或指祭月。之所以祭祀，當與前文「▨▨（伊－翳）以死」有關。」[38]

子居〈清華簡《筮法》解析〉謂：“整理者讀為「西祭」之「祭」，筆者則以為當讀為「蔡」，指流放而死。《左傳・昭公元年》：「周公殺管叔而蔡蔡叔。」杜預注：「蔡，放也。」坤崇中之門、行屬五祀，由《禮記・月令》可見，對應於西、北，屬陰，故歸於坤卦。”[39]

蒜（縊），原考釋謂：“蒜，《說文》「嗌」字籀文，楚簡常以代「益」。”

榮焜案：由本節文意推知，如果抽到肴與莫純，那就是門和行作怪（只要有坤卦都有門和行作怪）。又本節所論都是作祟者為何，大部分都是神靈鬼怪之類，釋讀應依此脈絡。季師以為：「乃」下都是作祟者，暮四郎之說與本節體例不合；子居說流放而死，先秦似不多見，本節作祟者均較常見，原考釋之說籠統而無旁證，但缺點較少。

04.艮祟：㐫（竈）

㐫，原考釋隸「隶」：“「隶」字類似郭店簡《尊德義》的「隶」（《楚文字編》第一八九頁），在此讀為「殔」，《小爾雅・廣名》：「埋柩謂之殔。」字或作「肂」，《釋名・釋喪制》：「假葬於道側曰肂。」”

武漢網帳號「暮四郎」（黃杰）謂：

艮祟：▨，九乃……。五乃……

---

[38] 武漢網帳號「暮四郎」（黃杰）：〈初讀清華簡（四）筆記〉，第 53 樓，武漢大學簡帛研究中心網站簡帛論壇，2014.1.13。http://www.bsm.org.cn/bbs/read.php?tid=3155&page=6。

[39] 子居：〈清華簡《筮法》解析〉。

，整理報告釋為「隶」，讀為「逮」，不確。從此字的結構考慮，此字下部最可能是「肉」之變體，則此字當釋為「有」。從文意看，或可讀為「疣」，即肉瘤，《玉篇》「疣，結病也，今疣贅之腫也」。「又」、「疣」相通。故「有」可讀為「疣」。「疣」之所以為艮祟，或因為艮為山，與肉瘤有類似之處。

楚簡「有」一般寫作，下部「肉」旁中的兩橫似尚未見寫作中相應之形者。不過，新蔡簡「的」豢多寫作，所從「舟」形當為「肉」形之訛寫，或可與中「肉」旁帶上「舟」的筆劃特點相比類。[40]

武漢網帳號「有鬲散人」謂："《別卦》簡 45 中所謂的「隶」字，當是從「又」，「它」聲之字，或可釋為「扡（拖、拕）」。其所從的「它」旁可以參看下列兩字所從的「它」旁：

（郭店簡《尊德義》簡 38）（包山簡 218）

不過從其構件位置來看，該字也有可能是「蚤」字的訛體，也就是說，該字所從的「它」可能是「虫」之訛。"[41]

武漢網帳號「海天遊蹤」（蘇建洲）謂："有鬲散人兄所說有道理，字形確實接近「它」旁，請比對：

（△）《新蔡》乙一18，頢（夏）。彩圖寫法的「它」與《新蔡》「頢」字的「它」旁完全相同，《筮法》文字編把「它」的一小筆修掉了，反而不像了。《新蔡》「頢」字的「它」旁多是這種寫法可供比對。"[42]

子居〈清華簡《筮法》解析〉謂："（有鬲散人之說）所說是，此字當即「𢼞」，今之「施」字。《國語·晉語三》：「秦人殺冀芮而施之。」韋昭注：「陳屍曰施。」《路史》卷七：「施者，殺而肆之。《內則》『施羊』亦如之，『施麋』、『施鹿』、『施麇』皆如牛羊左施。秦施冀芮、晉施邢侯叔魚於市，《山海經》

---

[40] 武漢網帳號「暮四郎」（黃杰）：〈初讀清華簡（四）筆記〉，第 21 樓，武漢大學簡帛研究中心網站簡帛論壇，2014.1.9。http://www.bsm.org.cn/bbs/read.php?tid=3155&page=3。

[41] 武漢網帳號「有鬲散人」：〈初讀清華簡（四）筆記〉，第 44 樓，武漢大學簡帛研究中心網站簡帛論壇，2014.1.11。http://www.bsm.org.cn/bbs/read.php?tid=3155&page=5。

[42] 武漢網帳號「海天遊蹤」（蘇建洲）：〈初讀清華簡（四）筆記〉，第 45 樓，武漢大學簡帛研究中心網站簡帛論壇，2014.1.11。http://www.bsm.org.cn/bbs/read.php?tid=3155&page=5。

『殺而施之』。」"[43]

董春〈論清華簡《筮法》之祟〉謂："在艮祟當中出現了「殔」，按《小爾雅‧廣名》解釋：「埋柩謂之殔」，看起來與五祀毫不相關。但《禮記正義‧檀弓上》鄭玄注云：「掘中霤而浴，毀灶以綴足，及葬，毀宗躐行，出於大門，殷道也。」可以解釋為何有乾之「室中」、坤之「門」、「行」、艮之「殔」，按殷禮而言人死之後於室中掘地作坎，告知死者此室於死者無用，在床上給死者洗浴後將水倒入坑中，故曰「掘中霤而浴」，之所以毀灶是為了說死者再無飲食之事，而毀宗躐行，出於大門，按孔穎達解釋為「毀宗」，毀廟也。殷人殯於廟，至葬，柩出，毀廟門西邊牆而出於大門。「今向毀宗處出，仍得躐此行壇，如生時之出也。」如依此，《筮法》篇的乾、坤、艮的室中、門、行、以及殔當屬鄭玄所云之殷禮。如不依此禮進行喪葬可能會引起鬼神作祟。"[44]

榮焜案：甲骨文𢽅（《合集》38719）、𤉡（《合集》38720），徐寶貴〈甲骨文考釋三則‧釋𤉡〉釋「攸／蚊」，以為字形從虫、攴。陳劍〈試說甲骨文的「殺」字〉以為即「殺（殺）」字，為以手持杖殺蟲之形。甲骨文另有𠂤（《英藏》187）字，從卩從攴；𤲬（《花東》76）字，從殳從豕，這些字陳劍以為這些字造字意義與　同，都像手持錘杖擊殺人或豕之形，攸、𣪘均可釋為甲骨文的「殺」字。準此，𢒈字從它從又，釋為「𩵋」字，依殺字造字原則可從，即今「施」字，意為陳屍示眾，是由施蛇的意義引申而來。

旭昇案：有鬲散人以為此字上從又、下從它，當可從。但隸為「扡、拖、拕」可能還是有點問題（有鬲散人沒有解釋句義，但依隸定當即「拖」）；子居據此讀為「施」，即殺而陳屍。細讀本節，作祟者多為一般人生活周遭的處所，或較可能遇到的事物，如縊死、嚇死、溺死……，不太可能是極少遇到的殺而陳屍。而且楚簡「拕（施）」字都作從它從攴的「攺」，而且它攴是左右組合，未見作從又從它、上下組合的「𢒈」。疑此字當從又它，如果認為「它」與「虫」可以混用（如「流」字既作「𣴎」（《上博七‧凡物流形乙》1）、又作「𣹥」（《清

[43] 子居：〈清華簡《筮法》解析〉，清華大學簡帛研究網站，2014.4.7。
http://www.confucius2000.com/admin/list.asp?id=5953。

[44] 董春：〈論清華簡《筮法》之祟〉，「清華簡與儒學專題國際學術研討會」（山東煙臺大學，2014 年 12 月），頁 104。

華叁‧周公之琴舞》9）），這個字可以寫成「蚤」。《望山》1.9 有此字，朱德熙、裴錫圭、李家浩注釋讀為「蚤」，釋為「慅，憂也」；陳劍改讀為「尤」或「郵」，但又指出在秦漢人筆下，「蚤」卻是後來的「蚤」字（陳劍〈據楚簡文字說《離騷》〉）[45]。從〈筮法〉來看，此處最合理的解釋是讀為「竈」。「竈（精紐幽部）」、「蚤（蚤，精紐幽部）」二字聲韻全同。「竈」是戰國秦漢「五祀」的重要對象，〈筮法〉中有「室中（中霤）」、「門」、「行」、「蚤（竈）」、「戶」，「五祀」已完整地呈現了。[46]

05.九，乃祟（㺄）

祟（㺄），原考釋謂："㺄，獸名，《爾雅‧釋獸》注云為貜類，《說文》引司馬相如說則云「封豕之屬」。下文勞（坎）祟有「戊（牡）祟（㺄）」。"

武漢網帳號「暮四郎」（黃杰）謂："《筮法》的「祟」節中兩次出現 字（下面以△代替），辭例分別為：

（1）艮祟： （有‧疷）。九乃△。

（2）勞祟：風、長殤。五，伏劍者。九戊（牡）△。四，縊者。一四一五，乃㪥者。

△，整理者報告釋為「祟（㺄）」，解釋為獸名。按：△釋「祟（㺄）」似無根據。△上從「臼」，下從「示」。楚簡從「示」之字多從「示」旁之外的偏旁得聲，故△當從「臼」得聲。古從「臼」聲之字可與從「夂」、「各」、「休」等聲旁的字通用。考慮文義，此處可讀為「咎」。下部之「示」與「咎」意思也可相應。

「九乃咎」容易理解。「九戊（牡）咎」的意思則需要推敲。《筮法》簡 1-4 第三欄有「凡享，月朝純牝，乃饗；月夕約戊（牡），乃亦饗」，與「純牝」相配的為三個坤卦及左下一個巽卦，與「純牡」相配的為三個乾卦及左下一個艮卦，

[45] 陳劍〈據楚簡文字說《離騷》〉，收入《新出土文獻與古代文明研》，上海大學出版社，2004；又收在《戰國竹書論集》，上海古籍出版社，2013。

[46] 參季旭昇〈談清華肆〈筮法〉第二十六節〈祟〉篇中的「㕓（竈）」字〉，「出土文獻與上古漢語研究（簡帛專題）」研討會，北京.中國社科院語言所簡帛語言文字研究學科（歷史語言學研究一室），2017 年 8 月 14-16 日。

整理報告指出，「月朝」、「月夕」及分別據巽卦、艮卦而言，則可知「純牝」、「純牡」分別指另外三個卦中的爻全為陰爻、全為陽爻。此處「九牡咎」的理解當與簡 1-4「純牝」、「純牡」聯繫起來。「九牡咎」當斷讀為「九牡、咎」，「牡」是九的同位語，因為九性質為牡。「九牡、咎」與「艮祟」條之「九乃△（咎）」類同，意為如困勞卦中的陽爻為特爻九，則有咎。

需要說明的是，《筮法》中本有「咎」字。如果此處讀△為咎不誤，則可以應用學者們討論過的「同詞異字」的現象來解釋。」[47]

06. 五乃槐臭

槐敊，原考釋謂：「敊，疑即「魃」。」

武漢網帳號「無斁」（張新俊）謂：「《筮法》第二十六節《祟》篇，第 45 號簡中，從木從思的字：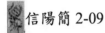懷疑所謂的「思」，很有可能是「畏」形之省。類似的例子，如郭店簡《唐虞之道》13 號簡中從戈從畏的字：▨。」[48]

武漢網帳號「無斁」（張新俊）謂：「清華簡《筮法》第二十六節《祟》篇，第 45 號簡最下面端有字▨▨（以下用 A 替代）

整理者釋作「敊」，懷疑即「魃」（第 116 頁）。按此說恐有未當。楚文字中的「敊」字，與 A 形近而有別。如下面的例子：

▨信陽簡 2-09

▨《靈王遂申》簡 2

以上二字均上從「百」下從「犮」，即《說文·髟部》「髮」的重文「敊」，劉雲先生已經有很好的研究，可以參看（劉雲：〈釋信陽簡中的「髮」字〉，復旦大學出土文獻與古文字網站首發，2013 年 11 月 30 日。http://www.gwz.fudan.edu.cn/Sr

[47] 武漢網帳號「暮四郎」（黃杰），2014.1.10，〈初讀清華簡（四）筆記〉，武漢大學簡帛研究中心網站簡帛論壇 http://www.bsm.org.cn/bbs/read.php?tid=3155&page=4，第 33 樓。

[48] 武漢網帳號「無斁」：〈初讀清華簡（四）筆記〉，第 49 樓，武漢大學簡帛研究中心網站簡帛論壇，2014.1.12。http://www.bsm.org.cn/bbs/read.php?tid=3155&page=5。

Show.sap?Src_ID=2185）。A字上從「首」，下從「犬」而不從「犮」，故不得釋作「猷」。

信陽楚簡中有「檏」字，寫作：

「檏」字右邊所從，與A在構形上是相同的。所以A可以隸定作「戛」，是一個從「犬」、「百」聲的字，它應該就是後世「臭」字。「戛」在簡文中的用法待考。」[49]

子居〈清華簡《筮法》解析〉謂：「筆者以為，無斁先生以為「椢」當是「椢」字，所說是。而整理者釋「猷」之字或即「臭」字。

「椢」通「猥」，又作「蝟」，即今之「蝟」字。《文選・西京賦》：「摣猵蝟，窳猭。」李善注：「蝟，其毛如刺。」《事文類聚》卷一引「猵蝟」作「猵猥」。需要說明的是，此「猥」不當如李善注那樣理解為今天所說的刺蝟，而應該讀為「蜼」，這一點後世書注往往皆誤。《呂氏春秋・察傳》：「狗似玃，玃似母猴，母猴似人，人之與狗則遠矣。」而《山海經・海內北經》言：「環狗，其為人，獸首人身。一曰蝟，狀如狗，黃色。」正是認為「蝟，狀如狗」或說「獸首人身」，再由《西京賦》中其與「猵」並言，就可以推知，「猥」為猿猴類。《山海經・中次九經》：「㟪山……多猭蜼。」郭璞注：「蜼似猴，鼻向上，尾四五尺，頭有岐，蒼黃色，雨則自懸樹，以尾塞鼻孔，或以兩指塞之。」《爾雅・釋獸》：「蜼，卬鼻而長尾。」關於「蜼」特徵習性皆已描述得非常清楚，由此不難知道「蜼」就是今天所說的金絲猴。

臭，也是猿猴類。《廣韻・入錫》：「臭，亦獸名。猭屬，唇厚而碧色。」由《說卦傳》第八章可見「艮為狗」，且前文已言古人認為「狗似玃，玃似母猴，母猴似人」，因此艮卦之祟，大都與猿猴類有關。」[50]

---

[49] 武漢網帳號「無斁」：〈初讀清華簡（四）筆記〉，第29樓，武漢大學簡帛研究中心網站簡帛論壇，2014.1.9。http://www.bsm.org.cn/bbs/read.php?tid=3155&page=3。

[50] 子居：〈清華簡《筮法》解析〉。

讀書會金宇祥：〝「犮」於偏旁中或與「犬」通用。見《新證》頁 751。〞

榮焜案：[圖]，整理者釋為「虖」可從，當是秦簡中的「遽鬼」。睡虎地雲夢秦簡《日書》甲種《詰》篇有：「凡邦中之立叢，其鬼恒夜呼焉，是遽鬼執人以自代也。」（簡 67 背貳一 68 背貳）可參劉釗〈談秦簡中的「鬼怪」〉，《文物世界》，一九九七年第二期，頁五十六。袁金平〈清華簡《筮法·祟》與睡虎地秦簡《日書甲種·詰》對讀札記〉，《周易研究》二〇一五年五期。

旭昇案：雖然楚簡從「犬」的字或加短橫飾筆，變得與「犮」同形，但目前看到的楚簡「髮」字確實下部都從「犮」聲。因此張新俊以為「[圖]」字應釋「臭」，可信。但其上一字「[圖]」右旁可能是「思」、也可能是「畏」。《清華貳·繫年》57「思」字作「[圖]」，二形完全相同，反而是獨體的「畏」字未見這麼寫的。因此其上一字是是否要隸為「椳」，似還可以保留。「椳臭」應該是一種鬼，待考。

07.兌祟：女子大面端（憚）虖（赫）死、長女為妾而死

大面，子居〈清華簡《筮法》解析〉謂：〝「大面」未見於先秦傳世文獻，而可見於秦漢文獻，如睡虎地秦簡《日書》甲種：「卯，兔也。盜者大面，頭頯。」《淮南子·地形訓》：「中央四達，風氣之所通，雨露之所會也，其人大面短頤美須。」《易林·節之同人》：「大面長頭，來解君憂。」清華簡《筮法》篇是言及「大面」的可見最早文獻，由此也可以判斷，《筮法》篇的成文時間當與睡虎地秦簡《日書》很接近，故《筮法》篇以成文於戰國末期為最可能。〞[51]

端，原考釋謂：〝端，《禮記·檀弓上》疏：「頭也。」〞

虖，原考釋謂：〝虖，即「虩」字，讀為嚇。〞

長女為妾而死，原考釋謂：〝「長女為妾而死」，與上坤祟男子「奴以死」相對。〞

子居〈清華簡《筮法》解析〉謂：〝「為妾而死」當是與《說卦傳》第十一

---

[51] 子居：〈清華簡《筮法》解析〉。

章「兌……為妾」有關。」[52]

董春〈論清華簡《筮法》之祟〉謂："……，在這一節當中，長女處在兌卦與離卦當中，而長殤位於勞（坎）卦當中，意味著長女、長男處在不當的位置，所以會有鬼神作祟的情況。"[53]

旭昇案：大面端，解為大臉頭似頗不辭。據《說文》，「端」的本義是「直」，假借為「耑」，《說文》「耑，物初生之題也」，即草木初生的頂端，引申為一切事物的頂端，但典籍「端」字從來沒有引申為「人的頭部」，原考釋引《禮記・檀弓上》疏，釋「端」為「頭也」，恐有不當。《禮記・檀弓》「柏椁以端長六尺」，孔疏：「端猶頭也，積柏材作椁，並葺材頭也。」這句話中的「端」是指木材的末端，不能根據孔疏把「端」字引申為人的頭部。因此，把〈筮法〉本節讀為「女子大面端」，解成「大臉」，可能是不合適的；或理解成「大臉、大頭」，也頗冗贅（大臉者必大頭）。我認為「女子大面端膚」應斷讀為「女子大面，端膚」，「端膚」似可讀為「憚赫」，《莊子・外物》：「白波若山，海水震蕩，聲侔鬼神，憚赫千里。」陳鼓應注引胡文英《莊子獨見》：「憚赫，震驚。」（參《漢語大詞典》「憚赫」條）。端（端紐元部）、憚（定紐元部），聲近韻同。耑聲可與丹聲通（《史記・曆書》「端蒙」《爾雅》作「旃蒙」，參《漢字通用聲素》頁 678），丹聲又與單聲通（「邯鄲」侯馬盟書作「邯邶」，參《漢字通用聲素》頁 675）。《莊子》的「憚赫」是外動詞，本篇的「端膚／憚赫」則是被動式，「女子大面端（憚）膚（赫）死」的意思是：大臉而被嚇死的女子變成的鬼。

08.袋祟：風、長殤（殤）。五，伏鏃（劍）者。九，戊（牡）祟（虡）。四，橬（繡）者。弍（一）五，乃殆（辜）者

風，原考釋謂："風，指風伯，與下震祟「雨師」相對。"

武漢網帳號「海天遊蹤」（蘇建洲）謂："我在本帖還指出 26 節「祟」：「勞祟：風、長殤。【47】」中的「風」，整理者解釋為「風伯，與震祟的雨師相對。」比較奇怪。但是我所提出的中風、風痺或是通讀為「朋」，讀為「朋、長殤」也

[52] 子居：〈清華簡《筮法》解析〉。

[53] 董春：〈論清華簡《筮法》之祟〉，「清華簡與儒學專題國際學術研討會」（山東煙臺大學，2014 年 12 月），頁 103。

是有問題的。因為《筮法》中其他的「風」都沒有以上三種用法。此處的「風」大概還是指自然災異的風，如同 29 節爻象「上下皆乍（作），邦又兵命，風雨」的「風」。[54]

長殤（殤），原考釋謂："長殤，長子而殤。"

旭昇案：殤，《說文》：「不成人也。人年十九至十六死，為長殤；十五至十二死，為中殤；十一至八歲死，為下殤。」文獻常用義也多指「未成年而亡」，於本條頗為適切。不過，依戰國時代的「殤」字用法，其實應指「不正常死亡」，參下「婐殤」條。原考釋以為「長殤」指「長子殤」，以 48 簡「長女殤」對比，其說可從。

殆（辜），原考釋謂："辜，《周禮‧掌戮》注：「謂磔之。」"

子居〈清華簡《筮法》解析〉謂："這裡似是以勞祟為長殤，其中若見八，才是「風」，疑現在所見的《筮法》篇有脫誤。「八為風」可見《筮法》第二十九節「爻象」。「爻象」節還記有「五……為兵、為血」，因此是「伏劍者」；「九象為大獸、為木、為備戒」所以是「牡麂」即雄猿；「四象為地、為圓、……為環」故是「縊者」；「一四一五」則合二爻之象，是自罪之人，對應於「辜者」。"[55]

董春〈論清華簡《筮法》之祟〉謂："所謂辜者「辜也」，許慎注曰：「《周禮》『殺王之親者，辜之』，鄭注：『辜之言枯也，謂磔之。』按辜本非常重罪。引申之凡有罪皆曰辜。」《周禮‧掌戮》篇云：「凡殺其親者焚之，殺王之親者辜之。」孫詒讓注曰：「云辜之言枯也，謂磔之。荀子正論云『斬斷枯磔』。」《說苑‧善說》云：「朽者揚其灰，不朽者磔其屍。」由此可見辜，乃是一種重刑，將有罪之人分屍以儆效尤。所謂辜者乃是犯重罪之人受之以分屍之刑，故作祟。"[56]

---

[54] 武漢網帳號「海天遊蹤」（蘇建洲）：〈初讀清華簡（四）筆記〉，第 43 樓，武漢大學簡帛研究中心網站簡帛論壇，2014.1.11。http://www.bsm.org.cn/bbs/read.php?tid=3155&page=5。

[55] 子居：〈清華簡《筮法》解析〉。

[56] 董春：〈論清華簡《筮法》之祟〉，「清華簡與儒學專題國際學術研討會」（山東煙臺大學，2014 年 12 月），頁 104。

　　讀書會金宇祥謂：「劉釗、陳家寧以風為飄風，可用於本篇。」

　　榮焜案：秦簡中名為風的鬼怪有飄風與寒風。「飄風」，釗釗說：「指疾風，又稱『扶遙』，或稱『羊角風』。《玉篇‧風部》：「飄，婢遙切，旋風也。」古人認為飄風乃鬼所為，至今民間仍以為被旋風所圍為不祥。（劉釗〈談秦簡中的「鬼怪」〉，《文物世界》，1997年第2期，頁57。）陳家寧補充說：

　　　　「飄風」與「狼鬼」關係密切。《法苑珠林》卷四十五引《白澤圖》曰：「狼鬼化為飄風……」這是說古人認為飄風為狼鬼變化而成……，因此飄風的根源就是「狼鬼」。……但古人一般認為人的靈魂和軀體是可以分離的，並且鬼怪可以進入人的身體作祟，影響人的言行。同樣道理，動物也應該如此。……那麼，扮成狼形的鬼究竟是什麼呢？《白澤圖》又云「丘墓之精名曰狼鬼」，丘墓之精就是墳墓中的精怪，可見歸根結底，作祟的還是一種類似靈魂的東西。[57]

又秦簡中的「寒風」，陳家寧說：「寒風並非一般的風，而是具有妖性的妖風。」（同前注，頁252。）作祟之「風」應是此類妖怪。

09.羅（離）祟：寰（熱）、仌（溺）者。四，蒜（繿）者。一四一五，長女殤（殤）。二五夾四，砧（辜）者

　　寰（熱），原考釋謂："寰，即「熱」字，在此讀為「爇」，《左傳》昭公二十七年注：「燒也。」爇、溺者，燒死或溺死的人。"

　　子居〈清華簡《筮法》解析〉謂："離為水，三爻呈二陽夾一陰之象，所以是「熱、溺者」；「四，繿者」與上文勞祟同。「一四一五」另一爻則是六，因此即離卦的「殺」，為「女殤」，祟節只見長女，不見幼女，所以得「長女殤」；「二五夾四，辜者」與上文勞祟類似，只不過比勞祟要更進一步。"[58]

　　讀書會金宇祥謂："熱，簡文字形與《楚帛書》「」字相近，李零〈古文

[57] 陳家寧〈《睡虎地秦墓竹簡》日書甲種「詰」篇鬼名補證（一）〉，武漢大學簡帛研究中心《簡帛》第一輯（2006年10月），頁251-252。

[58] 子居：〈清華簡《筮法》解析〉。

字雜識（五則）〉釋為「熱」。

　　榮焜案：「一四一五」對照後文「二五夾四」應指一個四、一個五。

　　季師：風，仍應為神鬼怪之類。一四一五，有可能是本卦中出現「一四」或「一五」，也可能是出現四、五。榮焜以為從羅崇「二五夾四」來看，後說較可能。

10.辳（震）祟：日出，東方。犴（旰）日，監（炎）天。昊（昃）日，〔？〕天。莫（暮）日，雨市（師）。五，乃痙（狂）者。九，乃戶

　　日出，原考釋謂：“日出，時段名，與下「代日」等皆指筮得震卦的時間。”

　　東方，子居〈清華簡《筮法》解析〉謂：“所言「東方」者，蓋即東皇。並且，這裡明顯是以震卦為日之象。前文已提到，上博簡《容成氏》中「東方之旗以日」的內容，就正與此處相合。”[59]

　　旭昇案：東方，東方的鬼怪。似不必釋為「東皇」。「東皇」就是「東皇太一」，為先秦楚國神話中的最高位大神，《楚辭·九歌》首章即〈東皇太一〉，王逸注·洪興祖補《楚辭補注》：「太一，星名，天之尊神，祠在楚東，以配東帝，故曰東皇。」以「東皇」至尊的地位，似不會與本段的鬼怪一同作祟。

　　犴（旰）日，原考釋隸「代日」，謂：“代，從弋聲，喻母職部，與「食」音近。食日，日中前的時段，曾見於殷墟卜辭。”

　　監天，原考釋謂：“監天，疑即《淮南子·天文》的「炎天」。”

　　武漢網帳號「明珍」（駱珍伊）謂：“《筮法》簡49有個代字，原考釋認為字從弋聲，讀為「食」。但是字形右旁應从「干」，作代，讀為「旰」。《說文》：「旰，晚也」。文獻中有「日旰」，多解為「日晚」。此處「旰日」、「昃日」、「暮日」，都是寫日晚的狀態，惟層次有所不同。”[60]

---

[59]　子居：〈清華簡《筮法》解析〉。

[60]　武漢網帳號「明珍」（駱珍伊）：〈初讀清華簡（四）筆記〉，第31樓，武漢大學簡帛研究中心網站簡帛論壇，2014.1.10。http://www.bsm.org.cn/bbs/read.php?tid=3155&page=4。

駱珍伊〈說「旰日」〉謂："該字楚簡字形作，其右旁所從似非「弋」而為「干」。楚簡中，芦干弋戈等字在偏旁中訛混的很多，例如《楚系簡帛文字編》「犴」字底下就收了兩種形體，其一作，其一作，字形右旁應從干，但是第一種寫法卻寫得像弋。以下就列舉楚簡中從干與從弋之字。

一、「弋」及從「弋」之字

弋/從弋							
	郭4.2	郭3.13	郭4.2	曾77	信2.015	曾164	郭3.3
	上1-緇-02	上1-緇-08	上2-從甲-01	上2-容-38-34	上3-周-30-21	上4-曹-64-26	上5-鮑-01-45
	上5-季-14-12	上5-競-04-30					
干/從干							
	包2.269	天策/竿	帛甲5.21	天策	曾4	包2.271	包2.189
	上1-孔-20	上2-容-26	上2-羔-12	上2-容-01	上2-魯-01	上3-周-35	上4-采-01
	上4-柬-18	上4-曹-16	上5-鮑-05	上5-鬼-02	上5-三-21	上5-弟-20	

二、「干」及從「干」之字

若要仔細區分干和弋，就其單字而言，「弋」字作，中間直豎乃一筆而成；「干」字作，上面先寫 v 形，下面再寫 T 形。有時書手為了方便快寫，就不那麼麻煩，中間乾脆一筆而下，故作「弋」形。可以說，「干」字有因為快書的緣故而寫成「弋」，但「弋」卻很少寫成「干」。〈筮法〉篇的「代」字右旁作，

中間豎筆並沒有連貫，應該是「干」字的寫法。故此字當隸定為「仟」，字從干聲，讀為「旰」。

《說文》：「旰，晚也」。文獻中「旰」多解釋為晚，或遲。如《左傳‧襄公十四年》：「日旰不召，而射鴻於囿。」杜預注：「旰，晏也。」《陳書‧宣帝紀》：「朕君臨宇宙，十變年籥，旰日勿休，乙夜忘寢。」又，《說文》：「昃，日在西方時。」亦有天晚之義，如《易‧離卦》：「日昃之離，何可久也！」〔明〕陳子龍《擬古》詩：「玉顏趨昃日，歲晏常苦寒。」故後來旰、昃並列成詞，如《南齊書‧明帝紀》：「永言古昔，無忘旰昃。」《舊唐書‧僖宗紀》：「旰昃勞懷，寢興思理」。

簡文此處先言「日出」，後言「仟（旰）日」，再言「吳（昃）日」，末言「莫（暮）日」。旰日、昃日、暮日，都是寫日出以後的狀態，層次有所不同。根據《左傳》所載衛獻公「日旰不召，而射鴻於囿」，推測旰日應是一般退朝之時，而能夠去射鴻，也不致於太晚。至於後世越用越晚，所指時間就很難確定，但依簡文，總在昃日之前。昃日，根據《說文》已經很清楚，即是日在西方之時，大約相當於現在說的下午。

至於暮日，本義是指太陽落山之時，後來擴大使用，也有可指晚上。如《楚辭‧九嘆‧離世》：「斷鑣銜以馳騖兮，暮去次而敢止。」王逸注：「暮，夜也。」《廣雅‧釋詁四》：「暮，夜也。」王念孫疏證：「凡日入以後，日出以前，通謂之夜……夕、夜、莫三字同義。」

「監天」，所指不明。若據《周禮‧春官‧視祲》：「掌十煇之法，以觀妖祥，辨吉凶。一曰祲，二曰象，三曰鑴，四曰監……」鄭玄注：「監，冠珥也。」賈公彥疏：「謂有赤雲氣在日旁如冠耳。珥即耳也。」則是指太陽的一種光象。但是根據前幾簡有「父不葬死者」、「縊者」、「伏劍者」等等，此節所言之「祟」，可能指的是作祟者，且同卦祟還有「雨師」，由此推想「監天」應該也是一種神明。

「雨師」為古代傳說中司雨的神，常與「雷公」並舉，而震卦的卦象又是「洊雷」，《震卦‧象傳》：「洊雷，震：君子以恐懼脩省。」洊雷之後多有風雨，故此

處「雨師」作為卦祟，兩者關係密切。簡文「仟（旰）日，監天。昃（昃）日，天。莫（暮）日，雨帀（師）。」意思大概是說：旰日這個時段，祟者為「監天」。昃日這個時段，祟者為「天」。暮日這個時段，祟者為「雨師」（應是指晚上會下雨）。"[61]

武漢網帳號「暮四郎」（黃杰）謂："「監天」意思不明。今按：「監」或可讀爲「炎」，《禮記‧表記》引《詩‧小雅》曰「亂是用鋱」，《釋文》：「鋱音談，徐本作鹽。」「鹽」從「監」聲。「監」屬談部見母，「炎」屬談部匣母，二字韻部相同，聲母同屬喉音，音近可通。文獻中有「炎天」。《呂氏春秋‧有始覽》：「南方曰炎天。」高誘注：「南方五月建午，火之中也。火曰炎上，故曰『炎天』。」《後漢書‧張衡列傳》：「躋日中於昆吾兮，憩炎天之所陶。」李賢注引東方朔《神異經》：「南方有火山，長四十里，廣四五里，晝夜火然。陶猶炎熾也。」

此處的「監（炎）天」與「旰日」相配。關於「旰日」，駱珍伊女士說：

簡文此處先言「日出」，後言「（旰）日」，再言「（昃）日」，末言「莫（暮）日」。旰日、昃日、暮日，都是寫日出以後的狀態，層次有所不同。根據《左傳》所載衛獻公「日旰不召，而射鴻於囿」，推測旰日應是一般退朝之時，而能夠去射鴻，也不致於太晚。至於後世越用越晚，所指時間就很難確定，但依簡文，總在昃日之前。昃日，根據《說文》已經很清楚，即是日在西方之時，大約相當於現在說的下午。（駱珍伊《說「旰日」》，簡帛網，2014 年 1 月 11 日）

其言大致得之。《左傳》襄公十四年云：

衛獻公戒孫文子、甯惠子食，皆服而朝。日旰不召，而射鴻於囿。二子從之，不釋皮冠而與之言。二子怒。孫文子如戚，孫蒯入使。公飲之酒，使大師歌《巧言》之卒章。大師辭。師曹請為之。……公使歌之，遂誦之。蒯懼，告文子。

昭公十二年：

晉侯以齊侯宴，中行穆子相。投壺，晉侯先，穆子曰：「有酒如淮，有肉如

61 駱珍伊：〈說「旰日」〉：武漢大學簡帛研究中心網站，2014.1.11。
http://www.bsm.org.cn/show_article.php?id=1981。

坻。寡君中此，為諸侯師。」中之。齊侯舉矢，曰：「有酒如澠，有肉如陵。寡人中此，與君代興。」亦中之。伯瑕謂穆子曰：「子失辭。吾固師諸侯矣，壺何為焉，其以中儁也？齊君弱吾君，歸弗來矣。」穆子曰：「吾軍帥強禦，卒乘競勸，今猶古也，齊將何事？」公孫傁趨進，曰：「日旰君勤，可以出矣！」以齊侯出。

昭公二十年：“無極曰：「奢之子材，若在吳，必憂楚國，盍以免其父召之。彼仁，必來。不然，將為患。」王使召之曰：「來，吾免而父。」棠君尚謂其弟員曰：「爾適吳，我將歸死。……」伍尚歸。奢聞員不來，曰：「楚君、大夫其旰食乎！」楚人皆殺之。員如吳，言伐楚之利於州于。”

根據上述記載可知，「日旰」當與食時相連而在其後，昭公二十年的「旰食」指在比正常的食時晚的時候吃飯。據簡文，「旰日」在「晨日」之前。那麼，「旰日」應大致相當於文獻所說的「暮食」、「日中」（參看李天虹師《秦漢時分紀時制綜論》，《考古學報》2012 年第 3 期）。這段時間，太陽正盛，所以可言「炎天」。

「旰」故訓多解為晚。同時，「旰」也有明、盛之義。《史記·河渠書》：「瓠子決兮將奈何？皓皓旰旰兮閭殫為河！」《說文·日部》：「暭，皓旰也。」《文選》何晏《景福殿賦》：「參旗九旒，從風飄揚。皓皓旰旰，丹彩煌煌。」李善注：「旰旰、煌煌，皆盛貌。」李周翰注：「皓皓旰旰，丹彩煌煌，皆旌旗之光明。」《藝文類聚》卷九引郭璞《鹽池賦》：「揚赤波之煥爛，光旰旰以晃晃。」《集韻·姥韻》：「旰，明也。」此處「旰日」之「旰」，取明、盛之義。”[62]

讀書會金宇祥補充：董作賓《甲骨學六十年》商代之時稱如下：

舊派		明	大采	大食	中日	昃	小食	小采	
新派	昧	兮	朝		中日			暮	昏

陳夢家《殷墟卜辭綜述》：

假定時辰	6	8	10	12	14	16		18	24
	卯	辰	巳	午	未	申		酉	亥
武丁卜辭	旦 明	大采 大食	盍日	中日	昃	小食		小采	夕

---

[62] 武漢網帳號「暮四郎」（黃杰）：〈初讀清華簡（四）筆記〉，第 56 樓，武漢大學簡帛研究中心網站簡帛論壇，2014.1.18。http://www.bsm.org.cn/bbs/read.php?tid=3155&page=6。

	日明								
武丁以後卜辭	妹旦	朝 大食		中日			郭兮 郭兮 兮	莫 昏 落日	夕
文獻材料	昧爽 旦 旦明	朝 大采 蚤食	隅中	日中 正中	晨 小還	下昃 大還 餔食	夕	黃昏 定昏 少采 日入	夜

宋鎮豪〈試論殷代的紀時制度（下）〉

時代	歷代分段紀時對照												資料來源
殷代武丁時	旦 眉 日出	明 明日-大采	食日 大食 日		中日 日中	昃	小食	小采	黃昃 -會 -枫		夕	夙	殷墟甲骨文
祖庚祖甲時		晨棗			晝	日西		萌 -蓴	枫		夕		殷墟甲骨文
廩辛至文武丁時	旦 湄	朝-大采	食日 大食		中日 日中 晝督	日西 昃 郭兮	小食	萌 -小采 -采 -莫	會 -昏 -枫	住	夕	瘖 -夙	殷墟甲骨文
西周	旦 昧爽 昧喪	明朝-大采			日中	昃					夕 夜	雞鳴 夙	金文 尚書（不完全）
春秋	晨-旦 昧旦	朝		日未中	日中 晝		日下昃	日入	昏		夜中 夜半	雞鳴 夙	春秋左氏傳（不完全）
秦代	清旦	日出	食時	莫食	日中	暴	下市	舂日	牛羊入	黃昏	人定	雞鳴	雲夢秦簡日書乙種（曆法家用）
秦代	平旦	日出	夙食	莫食	日中	日西中-昏則（日昳）	日下則（昳）	日未入-日入	昏-夜莫	夜未中	夜中	夜過中-雞鳴	放馬灘秦簡日書甲種
秦漢	雞後鳴-毚旦-平旦	日出-日出時	蚤食-食時	晏食-廷食-日未中		日過中-日昳	餔時-下餔	夕時-毚入-日入	黃昏-定昏-夕入	夜三分之一-夜未半-夜半	人鄭	夜過半-雞鳴-未鳴-雞前鳴	關沮秦漢墓簡牘
西漢初	平旦	日出	食時	莫食-東中	西中-日昳	下失-下餔	春日-日入		定昏				馬王堆帛書陰陽五行（不完全）

朝代	寅	卯	辰	巳	午	未	申	酉	戌	亥	子	丑	出處
西漢初	乘明-旦	日出	蚤食	食時	日中	日昳	哺時-下餔	日入	昏-暮食		夜半	雞鳴	史記（不完全）
西漢初	晨明-朏明	旦明	蚤食	晏食-隅中	正中	小還	餔時-大還	高舂-下舂	縣車-黃昏	定昏		雞鳴	淮南子·天文訓
西漢	晨時-旦明	日出	蚤食	日食時	日中		餔時-下餔		昏		夜過半	雞鳴	漢書（不完全）
西漢	大晨-平旦	日出	早食	晏食	日中	日昳	下餔	日入	黃昏-晏餔	人定-合夜	夜半-夜半後	雞鳴	黃帝內經素問
西漢至東漢	晨時-平旦	日出	蚤食	食時-東中	日中	西中	餔時-下餔	日入	昏時-夜食	人定-夜少半	夜半-夜大半	雞鳴	居延漢簡甲編
晉代	平旦	日出	食時	隅中	日中	日昳	餔時	入日	黃昏	人定	夜半	雞鳴	左傳·昭5杜預注《產經》佚文《相子生時法弟十》
晉代至南北朝	平旦、		食時	禺中	日中	日跌	餔時	日入	黃昏	人定	夜過半-夜半	雞鳴	范汪《治鬼瘧方》
六朝	平旦時	日出時	食時	巳時	午時	未時	餔時	日入時	黃昏時	人定時	夜半時	雞鳴時	卜筮書
唐朝	平旦	日出	食時	隅中	正南	日昃	餔時	日入	黃昏	人定	夜半	雞鳴	敦煌曲白侍郎作十二時行考文
	寅	卯	辰	巳	午	未	申	酉	戌	亥	子	丑	十二時辰
	3-5	5-7	7-9	9-11	11-13	13-15	15-17	17-19	19-21	21-23	23-1	1-3	24時

榮焜案：「食日」見於《小屯南地甲骨》42片，相關卜辭為：

1.自旦至食日不雨？

2.食日至中日不雨？

3.中日至昃不雨？

內容是卜問一天中可能下雨的時間。「旦」即日出，「食日」為吃早飯的時間，在甲骨文中或稱「大食」（《合集》20961），「中日」即「日中」，指中午，「昃」為下午兩、三點，時間的順序與本簡正好相同。

〔昊〕天，原考釋謂：『「天」字上有脫字，疑原作「昊天」，因上有「日」字而誤。或說「日」字應連下，本係「昊天」而有誤脫。「昊天」見《淮南子·天文》。』

旭昇案：原考釋以為此處應有脫字，這是對的。本節此處不可能是「天」作祟，「天」至大至尊，與本節其他的鬼怪地位相差太遠。但以為原作「昊天」，恐不可從。昊天，即遼闊廣大的天空。《書經‧堯典》：「乃命羲和，欽若昊天。」或指一定季節、方位的天空。《爾雅‧釋天》：「夏為昊天。」《淮南子‧天文訓》：「西方曰昊天。」這些都是地位很高的天，不會和本節一樣的鬼怪作祟。與前句的「監天」對看，應該是指「晨日」時的天空，伏天、暑天……都有可能，具體是什麼天，不好猜測。

莫日，原考釋謂：“「莫日」，疑原祇作「暮」，誤分為兩字。”

旭昇案：與前面的「旰日」、「晨日」對照，此處作「莫（暮）日」也還算合理。

戶，原考釋謂：“戶，五祀中的一種。”

子居〈清華簡《筮法》解析〉謂：“由《禮記‧月令》可見，五祀中的「戶」即對應於春季，所以與震卦正合。《素問‧病能論》：「帝曰：『有病怒狂者，此病安生？』歧伯曰：『生於陽也。』」《素問‧宣明五氣》：「五邪所亂：邪入於陽則狂，邪入於陰則痺，搏陽則為巔疾，搏陰則為暗，陽入之陰則靜，陰出之陽則怒，是謂五亂。」震卦正為二陰亢陽，故見五為「狂者」。”[63]

11.巽祟：弳（俛／娩）殤（殤）。五、八乃晉（巫）。九，枇、兹（孿）子。四，非瘂（狂）乃薜（繿）者

弳殤，原考釋隸「孖（字）殤（殤）」，謂：“字，產育。”

武漢網帳號「有鬲散人」謂：“《筮法》簡50「〔弓字〕」似應理解為從「弓」，「娩」聲之字，或為「挽弓」之「挽」的本字，在此當讀為「娩」。”[64]

武漢網帳號「暮四郎」（黃杰）謂：“此字右旁乃楚文字「娩」，當讀為「娩」。其左旁之「弓」，當為「人」或「尸」之訛變。楚文字「人」、「尸」、「弓」三個

---

[63] 子居：〈清華簡《筮法》解析〉。

[64] 武漢網帳號「有鬲散人」：〈初讀清華簡（四）筆記〉，第17樓，武漢大學簡帛研究中心網站簡帛論壇，2014.1.9。http://www.bsm.org.cn/bbs/read.php?tid=3155&page=2。

偏旁常常寫得相近。1 月 10 日晚附注：後來翻看書末「字形表」時，偶然看到其中此字隸作「尸+字」，與釋文注釋中不同。"[65]

　　子居〈清華簡《筮法》解析〉謂："字殤蓋即現在所說的流產。"[66]

　　旭昇案：「㝐」字左旁从弓（字形下部加短橫），右旁从免聲。楚簡「人、尸、弓」確實有混用的例子，因此本節此字看成是「俛（娩）」字，也無不可。殤，常用義多指「未成年而亡」，不過，若依此義來解本條，可能還可以商榷。子居以為即「流產」，「流產」是否有生命、靈魂，可以為祟，可能還要比較明確的證據。臺灣早年有「嬰靈」之說，但佛道二教大抵都不同意。本節有「長殤」、「長女殤」，一般很容易依「未成年而亡」來解本節的「殤」字。但《楚辭》有「國殤」，王逸注：「謂死於國事者。《小爾雅》曰：無主之鬼謂之殤。」[67]不過，這兩種解釋都嫌太窄。《上博二‧容成氏》簡 4-5：「道路無殤死者。」顯然就不是死於國事者。從語源來看，「傷」即受各種傷害，加「歹」旁作「殤」表示因受各種傷害而死亡。以此義來解《容成氏》、《楚辭‧國殤》，應該是比較適當的。據此，比照「國殤」解為「為國而受傷死亡」的例子，「俛（娩）殤」似可解為「因分娩受傷害而死亡」，即指難產而死。舊時婦生育風險頗高，《左傳‧隱公元年》「莊公寤生，驚姜氏」，就是有名的難產例子，廣東廉州俗諺「行船走馬三分命，肚大姑娘無一分」、湖南俗諺「兒奔生，娘奔死，閻王門前隔張紙」、宜蘭俗諺「拚贏雞酒香，拚輸六片枋」，都是描寫生育之險。「俛（娩）殤」指難產而死的產婦變成的鬼。

　　柆，原考釋謂："柆，疑即包山簡二五〇之「漸（斬）木立（位）」。

　　柯鶴立〈巽之祟〉："根據簡文，有奇數九出現，女子就會由於創傷性分娩而死亡，而此類分娩常常為一胎多子（如《楚居》所記載的脅生故事），描述生育的文字很少見。簡中的「柆」（*rəp）字《說文》解釋為「折木」，但我認為可讀為「脅」（*qh<r>ep），脅生之脅，清華簡《楚居》篇記載有脅生故事。在清華簡中，字原本寫為「臘」（*rəp）。創傷性的分娩，一胎之多子或其中的一子自「脅」

----

[65] 武漢網帳號「暮四郎」（黃杰）：〈初讀清華簡（四）筆記〉，第 18 樓，武漢大學簡帛研究中心網站簡帛論壇，2014.1.9。http://www.bsm.org.cn/bbs/read.php?tid=3155&page=2。

[66] 子居：〈清華簡《筮法》解析〉。

[67] 洪興祖《楚辭補注》（北京：中華書局，1983），頁 83。

而出，「渭（潰）自脅出」，導致其母「賓於天」（死亡）。多子脅生故事是戰國時期和以後非周族（夏、商與楚）先祖誕生神話故事中很重要的特徵。」[68]

䇗子，原考釋謂：「䇗子，疑讀為「孿子」。」

武漢網帳號「暮四郎」（黃杰）謂：「巽祟：娍殤。五、八乃巫。九，柆。（䇗）子。四，非狂乃繼者。

，整理報告云：「䇗子，疑讀為「孿子」。今按：䇗下為「兹」，可讀為「災」。「災子」即給其子帶來災禍。《太平經》鈔丁部卷四：「或流災子孫。」」[69]

子居〈清華簡《筮法》解析〉謂：「「䇗」從「丝」得聲，「丝」為幽聲，故「䇗子」似當讀為幼子。《說文・木部》：「柆，折木也。」因此「柆䇗子」似即指夭折的幼子。四為繼者，前文已多見。狂者若風，因此為巽祟。《史記・淮陰侯列傳》：「蒯通說不聽，已詳狂為巫。」《大易粹言》卷六十八：「歌舞為巫風，言鼓舞之盡神者與巫之為人無心若風狂然，主於動而已。故以好歌舞為巫風，猶之如巫也。巫主於動，以至於鼓舞之極也。」皆可見巫與狂的關係。」[70]

旭昇案：原考釋謂「柆，疑即包山簡二五〇之『漸（斬）木立（位）』」，但未進一步詳細解釋。《包山》250 原文如下：「大司馬悼愲救郙之歲夏屎之月己亥之日，觀義以保家為左尹邵𣲅貞：以其有瘇病，上氣，尚毋死。義占之：恆貞，不死，有祝（祟）見於絕無後者與漸木立，以其故敓（說）之。與禱於絕無後者，各肥豬，饋之。命攻解於漸木立，且徙其尻而樹之。尚吉。義占之曰：吉。」簡文中的「漸木立」說者多家，林澐讀「立」為「位」；曾憲通讀為「暫木位」，以為大概是指一些暫時用牌位安放的神靈；吳鬱芳讀為「斷木立」，以為斷木復立在古人看來是「木為變怪」的妖祟；按語則謂：「漸木位，即斷木為神位。」[71] 䇗子，原考釋謂疑讀為「孿子」，沒有詳細說明理由。推其意，應該是以為「䇗」

[68] 柯鶴立：〈巽之祟〉，「清華簡與儒家專題國際學術研討會」，（煙臺大學，2014 年 12 月 4 日），頁 20。

[69] 武漢網帳號「暮四郎」（黃杰）：〈初讀清華簡（四）筆記〉，第 39 樓，武漢大學簡帛研究中心網站簡帛論壇，2014.1.10。http://www.bsm.org.cn/bbs/read.php?tid=3155&page=4。

[70] 子居：〈清華簡《筮法》解析〉。

[71] 參陳偉等著《楚地出土戰國簡冊〔十四種〕》（北京：經濟科學出版社，2009），頁 118。

从𢆶得聲，「𢆶」，裘錫圭以為或即「聯接」之「聯」的本字[72]，聯，力延切，開口三等，上古音在來母元部；孿，大徐本《說文》音生患切，《龍龕手鏡》生患、所眷二切，《廣韻》同，上古音韻在元部，聲則屬於齒音。一直到《四聲篇海》才有來母「力員切」一音。段玉裁注《說文》斷然改為呂患切，不知有何依據。「力延切」與「生患切」，上古音韻同屬元部，聲則舌齒相近。從諧聲作旁來看，二字同从「𢆶」聲，上古音應該是完全相同，或極為相近。據此，从宀𢆶聲，當然可以通讀為「孿」。散盤有「𢇍」字作「」，很可能與「⿱宀𢆶」就是同一個字。

雙胞胎的周產期死亡率是單胞胎的五倍，嬰兒期的死亡率也較高，所以孿子死亡作祟的可能性當然是存在的。

不過，從各種文獻來看，先秦喪禮中對「殤」的規定是很清楚的，《儀禮・喪服傳》：「年十九至十六為長殤，十五至十二為中殤，十一至八歲為下殤，不滿八歲以下皆為無服之殤。無服之殤，以日易月。以日易月之殤，殤而無服。故子生三月則父名之，死則哭之。未名，則不哭也。」依這段記載，生子未三月而亡，未名，不但沒有喪禮，連哭都沒有。孔疏：「必以三月造名始哭之者，以其三月一時，天氣變，有所識眄。有所識眄，人所加憐，故據名為限也。」因為要長到三個月，才開始認得人。不過，民間習俗確實有小兒鬼，如：魃、殤鬼、嬰鬼、哀鬼、哀乳之鬼、夭鬼、鬼嬰兒。[73]因此此處的孿子似應指出生三月以後才死亡的孿生子。

12.夫天之道，男戥（勝）女，眾戥（勝）寡（寡）

夫天之道，男戥（勝）女，眾（勝）戥（寡）。原考釋謂：**"此語附抄於此。"**

子居〈清華簡《筮法》解析〉謂：**"本節以乾坤、艮兌、勞羅、震巽為序，四五八九為占，這個順序也與帛書《易之義》篇所言「天地定位，〔山澤通氣〕，火水相射，雷風相榑」次序相同。"**[74]

---

[72] 裘錫圭〈戰國璽印文字考釋三篇〉，《古文字研究》第十輯，1983。
[73] 參劉釗〈〈秦簡中的鬼怪〉〉、王子今《睡虎地秦簡〈日書〉甲種疏證》頁 429-430、楊清虎〈論中國古代的「小兒」觀念〉。
[74] 子居：〈清華簡《筮法》解析〉。

　　柯鶴立〈巽之祟〉謂：“「巽」和生育的關係在《筮法》人身圖中有進一步的表示，圖中，巽卦位於人體的胯部（《說卦》「坤為腹……巽為股」）。在其他版本的人身圖中，如睡虎地「日書」、馬王堆「胎產術」中，四季各變移部位，胎兒之命運依賴其產日、以及表示「股」之位置的「亥」和「酉」（睡虎地《日書》「人字圖」簡文謂「在奎者富」，「奎」即股，而在人字圖中，代表「奎」的地支是「亥」和「酉」。）《筮法》中與「巽」相配的地支為「丑未」，「丑」是地支的第二位、「未」是地支的第八位，（見第二十七節「地支與卦」，簡53），而地支中的丑與未，反過來也與八相配（第二十八節「地支與爻」，簡53）。地支與各種人體圖、人體圖中「股」之間唯一的關聯是，它們都是偶數，因而是女性或陰性。「巽」祟簡表明在古代「股」區不但跟分娩有關，而且太過強硬的女性或陰性神力會引起多子脅生，女性的創傷性分娩。”[75]

第二十七節　〈地支與卦〉譯釋

【釋文】

子午	辰（震）	【五二 D】
丑未	巽	【五三 D】
寅申	裝（勞）	【五四 D】
卯菌（酉）	羅（離）	【五五 D】
脣（辰）戌	艮	【五六 D】
巳亥	兌	【五七 D】

　　原考釋謂：“此表亦不計乾、坤。”

　　子居〈清華簡《筮法》解析〉謂：“對應下文可見「五象天」對應於乾，「四象地」對應於坤，直接取代了艮、兌所對應數字的位置，因此這裡的地支與卦的關係應該說還是隱含有乾、坤二卦的。這裡要提出的是，程少軒先生曾於其博士

---

[75] 柯鶴立：〈巽之祟〉，「清華簡與儒家專題國際學術研討會」，（煙臺大學，2014 年 12 月 4 日），頁 21。

論文《放馬灘簡式占古佚書研究》中指出：「僅就目前的整理情況，我們已經知道簡文至少存在以下一些占卜方式：1、求得一組數位，根據數位的大小進行占卜，如簡242。2、求得一組數位，根據其對應鐘律的貴賤進行占卜，如簡287。3、根據日辰時求得一些數位，將數位分為上下兩組，按其差值占卜，如簡345、348。4、根據日辰時求得一些數位，按數位對應之地支的性質占卜，如簡338、335、358a。5、求得一組數位，根據數位的奇偶性質占卜，如簡293。6、求得一組數位，再據數位求得餘數，以餘數占卜，如簡350、192。」不難看出，清華簡《筮法》篇的筮得四位元卦方式有與其相似之處，區別則在於《筮法》是先筮得以數位爻構成的四位元卦，然後再去核對有否與之相應的日辰。」[76]

第二十八節　〈地支與爻〉譯釋

【釋文】

子午	九	【五二 E】
丑未	八	【五三 E】
寅申	一	【五四 E】
卯菌（酉）	六	【五五 E】
脣（辰）戌	五	【五六 E】
巳亥	四	【五七 E】

【注釋】

原考釋謂：“此表證明簡文一般用以表示陽爻的「一」、陰爻的「八」，確是「一」、「六」兩個數字，而作為陽爻的「五」、「九」，作為陰爻的「四」、「八」，都是特殊情況，以下即專論這四者。”

子居〈清華簡《筮法》解析〉謂：“（整理者）其說似略誤，廖名春先生在《清華簡〈筮法〉篇與〈說卦傳〉》一文中已說明「其《爻象》章以「子午」配

[76] 子居：〈清華簡《筮法》解析〉。

「九」，「丑未」配「八」，「寅申」配「━」，「卯酉」配「∧」，「辰戌」配「五」，「巳亥」配「四」，說明「━」為「七」，「∧」為「六」無疑。」馬楠先生也在《清華簡《筮法》二題》一文中舉證分析了此點，所說皆是，因此陽爻「━」當是對應數字「七」而非整理者所言的「一」。在天水放馬灘秦簡《日書》乙種簡180-191的上端有如下內容：

【簡180】甲九木　　　子九水

【簡181】乙八木　　　丑八金

【簡182】丙七火　　　寅七火

【簡183】丁六火　　　卯六木

【簡184】戊五土　　　辰五水

【簡185】己九土　　　巳四金

【簡186】庚八金　　　午九火

【簡187】〔辛七金　　　未八木〕

【簡188】壬六水　　　申七水

【簡189】癸五水　　　酉六金

【簡190】□□□　　　戌五火

【簡191】辰后　　　亥四木

其地支與數位的對應關係正合於《筮法》篇，並且《日書》內容可以補充《筮法》篇未列的天干與數位及人體的關係。今綜合列表如下：

兌☱	艮☶	羅☲	勞☵	巽☴	震☳
巳亥	辰戌	卯酉	寅申	丑未	子午
四	五	六	七	八	九
足	股	腸	胸腹	肩肘	首

巽☴	震☳	羅☲	勞☵	兌☱	艮☶	坤☷	乾☰
辛	庚	己	戊	丁	丙	乙癸	甲壬
七	八	九	五	六	七	八五	九六
股	足	腹	耳	口	手	心	首

程少軒先生在其博士論文《放馬灘簡式占古佚書研究》中已指出干支與數位的類似內容又見於《太玄・玄數》及《五行大義・論干支數》，這種搭配就是後世數術文獻中的「納音干支起數」，並詳細論述了其與「五行三合局」的關係，頗可參考。值得注意的是，在被後世視為四柱八字的創始典籍《李虛中命書》中同樣記錄了這套「納音干支起數」，《李虛中命書》卷中：「支幹配，則甲己子午九，乙庚丑未八，丙辛寅申七，丁壬卯酉六，戊癸辰戌五，巳亥支數四。」今由清華簡《筮法》的內容看來，這套使用數位限於四至九的「納音干支起數」，明顯就是起源於《筮法》所本的數位卦系統。」[77]

旭昇案：原考釋所說的"簡文一般用以表示陽爻的「一」、陰爻的「ㄥ」，確是「一」、「六」兩個數字"與廖名春、馬楠說的"「一」為「七」"是不同的兩件事情。原考釋的意思是"「一」這個「符號」代表的確是「一」這個「字」"，廖名春、馬楠說的意思是在筮法的演算中，"「一」這個「符號」代表的是「七」這個「數」"。原考釋主要申明〈筮法〉可以證明傳世易卦的陰陽爻是從數字演變得來的。在甲骨、金文、戰國簡牘中大量的數字卦面世之後，李學勤仍然主張數字卦的「筮數」其實並不是「數字」，而是「卦畫」。[78]但是在《清華肆・筮法》出版後，李學勤曾在發表會上公開宣布放棄這個看法，同意數字卦就是以數字表示易卦。

第二十九節　〈爻象〉譯釋

【釋文】

凸（凡）肴（爻）象，八為風，為水，為言，為非（飛）鳥，【五二Ｆ】為瘲（腫）脹，為魚，為㰬（罐）衕（箭）[01]，才（在）上為飢（簋），下為汰[02]。【五三Ｆ】

五象為天，為日，為貴人，為兵，為血，為車，為方，【五四Ｆ】為嘼（憂）

[77] 子居：〈清華簡《筮法》解析〉。
[78] 李學勤〈論戰國簡的卦畫〉，《出土文獻研究》第六輯，上海：上海古籍出版社，2004

慹（懼），為誮（飢）[03]。【五五F】

九象為大獸（獸）[04]，為木，為備戒，為百（首），為足，【五六F】為它（蛇），為它，為凵（曲），為瑒（蠋），為弓、琥、坑（璜）[05]。【五七F】

四之象為堕（地），為圓（圓），為壴（鼓），為耳（珥），為環，【五八F】為腫（踵），為雪（雪），為零（露），為霓（霰）[06]。【五九F】

凸（凡）肴（爻），奴（如）大奴（如）少（小），复（作）於上，外又（有）㜼（吝）；复（作）於下，內又（有）㜼（吝）[07]；上下皆乍（作），邦又（有）兵命、鷹（薦）忎（饑／恭）、風雨[08]、日月又（有）此（異）[09]。【六一】

【語譯】

爻象：八代表風，代表水、代表言、代表飛鳥、代表腫脹、代表魚、代表罐箭、在上代表酒、在下代表洗米水。

五代表天、代表日、代表貴人、代表戰爭、代表血、代表車、代表方形、代表憂懼、代表飢餓。

九代表大狩獵，代表木，代表戒備，代表頭，代表腳，代表蛇，代表曲（彎曲的地方），代表玭（玦？），代表弓，代表琥，代表璜。

四代表地，代表圓形，代表鼓，代表耳朵，代表蠋蟲，代表腳跟，代表雪，代表露，代表霰。

凡是五四八九等較特殊的爻，不管大小，出現於上卦，國家外部有災難；出現於下卦，國家內部有災難；上下卦都出現，國家有軍事任命的危機、有連續的饑荒（或「頻仍不斷的各種毒害」）、有風雨，日月也會出現差失。

【注釋】

01. 權（罐）徟（箭）

原考釋謂："權徟，名詞，暫釋為「罐箭」。罐，《說文》新附字。"

　　子居〈清華簡《筮法》解析〉："筆者則以為,「權衕」當讀為「權重」。「權重」一詞,先秦習見,如《墨子・經說》:「繩直權重相若,則正矣。」《管子・法禁》:「君失其道,則大臣比權重,以相舉於國,小臣必循利以相就也。」《晏子春秋・內篇問上・景公問治國何患》:「內則蔽善惡於君上,外則賣權重於百姓。」等皆是。"[79]

　　榮焜案:爻象所列各物有相近的性質,風、水、言、飛鳥、魚等意象都屬空間較大的,整理者釋「權衕」為「罐笛」,較子居釋「權重」意象更為符合。以下爻象之釋讀亦如此。

02. 才(在)上為飢(簋),下為汰

　　才(在)上為飢(簋),下為汰,原考釋讀為「才(在)上為飢(醪),下為汰(汰)」:"「飢」、「汰」二物似彼此相類,故試釋「飢」為「醪」,《說文》:「汁滓酒也。」汰,即「汰」,《說文》:「淅瀄也」,即淘米水。"

　　飢,武漢網帳號「奈我何」謂:"此字或當讀爲「匭(簋)」。"[80]

　　武漢網帳號「奈我何」謂:"按:之所以要這麼讀,是因爲《周易》經文中有「二簋可用享」之語。《周易》經文卦爻辭皆由象生,所謂易無象外之辭,故知卦象必有「簋」之象。"[81]

　　武漢網帳號「暮四郎」(黃杰):"今按:整理報告將「汰」解爲淘米水,不一定確切。「汰」、「汰」有淘、洗之義。《說文・水部》「汰,淅瀄也」,段注:「凡沙汰、淘汰,用淅米之義引申之。……」雖然古漢語名動相因,但從典籍的實際用法看,「汰」、「汰」罕見所謂淘米水之義。古代表示淘米水,用「潘」、「泔」、「瀾」、「灡」等字。

　　「汰」可假借爲「枺」,「枺」同「柁」。《淮南子・說林》「毀舟爲枺」,高誘

[79] 子居:〈清華簡《筮法》解析〉。

[80] 武漢網帳號「奈我何」:〈初讀清華簡(四)筆記〉,第23樓,武漢大學簡帛研究中心網站簡帛論壇,2014.1.9。http://www.bsm.org.cn/bbs/read.php?tid=3155&page=3。

[81] 武漢網帳號「奈我何」:〈初讀清華簡(四)筆記〉,第27樓,武漢大學簡帛研究中心網站簡帛論壇,2014.1.9。http://www.bsm.org.cn/bbs/read.php?tid=3155&page=3。

注：「杕，舟尾。」《玉篇・木部》：「杕，船尾小梢也。」《說文・木部》朱駿聲通訓定聲：「杕，字今作柁、作舵。」又，古「大」聲、「世」聲之字多通用，故「汏」可讀爲「枻」，亦指舟楫。《史記・司馬相如列傳》：「浮文鷁，揚桂枻，張翠帷，建羽蓋。」裴駰《集解》引韋昭曰：「枻，檝也。」

另外，「汏」有波濤之義。《廣雅・釋水》：「（濤）、汏，波也。」《楚辭・涉江》「齊吳榜以擊汏」，王逸注：「汏，水波也。」如果此處的「汏（汰）」不強求解爲容器或器物，那麼解爲水波似乎也是合適的。」[82]

子居〈清華簡《筮法》解析〉謂：「「飤」字則當讀為「汃」，《詩經・小雅》：「有洌汃泉，無浸獲薪。」《爾雅・釋水》：「汃泉，穴出。穴出，仄出也。」李巡曰：「水旁出名曰汃。」爻象中八為水，因此「在上為飤」即指數字爻八在上出現就是水旁出，在下出現就是水漸瀾而出。「為言、為飛鳥」皆屬風象，「為腫脹、為魚」皆屬水象。」[83]

旭昇案：原考釋釋「飤」為「醪」，通假條件沒有問題（「九」聲與「翏」聲可通），與「水」、「魚」同屬水象。但奈我何讀為「簋」，通讀條件更好（二字同屬見母幽部），且與其前之「罐莆」同屬容器，從「食」與從「皀（簋）」形義俱近，《說文》「簋」字古文作「匭」、「朹」，都從「九」得聲。又，原考釋讀「汏」為「瀡」，暮四郎已指出其不合理。疑「汏」讀如本字即可，「汏」或作「泰」、「汰」，驕泰也。《論語・子路》：「君子泰而不驕，小人驕而不泰。」本節首句云「凡爻象」，然此「象」字不必過於拘泥，本節「五象為天……為憂懼」，即非實象。《易・說卦》「坤為吝嗇」、「巽為進退」、「坎為加憂」，也都不是實象。

03. 為惪（憂）懅（懼），為談（飤）

懅（懼），原考釋謂：「「懅」字疑從寡省聲，「寡」為見母魚部，此讀為群母魚部的「懼」。」

[82] 武漢網帳號「暮四郎」（黃杰）：〈初讀清華簡（四）筆記〉，第57樓，武漢大學簡帛研究中心網站簡帛論壇，2014.1.19。http://www.bsm.org.cn/bbs/read.php?tid=3155&page=6。
[83] 子居：〈清華簡《筮法》解析〉。

武漢網帳號「明珍」（駱珍伊）謂：“第二十九節「爻象」簡 55 有個 （慁）字。原考釋認為此字『疑從寡省聲，「寡」為見母魚部，此讀為群母魚部的「懅」』。

此字確為從寡聲之字，楚簡「寡」字皆作 形，有時通讀為「顧」。考慮到楚簡本有『懼』字，多作 或 形。因此《筮法》 字從心從寡聲，疑可釋為『寡』字，作孤獨之義，如此則「寡」也可說是兼義。或者可讀為「顧」，作「反省」之義。” [84]

旭昇案：此處一個「為」代表一種象，「慁」「慁」二字前共用一「為」字，則原考釋讀為「憂懼」，似頗合理。

詨（飢），原考釋謂：“詨，見母脂部字，疑讀為同音的「飢」，《說文》：「餓也。」”

子居〈清華簡《筮法》解析〉謂：“筆者則以為，「詨」字當讀為「愾」，揚雄《方言》卷十二：「愾，悸也。」據《楚辭・九思・悼亂》：「惶悸兮失氣，踴躍兮距跳。」王延壽注：「悸，懼也。」《說文・心部》：「悸，心動也。」《風俗通義・怪神》：「夜半後，見東壁正白，如開門明，呼問左右，左右莫見。因起自往手捫莫之，壁白如故，還床，復見之，心大悸動。」可見「愾」就是因恐懼而心跳，正與上文「為憂懼」相關。「為天、為日、為貴人」皆為乾象，「為兵、……為車、為方」皆有剛象，由「為兵」引申出「為血」，更由「為血」引申出「為憂懼、為詨」。” [85]

04.九象為大戰（獸）

子居〈清華簡《筮法》解析〉謂：“數字爻九對應於震卦，比較《說卦傳》就不難看出，《說卦傳》所言「大塗」即對應《筮法》的「大獸」，《說卦傳》所言「為龍」即對應《筮法》的「為蛇」，《說卦傳》所言「為鼻足，為的顙」即對應《筮法》的「為首、為足」。並且，震卦本身就有木象、首象。” [86]

[84] 武漢網帳號武漢網帳號「明珍」（駱珍伊）：〈初讀清華簡（四）筆記〉，第 67 樓，武漢大學簡帛研究中心網站簡帛論壇，2014.4.23。
http://www.bsm.org.cn/bbs/read.php?tid=3155&page=7。

[85] 子居：〈清華簡《筮法》解析〉。

[86] 子居：〈清華簡《筮法》解析〉。

讀書會季師：大塗疑即大獸（狩）之訛，「塗」魚部，「獸」幽部，魚幽旁轉，見陳新雄《古音學發微》頁一〇五二。二字聲母都屬舌頭。

05.為它（蛇），為它，為𠃉（曲），為瑢（蠋），為弓、琥、坑（璜）。【五七】

「為它」出現兩次。原考釋以為其一為衍文：「「為它」二字衍文。」

𠃉（曲），原考釋謂：「𠃉，《說文》「曲」字古文。其上之蛇，其下之玦、弓、琥、璜等形皆曲。」

瑢，原考釋隸瑨（玦）：「「瑨」字從夐，即《說文》「銳」字古文「𠝢」。王家臺秦簡《歸藏》「夬」作「夐」，故此字即「玦」。」

復旦網帳號「長沙傳」謂：「第二十九節《爻象》：簡 57 整理者釋為「玦」的字，其右旁其實就是「奰」，已見於《赤鵠之集湯之屋》，只是簡 57 此字大形訛為火形而已。簡文此處或可讀為「毖」。」[87]

武漢網帳號「暮四郎」（黃杰）謂：「簡 56-57：九象為大獸，為木，為備戒，為首，為足，為蛇，為曲，為，為弓，琥、坑。

，原釋為「瑢」，似不可信。該字下部與「炎」差別明顯。上博二《容成氏》簡 2 有字，上從蜀，下從火，用為燭。頗疑右旁乃之省。如此說不誤，則為從玉、蜀聲之字。考慮到下文有「弓」，該字或可讀為「韣」，指弓袋。《呂氏春秋・仲春紀》：「帶以弓韣。」高誘注：「韣，弓韜。」《說文》：「韣，弓衣也。」」[88]

旭昇案：此字目前有三種看法。一、原考釋隸為「瑢」。唯多家已指出其右下不從「炎」。二、長沙傳以為此字右旁從「奰」，讀為「瑟」。案：「奰」甲骨文作「（哭）」（《花東》290.12），姚萱以為即「㗊」、「奰」之異體，讀為「宓、

[87] 復旦網帳號「長沙傳」：〈《筮法》文字識小〉，復旦大學出土文獻與古文字研究中心網站論壇，2014.1.9。http://www.gwz.fudan.edu.cn/forum/forum.php?mod=viewthread&tid=6977。

[88] 武漢網帳號「暮四郎」（黃杰）：〈初讀清華簡（四）筆記〉，第 28 樓，武漢大學簡帛研究中心網站簡帛論壇，2014.1.9。http://www.bsm.org.cn/bbs/read.php?tid=3155&page=3。

毖」[89]；《赤鵠之集湯之屋》「⬛」字，蘇建洲據姚萱說以為左旁从「罘」讀「伏」，說頗合理。但「罘」字从「大」，〈筮法〉此字作「⬛」，右下實不从「大」，「大」旁可以繁化為「夨」、亦可繁化為「夵」，但似未見繁化為「夵」。三、暮四郎以為右旁从「燭」，釋形較為合理。但讀為「韣」，不如讀為「蠋」。《詩・豳風・東山》「蜎蜎者蠋，烝在桑野」毛傳：「蠋，桑蟲也。」《莊子・庚桑楚》「奔蜂不能化藿蠋，越雞不能伏鵠卵」成玄英疏：「蠋者，豆中大青蟲。」《漢語大詞典》釋為：「鱗翅目昆蟲的幼蟲。色青，形似蠶，大如手指。」「蠋」形似蠶，體形屈曲，與「它」、「曲」、「弓」、「琥」、「璜」一致。

06.四之象為墬（地），為圓（圓），為壴（鼓），為耳，為環，為瘇（踵），為䨮（雪），為零（露），為霓（霓）。

　　圓（圓），原考釋謂：「圓，即「圓」字。其下之鼓、珥、環等形皆圓。」

　　耳（珥），武漢網帳號「有鬲散人」：《筮法》簡58中整理者釋為「耳」的字，與常見的「耳」字不同，該字表示耳孔的地方有一短橫，此字或為「聰」的表意初文。可參裘錫圭先生的《說字小記》。」[90]

　　旭昇案：裘文所釋「聰」字作⬛，見《金文編》頁1251・附錄下・488號；此字作⬛，「耳」形中確實加了一短橫，二者形近。楚簡「耳」字目前所見到的都作⬛，二者確似有別。但楚簡聰字作⬛（聰，〈容成氏〉12），从耳、恩聲；或作⬛（聰，《容成氏》17）、⬛（聰，《郭店・五行》15，23）。看起來已經有意地加了聲符，讓聰字比⬛字更容易辨識。因此此字應視為「耳」加飾筆。釋為「耳」，和圓、鼓、環也比較接近。

　　瘇（踵），原考釋謂：「「八」象已有「瘇脹」，此處「瘇」暫釋為「踵」。」

　　霓（霓），原考釋謂：「霓，《說文》「霓」字或體。」

　　子居〈清華簡《筮法》解析〉謂：「四象為地，自然是屬坤象。這裡沒有取

---

[89] 姚萱《殷墟花園莊東地甲骨卜辭的初步研究》（北京：線裝書局，2006年11月）頁146-148。

[90] 武漢網帳號「有鬲散人」：〈初讀清華簡（四）筆記〉，第54樓，武漢大學簡帛研究中心網站簡帛論壇2014.1.14。http://www.bsm.org.cn/bbs/read.php?tid=3155&page=6。

常規觀念中的天圓地方，而是以五象為方、四象為圓，當與坎、離的易位一樣，存在著南北對應不同的關係。至於「腫」，似不當如整理者所言釋為「踵」，前面八象為腫脹是水腫之象，這裡的腫則當是肉腫之象，二者取象不同，並不存在衝突。」[91]

讀書會季師：「耳」字疑讀為「耳朵」之「耳」，與上一條為首為足皆為人體器官相類似。如釋為珥，珥似非圓形器，《說文》：「珥，瑱也。」《詩・衛風・淇奧》「有匪君子，充耳琇瑩」毛傳：「充耳謂之瑱。」孫慶偉指出「信陽一號墓的一件木俑，其兩耳的耳垂部位都插有縱貫前後的細竹籤，發掘者依據同墓所出的遣策，將這種竹籤定為珥飾，這無疑是很有道理的。」[92]踵字釋為腳跟與足、首、耳類似。耳、踵中間雜了一個環，疑環字應在耳字之前。

07.凸（凡）肴（爻），奴（如）大奴（如）少（小），复（作）於上，外又（有）㞥（吝）；复（作）於下，內又（有）㞥（吝）

肴（爻），原考釋謂："此處「爻」當特指「五」、「九」、「四」、「八」等特異之爻。"

奴（如）大奴（如）少（小），原考釋謂："如大如小，即或大或小。"

复（作）於上，外又（有）㞥（吝）；复（作）於下，內又（有）㞥（吝），原考釋謂："上下，指上下卦。吝，與《周易》「悔吝」之「吝」義同。"

08.邦又（有）兵命、鴈（薦）忎（饑／綦）、風雨

鴈（薦）忎（綦），原考釋隸為鴈（燹）忎（怪）："鴈，疑讀為「燹」。忎，群母之部字，試讀為見母之部的「怪」。燹怪，即水災。"

郭永秉〈說「鴈忎」〉："按，█字釋「鴈」，是對的，但把「鴈忎」二字讀為「燹怪」則嫌迂曲難信，因為「忎」是戰國文字常見的，並沒有用作「怪」的例子；「鴈」字的用法大家也熟悉，未見用作「燹」的。

---

[91] 子居：〈清華簡《筮法》解析〉。

[92] 見孫慶偉《周代用玉制度研究》（上海：上海古籍出版社，2008.8），頁152。遣策記錄見《信陽》2.2。

「忞」字即《集韻》「惎」字異體，在戰國文字中可以用作「忌」。上博簡《孔子見季桓子》「出言不忞」之「忞」讀為「忌」，即為一例；從日從忞聲之字，在戰國文字中也可讀為「忌」。

結合⬚字字形、其所在簡文文義，和戰國文字「忞」可用作「忌」的事實，我認為⬚字應視為「慶」字之省，「麃忞」即「慶忌」。

從早期古文字到戰國文字中的「慶」，大多數是从麃、鹿之形从心的，戰國文字的有些「慶」的「心」旁省變為「口」，如：

⬚（《璽彙》1685「奇慶」）

甚至還出現了一種可以省去「心」的寫法：

⬚（五年冀令戈，《集成》11348）

辭例是人名「史～」，戰國文字研究者多以為此字為「慶」字異體，[93] 當可信。此字多出來的那個「虫」形，應是「麃」尾脫離的殘形。這種省寫大概是戰國時人把「慶」字下部那個譌變為「口」的「心」旁當作無義偏旁看待後產生的譌變形。春秋戰國出土文字資料，以「麃」為名的人不少，如侯馬盟書有⬚，《璽彙》2743 有「盍⬚」，《集成》11328 王二年鄭令戈銘有「鉈⬚」。這些人名過去釋「麃」自然不誤，但用作人名是否有應讀「慶」的可能，似不是不能考慮的問題。

「慶忌」是澤精，《管子·水地》：「故涸澤數百歲，谷之不徙，水之不絕者生慶忌。慶忌者，其狀若人，其長四寸，衣黃衣，冠黃冠，戴黃蓋，乘小馬，好疾馳。以其名呼之，可使千里外一日反報。此涸澤之精也。」古人以此種澤精名取名的例子很多，是大家熟悉的。據劉釗先生研究：

> 《搜神記》和《白澤圖》中列舉的「罔象」、「慶忌」、「傒囊」、「喜」和「傒龍」，我們懷疑應該都與「魃」有關，最起碼早期可能都來自一個來源或一個形象。尤其其中的「罔象」、「慶忌」和「喜」，形象都是小兒，

[93]　原注 5，同上引何琳儀書，同頁；湯志彪：《三晉文字編》，吉林大學博士學位論文，2009年，頁 653。

且都來自水中，這與馬王堆帛書對「魅」的描寫相同，不應是簡單的巧合。

他並認為「魅」從小兒鬼繁衍出各種為害於人的山精澤怪。[94]簡文說「爻」「上下皆作」，即會有兵命、風雨、日月之異象，在這種情況下出現的應該是一種不好的東西「鳶忎」，我們釋成「慶忌」，似乎是可以成立的吧。」[95]

讀書會金宇祥：〝爇，《說文》「火也」，與兵命、風雨、日月食，似乎都是比較大的災異，原考釋似較符合。〞

旭昇案：金宇祥所提有一定的道理。釋為「慶忌」，與兵命、風雨、日月不對等，而且「慶忌」這種澤精對人類沒有什麼傷害；「邦有慶忌」，也不可能有很多，只有一兩隻「慶忌」，也還不算什麼太大的災異。但釋為「爇怪」，也的確不是很令人滿意。對這個詞，我們有兩個想法：「鳶」有「薦」的讀音（見《郭店‧成之聞之》頁 168，注四裘錫圭按語），薦，屢次、頻仍也，《詩經‧大雅‧雲漢》：「天降喪亂，饑饉薦臻。」忎，讀為讀為「饑」（「幾」聲通「亓」聲，見《漢字通用聲素研究》頁 890），「薦饑」就是連續的饑荒。也可以讀為「惎」，《說文》：「惎，毒也。」《左傳‧定公四年》「惎間王室」杜注：「毒也。」薦惎，頻仍不斷的各種毒害。

09. 日月又（有）此（差）

日月又（有）此（差），原考釋隸為日月又（有）此（食）：〝日月又此，疑即日月有食。「此」為清母支部字，「食」在船母職部，音近。〞

武漢網帳號「有鬲散人」謂：〝《筮法》簡 61「日月又（有）此」之「此」，與甲骨文中「日月有戠」之「戠」，代表的當是同一個詞。《韓非子‧說疑》「董不識」之「識」，《戰國策‧齊策》及《漢書‧古今人表》皆作「訾」。「日月有戠」之「戠」，陳劍先生讀為「異」，此處的「此」當亦讀為「異」。〞[96]

[94] 原注 7，劉釗：《說「魅」》，《中國典籍與文化》2012 年第 4 期，頁 122-128。

[95] 郭永秉：〈說「鳶忎」〉，復旦大學出土文獻與古文字研究中心網站，2014.1.8。http://www.gwz.fudan.edu.cn/SrcShow.asp?Src_ID=2210。

[96] 武漢網帳號「有鬲散人」：〈初讀清華簡（四）筆記〉，第 9 樓，武漢大學簡帛研究中心網站簡帛論壇，2014.1.8。http://www.bsm.org.cn/bbs/read.php?tid=3155。

武漢網帳號「奈我何」謂：“或許可以讀爲「疵」？謂日月食等災變之類的現象？”[97]

武漢網帳號「鳲鳩」（王凱博）謂：“讀「差」如何？說的是日月失其躔度。”[98]

武漢網帳號「暮四郎」（黃杰）謂：“兄此說很可考慮。「此」、「差」聲古通。我在一篇待刊的小文中，即將我們曾經討論過的郭店簡《忠信之道》的兩個句末語助詞「此」（討論見 http://www.bsm.org.cn/bbs/read.php?tid=2656）與《楚辭·招魂》的句末語助詞「些」聯繫起來，俱讀爲《詩·小雅·節南山》「民言無嘉，憯莫懲嗟」之「嗟」。

下面是隨手檢得的幾條與「日月」之「差」相關的文獻：

1.《後漢書·律曆志》：「夫日月之術，日循黃道，月從九道。以赤道儀，日冬至去極俱一百一十五度。其入宿也，赤道在斗二十一，而黃道在斗十九。兩儀相參，日月之行，曲直有差，以生進退。」

2.孔穎達《禮記正義》：「凡月體之生，稟於日光。若氣之不和，日月行度差錯，失於次序，則月生不依其時。若其五行氣和，則月依其時而生，上配日也。」

3.孔穎達《周易正義》：「若天地以順而動，則日月不有過差，依其晷度，四時不有忒變，寒暑以時。」

前兩條文獻中的日月「有差」、「行度差錯」似是指日與月相互差錯，後一條中的日月有過差則當理解爲日月不依其晷度。我不懂天文，不敢斷言。”[99]

武漢網帳號「海天遊蹤」（蘇建洲）謂：“《說文·玉部》：「瑳，玉色鮮白也。」字或作「玼」，差此確實音近。但是《仲弓》簡19「山有崩，川有竭，日月＝（日月）星辰猶差，民無不有過。」可見日月的「差」是自然運行的正常現

[97] 武漢網帳號「奈我何」：〈初讀清華簡（四）筆記〉，第14樓，武漢大學簡帛研究中心網站簡帛論壇，2014.1.8。http://www.bsm.org.cn/bbs/read.php?tid=3155&page=2。

[98] 武漢網帳號「鳲鳩」：〈初讀清華簡（四）筆記〉，第16樓，武漢大學簡帛研究中心網站簡帛論壇，2014.1.9。http://www.bsm.org.cn/bbs/read.php?tid=3155&page=2。

[99] 武漢網帳號「暮四郎」（黃杰）：〈初讀清華簡（四）筆記〉，第19樓，武漢大學簡帛研究中心網站簡帛論壇，2014.1.9。http://www.bsm.org.cn/bbs/read.php?tid=3155&page=2。

象，似與簡文爻，上下皆乍所導致的後果不符。"[100]

　　子居〈清華簡《筮法》解析〉謂："「日月有疵」實際上就是承前文的「作於上，外有吝；作於下，内有吝」而來，《易傳·繫辭上》：「悔吝者，言乎其小疵也。」日月對應於陰陽、上下、外内，因此若「上下皆作」，自然就是「日月有疵」。「鷹忎」則當讀為「遲期」，即傳世文獻所習見的「失期」，如睡虎地秦簡《秦律十八種·徭律》：「失期三日到五日，誶。」《戰國策·楚策四·楚考烈王無子》：「齊王遣使求臣女弟，與其使者飲，故失期。」《史記·陳涉世家》：「會天大雨，道不通，度已失期。失期，法皆斬。」「命鷹忎」則貽誤政事、軍事，因此才與日月有差並舉。"[101]

　　旭昇案：「日月有此」讀為「日月有異」、「日月有差」都可通。但「此（清紐支部）」、「異（喻紐職部）」，二者雖可通，但聲韻關係相隔較「此」、「差」為遠（支職相通例子不多。參《古音學發微》1082頁）；而「此（清紐支部）」、「差（初紐歌部）」聲韻關係較近（參《古音學發微》1046頁）。「日月有差」多半指日月沒有照預期的運行速度，或太快、或太慢（這應該是曆官推算的曆法誤差太大，或曆官失職，但古人以為是天災），這會影響農業生產，引發國安問題。兵命、鷹（薦）忎（饑／秠）、風雨、日月又（有）此（差），性質相近。

第三十節　〈十七命〉

【釋文】

凸（凡）十七命[01]：曰果，曰至，曰亯（享），曰死生，曰導（得），曰見，曰瘳，曰咎，曰男女，曰雨，曰取（娶）妻，曰戰，曰成，曰行，曰讎（售），曰宇（旱），【六二】曰祟。凸（凡）是，各豈（當）亓（其）刲（卦），乃力（扐）占=之=（占之，占之）必力（扐），刲（卦）乃不試（忒）[02]。【六三】

---

[100] 武漢網帳號「海天遊蹤」（蘇建洲）：〈初讀清華簡（四）筆記〉，第26樓，武漢大學簡帛研究中心網站簡帛論壇，2014.1.9。http://www.bsm.org.cn/bbs/read.php?tid=3155&page=3。

[101] 子居：〈清華簡《筮法》解析〉。

【語譯】

　　占筮命辭的種類共有十七種：問果，問至，問享，問死生，問得，問見，問瘳，問咎，問男女，問雨，問娶妻，問戰，問成，問行，問售，問旱，問祟。凡以上十七種命，都由掛扐法所占出來的卦象來判定吉凶。必定要以掛扐之法來占筮，結果才不會有差錯。

【注釋】

01.十七命

　　原考釋謂："十七命，十七個占筮的命辭種類。《周禮・大卜》：「以邦事作龜之八命，一曰征，二曰象，三曰與，四曰謀，五曰果，六曰至，七曰雨，八曰瘳。以八命者贊三兆、三易、三夢之占，以觀國家之吉凶，以詔救政。」可與簡文參看。"

　　原考釋又謂："十七命均有相當簡文，惟簡文將「雨」、「旱」合在一節，另有「支」，不見於十七命中。"

02.刲（卦）乃不試（忒）

　　試，原考釋謂："讀為「忒」，《詩・瞻卬》傳：「變也。」最後幾句「之」、「扐」、「忒」三字押之、職部韻。"

　　子居〈清華簡《筮法》解析〉謂："觀《筮法》原簡佈局圖，似是份為幾個部分，以一、二兩節為一個整體，三至七節為一個整體，八至十三節為一個整體，十六節、十七節為一個整體，二十一節至二十三節為一個整體，二十四至二十九節為一個整體。各部分之間或有對四位元卦不同的認識，此點前文已述。《尚書・洪範》稱：「乃命卜筮。曰雨，曰霽，曰蒙，曰驛，曰克，曰貞，曰悔，凡七。卜五，佔用二，衍忒。」貞、悔為內外卦，因此《洪範》的命數只有五，至《周禮》發展為八命，再至《筮法》的十七命，不難看出，《筮法》篇的成文時間是很晚的。「十七命」一節，位於《筮法》全篇的最末，而且是抄寫在單獨的兩支簡上，因此上完全有可能是本不屬於《筮法》篇，而是抄錄者抄錄《筮法》篇之

後添加的總結性內容。這個總結既不是很有次序，也不是很完畢，最後一句「凡是，各當其卦，乃扐占之，占之必扐，卦乃不芯」尤其值得注意，後人討論先秦時期的《易》占時，每每涉及到以變占、以不變占，而由「十七命」最後一句來看，在抄錄者的觀念中，卦爻的不變是由「扐」來決定的，但卦本身卻不是由「扐」來決定的。這一觀念，明顯與後世學人在論及《易》卦筮法時所盛稱的《繫辭傳》「大衍之數」章截然不同。並且，清華簡《筮法》全篇也沒有多少論及筮法的內容。因此上，筆者以為，清華簡《筮法》篇改稱《筮命》才比較適合。」[102]

榮焜案：「凡是」，意指凡此，指以上十七命。「各㫬（當）亓（其）刲（卦），乃力（扐）占之」，疑指所問以扐占所得之卦象來判斷吉凶。

旭昇案：所謂「十七命」是指本篇所收占卜的事類有十七種。〈洪範〉「乃命卜筮，建立其人，命以其職：曰雨、曰霽、曰蒙、曰驛、曰克、曰貞、曰悔，凡七。卜筮之數：卜五、占用二」，中的「雨、霽、蒙、驛、克」是兆象，「貞、悔」是內卦、外卦，並非「洪範五命」。

《周禮·春官·大卜》有「八命」（不在「八命」之中而屬於大卜職掌，與「八命」類似的還有八類，總計其實應該是十六命）；《周禮·春官·簪人》有「九筮」（依鄭注，其實就是「九命」），與〈筮法〉十七命有同有異，把這三種資料相比較，去其同者，周代占卜應該有三十三種占卜的事類，可以稱為「三十三命」。以下是這三種資料的異同比較：（以〈筮法〉十七命排序，其它材料相同者附在其後。〈筮法〉有占例的後面標○，沒有占例的後面標×，〈筮人〉九筮後面括號中是鄭玄的注）[103]

筮法十七命	〈筮法〉占例	大卜十六命	筮人九筮
01 果	23 果×	五曰果	
02 至	05 至○	六曰至	
03 言	03 享○	十一大祭祀	七曰巫祠（筮牲與日）
		十二小事（祀）	

---

[102] 子居：〈清華簡《筮法》解析〉。

[103] 參季旭昇〈從〈筮法〉與《周禮》談占筮「三十三命」〉，《清華大學藏戰國竹簡（肆）》與儒家經典專題國際學術研討會，煙臺大學與清華大學出土文獻研究與保護中心聯合主辦，中國先秦史學會、山東大學易學與中國古代哲學研究中心、山東省大舜文化研究會等單位協辦，2014.12.4-7。

04 死生	01 死生○		
05 寻（得）	02 得○		
	15 小得○		
06 見	08 見○		
07 瘳	10 瘳○	八日瘳	
08 咎	09 咎○		
09 男女	12 男女○		
10 雨	11 雨旱○	七日雨	
11 取妻	06 娶妻○		
12 戰	16 戰〔是〕（征）○	一日征	八日巫參（筮御與右）
13 成	17 成○（講和？）		
14 行	13 行○		
15 讎（售）	07 讎○		
16 宇（旱）	11 雨旱○	七日雨	
17 祟	26 祟✕		
18	04 夌○		
19	14 貞丈夫女子○		
20	18 志事（總）✕		
21	19（志事、）軍旅○	十四大師	九日巫環（可致師不）
22	21 四季吉凶✕		
23		二日象	三日巫式（制作法式）
24		三日與	
25		四日謀	五日巫易（筮所改易）
26		十立君	
27		十一大封	
28		十三國大遷	一日巫更（遷都邑）
29		十五旅	
30		十六喪事	
31			二日巫咸（眾心歡不）

32			四曰巫目（筮其要所當）
33			六曰巫比（與民和比）

〈別卦〉譯釋

黃澤鈞　撰寫
季旭昇　校訂

【題解】

　　本篇共有七支簡，竹簡背面無簡序編號。竹簡內容為「三爻卦畫」和「卦名」，原考釋命名為〈別卦〉，今從之。

　　每一簡共有七個三爻卦畫和卦名。其中同一簡的七個卦上卦皆相同，以簡 1 為例，依照今本《周易》的卦名為：否（☰☷上乾下坤）、遯（☰☶上乾下艮）、履（☰☱上乾下兌）、訟（☰☵上乾下坎）、同人（☰☲上乾下離）、无妄（☰☳上乾下震）、姤（☰☴上乾下巽）。而在這七卦之前，應該有一個隱含的乾（上乾下乾）。因此，可以知道每簡的排列，上卦皆相同；下卦的次序為：乾、艮、兌、坎、離、震、巽。但是每一簡上卦下卦相同者（八純卦），則會隱去（或是如原考釋說上移至隱含的簡首），故每一簡只有七個卦。在〈別卦〉中雖然不見八純卦的卦名，但是在清華簡同一冊的〈筮法〉裡，則數次出現八純卦的卦名，特別是是在第二十五節〈天干與卦〉、第二十六節〈祟〉中。今本《周易》之〈乾〉卦，清華肆〈筮法〉作「釳（通「乾」）」，〈艮〉卦作「艮」，〈坎〉卦作「裻（勞。通「坎」）」，〈震〉卦作「礨（震。通「巽」）」，〈坤〉卦作「奠（坤）」，〈兌〉卦作「兌」，〈離〉卦作「羅（通「離」）」，〈巽〉卦作「巽」。詳細討論可參本書〈筮法譯釋〉二十五節、第二十六節。

　　關於簡序，此篇竹簡並無編號，然因為每一簡內七卦的卦序都與馬王堆帛書《周易》次序相同，因此整篇簡序便依照馬王堆帛書《周易》次序排列。故可知本篇原本應至少有八簡，而所缺的應為簡 3 坎組，依此卦序則為：需、比、蹇、節、既濟、屯、井，以及隱去的坎卦。（以上主要據原考釋趙平安【說明】）

　　在與今本《周易》異文的關係上，原考釋多以音韻通假討論。蔡飛舟〈清華簡《別卦》解詁〉指出個別卦名兼有音近及義近關係（《周易研究》2016 年第 1

期）。程浩〈清華簡《別卦》卦名補釋〉指出〈姤〉卦作「緐」、〈豫〉卦作「介」、〈升〉卦作「挋」、〈噬嗑〉卦作「夒」皆應存在義訓關係，非單純音近通假（《簡帛研究 2014》）。黃澤鈞〈清華肆〈別卦〉卦名釋義──以文義相關為原則〉指出〈遯〉卦作「敓」、〈蠱〉卦作「瓡」、〈大壯〉卦作「大藏」、〈旅〉卦作「遞」亦有文義關聯，而非只是音近通假（未刊稿）。季師旭昇〈《清華肆・別卦》「泰卦」「渙卦」卦名研究〉[1]指出〈泰〉卦《清華簡・別卦》作「奲」，二者都是「徹」的假借；〈渙〉卦《清華簡・別卦》作「悉」，應該是比較合乎卦象的卦名，後來語音變化，這個卦名漸漸讀得接近「爰」，因此《上博三・周易》加「爰」聲。其後語音更接近「渙／奐」，於是馬王堆《周易》卦名就寫成「渙／奐」，今本《周易》則作「渙」。

　　在易學史的定位，李學勤〈《歸藏》與清華簡《筮法》、《別卦》〉認為清華簡〈別卦〉與《歸藏》關係密切。蔡飛舟〈清華簡《別卦》解詁〉比較清華簡〈別卦〉與《歸藏》、《周易》異同，其中相異者，應有更早之來源，甚至與《連山》有關。而在今本《周易》爻辭中，亦存有古筮書之遺文。旭昇案：易占源自數字卦，有非常早的來源，後世理應有非常多的流派，占法不同，卦名基本上都是同一個來源。《筮法》、《別卦》的卦名用字與《歸藏》、《馬王堆》等小有不同（但大多屬於音近通假），而占法則完全不同，因此與《歸藏》、《馬王堆》、《周易》等應是同一來源而流傳不同的另一流派，不能歸入《歸藏》系統，也不能歸入《周易》系統。

　　以下的釋文採用嚴式隸定後括號加寬式隸定，無寬式隸定之今字即逐作嚴式隸定或貼原圖形。除非肯定異體，否則不替換為今本《周易》之卦名。

【釋文】

☰ 啚　　☰ 敓　　☰ 頙（履）　　☰ 訟　　☰ 炅=（同人）　　☰
盍=（亡孟）　　☰ 縣（繫）【一】

☶ 奮=（大箮）　　☶ 僕　　☶ 觶（損）　　☶ 慆　　☶ 蘨　　☶ 顗（頤）
☶ 瓡（古）【二】

---

[1] 季旭昇〈《清華肆・別卦》「泰卦」「渙卦」卦名研究〉，紀念清華簡入藏暨清華大學出土文獻研究與保護中心成立十周年國際學術研討會，清華大學出土文獻研究與保護中心，2018 年11 月 17-19 日。

☵ 需　☵ 比　☵ 蹇　☵ 節　☵ 既濟　☵ 屯　☵ 井【三】

☶ 臧=（大臧）　☶ 介　☶ 兓=（少兓）　☶ 夔=（邇妹）　☶
纏　☶ 酆　☶ 㤅（恆）【四】

☷ 飝（竆）　☷ 謙　☷ 謹　☷ 帀（師）　☷ 宣=（亡尸）
☷ 迿（復）　☷ 撑【五】

☱ 僾　☱ 卒（卒）　☱ 慾（慾）　☱ 困　☱ 惑　☱ 懇　☱ 炎=
（大迏）【六】

☲ 夋=（少又）　☲ 懗　☲ 遬（旅）　☲ 僾　☲ 㴀　☲ 爂
（噬）　☲ 鼎（鼎）【七】

☴ 箺=（小箺）　☴ 觀　☴ 蓆　☴ 中　☴ 悹　☴ 㦰
☴ 綦（嗑）【八】

【表格】

六十四卦卦名比較表說明

　　本表一共結合目前所見八種六十四卦卦名，卦序則依照清華四〈別卦〉之順序。表格內容說明及出處如下：

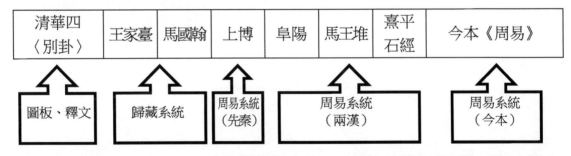

清華四〈別卦〉	王家臺	馬國翰	上博	阜陽	馬王堆	熹平石經	今本《周易》
圖板、釋文	歸藏系統		周易系統（先秦）	周易系統（兩漢）			周易系統（今本）

(1)　「王家臺」，王明欽：〈王家臺秦簡概述〉，收錄於艾蘭、邢文編：《新出簡帛研究》（北京：文物出版社，2004 年 12 月），頁 26-49。

(2)　「馬國翰」，〔清〕馬國翰輯：《歸藏》，收錄於《玉函山房輯佚書》（濟南：山東大學出版社，2006 年 12 月，景印山東圖書館藏清道光咸豐間歷城馬氏刻同治 10 年濟南皇華館書局補刻本），卷 1，葉 1-23。

(3)　「上博」，馬承源主編：《上海博物館藏戰國楚竹書（三）》（上海：上海古籍出版社，2003 年 12 月），頁 11-70，131-260。季旭昇主編，陳惠玲、連德

榮、李綉玲合撰：《《上海博藏戰國楚竹書（三）》讀本》（臺北：萬卷樓圖書
公司，2005 年 10 月），頁 1-174。

(4) 「阜陽」，韓自強編著：《阜陽漢簡〈周易〉研究：附〈儒家者言〉、〈春秋事
語〉》（上海：上海古籍出版社，2004 年 7 月），頁 3-86。

(5) 「馬王堆」，湖南省博物館、復旦大學出土文獻與古文字研究中心編纂，裘
錫圭主編：《長沙馬王堆漢墓帛書集成》（北京：中華書局，2014 年 6 月），
冊 3，頁 3-162。表格中的卦名以馬王堆《周易》經文為主，若馬王堆《易
傳》（〈二三子問〉、〈繫辭〉、〈衷〉、〈要〉、〈繆和〉、〈昭力〉）有其他寫法，
擇要收入並註明出處。

(6) 「熹平石經」，屈萬里：《漢石經周易殘字集證》（臺北：聯經出版事業公司，
1984 年 7 月），卷 2，葉 1-49。濮茅左：《楚竹書《周易》研究——兼述先秦
兩漢出土與傳世易學文獻資料》（上海：上海古籍出版社，2006 年 11 月），
頁 636-683。

(7) 「今本《周易》」，〔魏〕王弼、〔東晉〕韓康伯注，〔唐〕孔穎達疏：《周易注
疏》（臺北：藝文印書館，1965 年，景印嘉慶 20 年江西南昌府學阮元《重
栞宋本十三經注疏》本。）

表一　清華四〈別卦〉簡 1：乾組

清華四〈別卦〉1	王家臺	馬國翰	上博	阜陽	馬王堆	熹平石經	今本《周易》	
	天目	乾			鑑		乾	☰ 乾(天) ☰ 乾(天)
	啚	否	否		怀	婦	否	☰ 乾(天) ☷ 坤(地)
	敓	遂	遂	豚	椽	掾	遯	☰ 乾(天) ☶ 艮(山)
	顝	履	履		履	禮	履	☰ 乾(天) ☱ 兌(澤)

清華四〈別卦〉	王家臺	馬國翰	上博	阜陽	馬王堆	熹平石經	今本《周易》
[圖]	訟	訟	訟		訟/容²	訟	訟　乾(天)／坎(水)
[圖]	同人	同人	同人	同人	同人于野	□人	同人　乾(天)／離(火)
[圖]	亡孟	毋亡	毋亡	亡忘	无亡	无孟	无妄　乾(天)／震(雷)
[圖]	縣		夜	敬	狗/句/均³	姤	姤　乾(天)／巽(風)

表二　清華四〈別卦〉簡 2：艮組

清華四〈別卦〉2	王家臺	馬國翰	上博	阜陽	馬王堆	熹平石經	今本《周易》
		狠	艮	艮	根/謹⁴	艮	艮　艮(山)／艮(山)
[圖]	大箐		大毒畜	大坖	太蓄		大畜　艮(山)／乾(天)
[圖]	僕		僕		剝	剝	剝　艮(山)／坤(地)
[圖]	損	員		損	損	損	損　艮(山)／兌(澤)

---

² 馬王堆帛書〈衷〉3下、5上、7上、9上。
³ 「句」見馬王堆帛書〈衷〉23上，「均」見馬王堆帛書〈衷〉7上、7下。
⁴ 馬王堆帛書〈衷〉6下。

清華四	王家臺	馬國翰	上博	阜陽	馬王堆	熹平石經	今本《周易》
慌		蒙	尨	蒙	蒙	蒙	蒙　艮(山)／坎(水)
蠶			賁	繁	賁	賁	賁　艮(山)／離(火)
顊	亦	頤	頤	頤	頤		頤　艮(山)／震(雷)
敀	亦/夜	蜀	蛊		箇	蠱	蠱　艮(山)／巽(風)

表三　清華四〈別卦〉簡3：坎組

清華四〈別卦〉3	王家臺	馬國翰	上博	阜陽	馬王堆	熹平石經	今本《周易》
	勞	犖			習贛	坎	坎　坎(水)／坎(水)
		洘	需[5]		襦/嬬[6]	需	需　坎(水)／乾(天)
	比	比	比	比	比	比	比　坎(水)／坤(地)
		蹇	訐	蹇	蹇	蹇	蹇　坎(水)／艮(山)
	節	節		節	節	節	節　坎(水)／兌(澤)
	窜	岑需			既濟/既齋[7]	既濟	既濟　坎(水)／離(火)

---

[5] 上博《周易》整理者濮茅左隸作「孤」，陳爻（陳劍）〈竹書《周易》需卦卦名之字試解〉認為是「乳」字異體，今從陳說。此字主要有七家說法，詳參鄭玉姍：《出土與今本《周易》六十四卦經文考釋》（臺北：國立臺灣師範大學國文學系博士論文，2010年2月），頁122-123。

[6] 馬王堆帛書〈衷〉3下、12下。

[7] 馬王堆帛書〈衷〉10上。

清華四〈別卦〉	王家臺	馬國翰	上博	阜陽	馬王堆	熹平石經	今本《周易》
		肫	屯		肫	屯	屯　坎(水)／震(雷)
		井	井	茶		井	井　坎(水)／巽(風)

表四　清華四〈別卦〉簡4：震組

清華四〈別卦〉4	王家臺	馬國翰	上博	阜陽	馬王堆	熹平石經	今本《周易》
		釐			辰	震	震　震(雷)／震(雷)
大臧	大壯				泰壯／大牀[8]		大壯　震(雷)／乾(天)
介	介	分	厽	豫	餘／余／予[9]	豫	豫　震(雷)／坤(地)
少迡	大過	小過			少過	□過[10]	小過　震(雷)／艮(山)
邁妹	歸妹	歸妹			歸妹	□眛[11]	歸妹　震(雷)／兌(澤)
纏		荔	繲		解	解	解　震(雷)／坎(水)
酆	豐	豐	豐		豐／酆[12]	豊	豐　震(雷)／離(火)

---

[8] 馬王堆帛書〈衷〉5下。

[9] 「余」見馬王堆帛書〈繫辭〉36上、〈衷〉5上、5下、10上，「予」見馬王堆帛書〈二三子問〉27下、28下。

[10] 卦名殘缺。然對應今本爻辭「六二，過其祖」之「過」字存，故補「過」字。

[11] 卦名「眛」上殘缺。熹平石經爻辭「初九，□□以娣放能履。」中殘缺二字，對應今本爲「歸妹」，故可推測石經卦名應爲二字。

[12] 馬王堆帛書〈繫辭〉23上。

清華四〈別卦〉	王家臺	馬國翰	上博	阜陽	馬王堆	熹平石經	今本《周易》
（竹簡圖）	忞	恆我	恆	死	／	恆	恆 震（雷） 巽（風）

表五　清華四〈別卦〉簡 5：坤組

清華四〈別卦〉5	王家臺	馬國翰	上博	阜陽	馬王堆	熹平石經	今本《周易》
／	象	臾	／	／	川	巛	坤 坤（地） 坤（地）
（竹簡圖）	奈	泰	／	／	益／奈／柰[13]	／	泰 坤（地） 乾（天）
（竹簡圖）	謙	陵	兼	墊	嗛／兼／溓[14]	／	謙 坤（地） 艮（山）
（竹簡圖）	謹	臨	林禍	林	林	臨	臨 坤（地） 兌（澤）
（竹簡圖）	市	師	師	市	師	師	師 坤（地） 坎（水）
（竹簡圖）	亡尸	明夷	明尸	／	明夷	／	明夷 坤（地） 離（火）
（竹簡圖）	遝	復	復	遝	復／覆[15]	復	復 坤（地） 震（雷）
（竹簡圖）	挂	升	稱	登	登	升	升 坤（地） 巽（風）

---

[13] 「益」馬王堆帛書〈衷〉4 下，「奈」馬王堆帛書〈昭力〉8 上、12 下，「柰」馬王堆帛書〈昭力〉11 上。

[14] 「兼」見馬王堆帛書〈衷〉7 下，「溓」馬王堆帛書〈繫辭〉15 上、15 下、〈繆和〉34 下。

[15] 馬王堆帛書〈繆和〉50 上。

表六　清華四〈別卦〉簡 6：兌組

清華四〈別卦〉6	王家臺	馬國翰	上博	阜陽	馬王堆	熹平石經	今本《周易》	
		兌	兌			奪/說[16]	兌	兌	䷹ 兌（澤） 兌（澤）
	攽	罷	規	夬		夬	夬	夬	䷪ 兌（澤） 乾（天）
	窣	卒	萃	嗺		卒	萃/誶[17]	萃	䷬ 兌（澤） 坤（地）
	懃	咸	欽	欽		欽		咸	䷎ 兌（澤） 艮（山）
	困	困	困	困		困/宋[18]	困	困	䷮ 兌（澤） 坎（水）
	惑		革	革		勒		革	䷰ 兌（澤） 離（火）
	懇		馬徒	陵	隋	隋		隨	䷐ 兌（澤） 震（雷）
	大迡	大過	大過			大過	泰過	大過	䷙ 兌（澤） 巽（風）

---

[16] 馬王堆帛書〈衷〉6 上。
[17] 馬王堆帛書〈衷〉1 上。
[18] 馬王堆帛書〈衷〉46 上。

表七　清華四〈別卦〉簡 7：離組

清華四〈別卦〉7		王家臺	馬國翰	上博	阜陽	馬王堆	熹平石經	今本《周易》	
		麗	離		離	羅/离[19]		離	䷝ 離(火)／離(火)
	少又	右	大有			大有	大有	大有	䷍ 離(火)／乾(天)
	懿	替	晉			溍	晉	晉	䷢ 離(火)／坤(地)
	遬	旅	旅	遬	旅	旅	旅	旅	䷷ 離(火)／艮(山)
	俀	曜	瞿	楑		乖/詼[20]	睽	睽	䷥ 離(火)／兌(澤)
	濝		未濟			未淒	未濟	未濟	䷿ 離(火)／坎(水)
	燮	噬			筮闔	筮嗑/筮蓋/筮闔[21]	噬□[22]	噬嗑	䷔ 離(火)／震(雷)
	鼎	鼑	鼎		鼎	鼎	鼎	鼎	䷱ 離(火)／巽(風)

---

[19] 馬王堆帛書〈繆和〉37 上。
[20] 馬王堆帛書〈繫辭〉36 下。
[21] 「筮蓋」見馬王堆帛書〈繫辭〉34 上，「筮闔」見馬王堆帛書〈衷〉8 下。
[22] 卦名殘缺。然對應今本爻辭「六二，噬膚」、「六五，噬」之「噬」字均存，故補「噬」字。

表八　清華四〈別卦〉簡 8：巽組

清華四〈別卦〉8	王家臺	馬國翰	上博	阜陽	馬王堆	熹平石經	今本《周易》	
			巽		筭	巽	巽	䷸ 巽（風）／巽（風）
	小筶	少督	小毒畜			小蘱		小畜	䷈ 巽（風）／乾（天）
	觀	灌	觀		觀	觀	觀	觀	䷓ 巽（風）／坤（地）
	蒛	漸	漸	漸		漸	漸	漸	䷴ 巽（風）／艮（山）
	中	中蹔				中復		中孚	䷼ 巽（風）／兌（澤）
	悫	渙	奐	纋		渙/奐[23]	渙	渙	䷺ 巽（風）／坎（水）
	□逮	散	散家人			家人	家□[24]	家人	䷤ 巽（風）／離（火）
	蒜		誠			益	益	益	䷩ 巽（風）／震（雷）

---

[23] 馬王堆帛書〈二三子問〉36 上。

[24] 卦名殘缺。然對應今本爻辭「初九，閑有家」、「六四，富家」、「九五，王假有家」之「家」字均存，故補「家」字。

【注釋】

01. 咠

清華四〈別卦〉	王家臺	馬國翰	上博	阜陽	馬王堆	熹平石經	今本《周易》
	咠	否	否	伓	婦		否

　　原考釋（趙平安）隸作「咠」，讀為「否」：「「咠」通「否」，「咠」、「否」都是之部幫母字。「鄙」從咠聲，「否」可以通「鄙」。《書・堯典》「否德忝帝位」，《史記・五帝本紀》作「鄙德忝帝位」。《論語・雍也》「予所否者」，《論衡・問孔》引「否」作「鄙」。」蔡飛舟〈清華簡《別卦》解詁〉：「咠，蓋本為邊邑義，字從口，謂倉之所在，鄙之古字也。《釋名・釋州國》：「鄙，否也，小邑不能遠通。」《匡謬正俗》卷八：「或問曰：鄙陋之人謂之鄙人，何也？答曰：本字作否。否者，蔽固不通之稱爾。鄙、否字通，皆有閉塞義。《象傳》所謂「天地不交而萬物不通」者，是也。」

　　澤鈞案：咠、否音近可通，除原考釋引《書・堯典》「否德」《史記》作「鄙德」外，《逸周書・度邑》「我北望過于有嶽丕」（張聞玉《逸周書全譯》，黃懷信等《逸周書匯校集注（修訂本）》「丕」字屬下讀），「丕」字《史記・周本紀》作「鄙」。蔡飛舟引《釋名》及《匡謬正俗》，似乎以為「鄙」、「否」義近，案：鄙，《說文》謂「五酇為鄙」，為行政區域名；咠，《說文》謂「嗇」也，即鄙吝之意，與「否」義無關。《釋名》多用聲訓，不盡可信，「否」與「鄙」字關係，仍應是音近通假。

　　旭昇案：此卦今本《周易》作「否」，《清華肆・別卦》作「咠」，究竟何者為本字？以卦象坤下乾上，卦辭「否之匪人，不利君子貞，大往小來」，〈象傳〉：「否之匪人，不利君子貞。大往小來，則是天地不交，而萬物不通也；上下不交，而天下无邦也。內陰而外陽，內柔而外剛，內小人而外君子。小人道長，君子道消也。」似乎作「否」較合理。〈別卦〉作「咠」、馬王堆作「婦」應該都是假借。

02. 敓（遯）

清華四〈別卦〉	王家臺	馬國翰	上博	阜陽	馬王堆	熹平石經	今本《周易》
	敓	逐	逐	脉	椽	掾		遯

原考釋（趙平安）隸作「敓」，讀為「遯」："敓，王家台秦簡、馬國翰輯本《歸藏》作「逐」，今本《周易》作「遯」。唐玄應《一切經音義》卷八：「遁，又作遯、逐二字。」馬王堆漢墓帛書《周易》作「掾」，阜陽漢簡《周易》作「椽」。兌，月部定母；椽，元部定母；掾；元部喻母；遁，文部定母，皆音近可通。上博簡《周易》作「脉」，理應理解為「豚」之訛字為宜。"蔡飛舟〈清華簡《別卦》解詁〉："案《集韻》以為遯之或體，逐、掾、椽，皆從象得聲，咸假作遯也。然則清華簡《別卦》作「敓」者，據《說文》義為「強取」，蓋奪之本字，茲則應讀作挩，訓作挩逃，音義與遯通。案《說文》：「象，豕走也。」《廣雅・釋言》：「象，挩也。」《玉篇》：「象，豕走悅也。」（悅蓋挩之訛字）象訓走挩，諸字從象得聲者，其義本諸此。至若上博簡「脉」字，濮茅左讀為「遁」，而清華簡整理者疑為「豚」字之訛。案《左傳》襄公二十三年「且於之隧。」《晏子春秋・內篇・問上》引作「茲於兌。」《禮記・喪大記》「士妻以稅衣」，《周禮・天官・內司服》鄭注引作「褖衣」。此、象、兌相通之證，故「脉」不必為某字之訛，徑讀作字可也。合觀諸異文，本卦名義為挩逃遯逸，固無疑也。"

澤鈞案：「脉」為「豚」異體字，遯從豚得聲，故豚、遯可通假。然「敓」字古音定母月部，「遯」字古音定母文部，韻部主要元音不同。《周易》「遯」，〈序卦傳〉："物不可以久居其所，故受之以〈遯〉。遯者，退也。"《周易集解》引虞翻曰："艮為山，巽為入，乾為遠，遠山入藏，故約『遯』。"引鄭玄曰「遯，逃去之門也。」引侯果曰："陰長剛殞，君子遯避，遯則通也。"程《傳》："遯，退也，避也，去之之謂也。"朱熹《本義》："遯，退避也。為卦二陰浸長，陽當退避，故為遯。"朱駿聲《六十四卦經解》："遯，從豚從走，逃避也。一作逐，一作遁。"可見《周易》之「遯」為退避、遁逃之義。清華簡〈別卦〉「敓」從「兌」聲，「兌」聲之字有亦有退避、遁逃義，如：1.「挩」，《說文》："挩，解挩也。"段《注》："今人多用脫，古則用挩，是則古今字之異也。"2.「蛻」，《說文》："蛻，它蟬所解皮也。"3.「脫」，有退避、遁逃、蛻避之義，如《老子》："魚不可脫於淵，國之利器不可以示人。"《國語・晉語四》："公懼，乘駟自下，

脫會秦伯於王城。」韋《注》：「脫會，遁行潛逃之言。」4.「稅」，亦有脫去之義，《孟子・告子下》：「孔子為魯司寇，不用，從而祭，燔肉不至，不稅冕而行。」

旭昇案：「敓」、「遯」上古韻分屬月部、諄（文）部，典籍確實罕見通假，原考釋說「音近可通」，但未舉例證，確實也難以說服讀者。但同一卦名，敓（別卦。定母月部）、「掾」（馬王堆。喻母元部）、「椽」（阜陽。定母元部），三者聲韻俱近，不可能是聲義完全無關的卦名。而「豚」（上博簡。字書未見此字，以「豕（徐醉切）」聲推，當屬邪母微部（原考釋以「豚」應為「豚」之訛，蔡飛舟以為遯依字讀即可），「遯」（今本。定母文部），二者聲韻俱近，也不可能是聲義完全無關的卦名。而文部與月部雖尟有通轉之例，但文部與元部、微部與月部、微部與元部都有通轉之例。所以「敓」、「遯」的通假關係可能不是一次完成（中國傳統古籍中很多異文現象都有可能是經過這種複雜多向的演變而形成的），至於誰先誰後，恐怕難以考定。其關係當如下表：

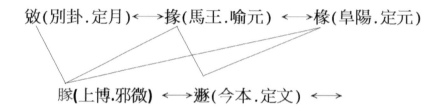

至於何者應為本字，據《易經・遯》卦辭：「遯：亨，小利貞。」〈彖傳〉：「遯亨，遯而亨也。剛當位而應，與時行也。小利貞，浸而長也。遯之時義大矣哉！」〈象傳〉：「天下有山，遯；君子以遠小人，不惡而嚴。」顯然作「遯」較合理，〈別卦〉作「敓」、馬王堆作「掾」為假借。

03. 𠅤=（亡孟）

清華四〈別卦〉	王家臺	馬國翰	上博	阜陽	馬王堆	熹平石經	今本《周易》
	亡孟	母亡	母亡	亡忘	无亡	无孟		无妄

原考釋（趙平安）隸作「𠅤=」，讀為「亡孟」：“𠅤，「亡孟」合文，馬王堆漢墓帛書《周易》作「无孟」，今本作「無妄」。「亡」在陽部明母，「无」在魚部

明母，聲母相同，韻部對轉。「孟」、「妄」同為陽部明母字。「亡」通「无」，「孟」通「妄」。」蔡飛舟〈清華簡《別卦》解詁〉：「亡、无古通，典籍多見。至於孟字，《禹貢》之「孟豬」《職方》作「望諸」。望字從亡得聲，是孟、忘、亡、妄諸字並相通也。案卦名「妄」字諸家訓詁多歧，或訓作虛妄，陸德明、何妥、王弼、孔穎達是也；或讀作望，馬、鄭、王肅是也。王引之《經義述聞》云：「无妄之妄，或訓為虛妄，或訓為望，又或訓為亡，隨文見義，固各有所當也。」」

澤鈞案：「亡」通「无」，《漢字通用聲素研究》有【无通亡】條，《易・乾・文言》：「貴而无位，高而无民，賢人在下而无輔。」「无」字《漢書・五行志下》作「亡」。故亡、无可通假。孟從皿聲，妄從亡聲，《漢字通用聲素研究》有【皿通亡】條，《左傳》昭公四年「以盟其大夫」，「盟」字《呂氏春秋・慎行》作「亡」。馬王堆《周易》「无妄」作「无孟」。故孟、妄可通假。

旭昇案：《周易》「无妄」有二說，據卦辭：「无妄：元亨，利貞。其匪正有眚，不利有攸往。」〈彖傳〉：「无妄，剛自外來，而為主於內。動而健，剛中而應，大亨以正，天之命也。其匪正有眚，不利有攸往。无妄之往，何之矣？天命不佑，行矣哉？」〈象傳〉：「天下雷行，物與无妄；先王以茂對時，育萬物。」似釋為「不虛妄」較合理。〈別卦〉、馬王堆作「亡孟」為假借。

04. 縣（繫）

清華四〈別卦〉	王家臺	馬國翰	上博	阜陽	馬王堆	熹平石經	今本《周易》
縣		夜	敂		狗/句/均	姤	姤

原考釋（趙平安）：隸作「縣」，讀為「繫」：「縣即「繫」，今本《周易》作「姤」，係通假關係。「繫」在錫部見母，「姤」在侯部見母，韻部旁對轉。王念孫曰：「歷、婁一聲之轉，歷之言歷歷，婁之言婁婁也。」（《廣雅疏正》卷九，上海古籍出版社，一九八三年，第九頁）「婁」在侯部來母，「歷」在錫部來母，侯、錫兩部在聲母相同的時候可以通轉。此類寫法亦見於上博簡《凡物流形（甲本）》第一五簡（參看馬承源主編：《上海博物館藏戰國楚竹書（七）》，上海古籍出版社，二〇〇八年，第二五二頁），整理者以為從東聲，讀為「陳」，實際應釋為「縣」。」張新俊（武漢網帳號「无斁」，武漢大學簡帛研究中心「簡帛」網站・

簡帛論壇·簡帛研讀·黃杰（武漢網帳號「暮四郎」）〈初讀清華簡（四）筆記〉34樓發言）"懷疑所謂的「𦅅」字，左邊所從的部份，是「冓」形之訛。「冓」與「姤」音近，可以相通。"

　　程浩〈清華簡《別卦》卦名補釋〉："作為卦名的「姤」字，上博楚簡作「敂」，二字音進通用。又《周易》「隨」卦「上六」爻辭「拘係之」，上博楚簡本作「係而敂之」，知「係」（即「𦅅」）、「敂」義近，都是表係縛拘止意。由此可知，本卦中的「姤」字表示的也應該是與「𦅅」相同的意義，而非《彖》傳所說的「遇也」。……《周易》本卦「初六」爻辭：「繫于金柅，貞吉。有攸往，見凶，羸豕孚蹢躅」，第一字即為「繫」；而「上九」爻辭；「姤其角，吝，无咎」，第一字為「姤」。我們知道，卦名與爻辭多有聯繫，許多爻辭都體現了卦名。這在《周易》中不乏其例，如「需」卦爻辭……除「上六」爻以外，爻辭中都有卦名「需」，且每爻通用的「繫于某」句例也與本卦「繫于金柅」相合。因此，我們頗懷疑《別卦》所用卦名「𦅅」即從「初六」爻辭「繫于金柅」中擷取而來。而前文已述，「姤」、「𦅅」本同義，則今本《周易》卦名用「上九」爻辭首字「姤」與《別卦》卦名用「初六」爻辭首字「𦅅」就無別了。"

　　蔡飛舟〈清華簡《別卦》解詁〉："然「緐」蓋姤卦別稱，似不必改讀作「姤」也。《姤》初六：「繫于金柅」，此古卦名作「緐（𦅅）」之證。「𦅅」訓作繫屬，就卦而論，蓋一陰繫于眾陽之象也。故姤、卦名雖異，其于陰爻處立意則同。"

　　澤鈞案：「冓」字吳其昌《殷墟書契解詁》認為「象二物相遇之狀」，李孝定，甲骨文字集釋》認為「疑象二魚相遇之形」，考察古文字「冓」字字形，與此字左邊所从的部分不類，應非「冓」字。上博簡〈容成氏〉「擊鼓」（簡22）、上博簡《周易》「擊蒙」（簡40）、清華簡〈繫年〉魏侯名「魏擊」（簡120），以上「擊」、「繫」所從之偏旁與此字相似，故在此從原考釋之說。

　　旭昇案：《周易》：「姤：女壯，勿用取女。」〈彖傳〉：「姤，遇也，柔遇剛也。勿用取女，不可與長也。天地相遇，品物咸章也。剛遇中正，天下大行也。姤之時義大矣哉！」而〈初六〉爻辭云：「初六：繫于金柅。」似《周易》此卦本與「𦅅」字關係密切。《說文》：「姤，偶也。」與「遇」義較無關。據此，「𦅅」似較合本卦之內容，當為本卦之本字，程浩、蔡飛舟之說可從。「敂」、「狗」、「姤」均為假借。

05. 竷=（大筥）

清華四〈別卦〉	王家臺	馬國翰	上博	阜陽	馬王堆	熹平石經	今本《周易》
	大筥		大毒畜	大埜		太蓄		大畜

原考釋（趙平安）隸作「竷=」，讀為「大筥」："「竷=」是「大筥」合文，上博簡《周易》作「大埜」，今本作「大畜」。「筥」從竹聲，「埜」的聲符「竺」也從竹得聲，二字可以通用。又「畜」在覺部透母，與「竹」、「竺」（覺部端母）亦音近。"易學網"大筥：即「大畜」卦。筥為篤的古字，即篤厚的意思。筥《說文》：「厚也，從竹聲，讀若篤。」段注：「筥、篤亦古今字，『筥』與〈二部〉『竺』音義皆同，今字『篤』行而『筥、竺』廢矣。公劉毛傳曰：『篤，厚也。』此謂篤即竺筥字也。」帛書作泰蓄，歸藏作大毒畜，上博簡作大埜，埜字為上竺下土，即繁化的竺字。"蔡飛舟〈清華簡《別卦》解詁〉："案《說文》：「筥，厚也，從竹聲。讀若篤。」筥字蓋為篤、竺之古文。小徐本《說文》「築」之古文作筥（筥），埜從土竺聲，蓋筥之或體也。（鈞案，原注2：何琳儀以為土為竺之飾符，則以埜為竺字也）而《歸藏》作「大毒」，毒亦與篤、竺相通，取亭毒義。案筥、埜皆從竹得聲，與畜可通。《爾雅・釋草》：「竹，萹蓄。」《釋文》：「陶弘景云：萹蓄亦呼為萹竹。」是其證。《象傳・大畜》曰：「剛健篤實輝光，日新其德。」疑《象》文「篤實」存古誼，《別卦》卦名「大」者，其旨蓋為駿大篤實，與「大畜」義通。"

旭昇案：《周易・大畜》卦辭：「大畜：利貞，不家食吉，利涉大川。」〈象傳〉：「大畜，剛健篤實輝光，日新其德，剛上而尚賢。能止健，大正也。不家食吉，養賢也。利涉大川，應乎天也。」孔疏云：「謂之大畜者，乾健上進，艮止在上，止而畜之，能畜止剛健，故曰大畜。象云『能止健，大正』也，是能止健，故為大畜也。」據此，「大畜」、「大筥（篤）」都說得通，但是「大畜」是個中性詞，「大筥（篤）」則明確點出「篤實」，意義更好，比較可能是最合適的卦名。

06. 僕（剝）

清華四〈別卦〉	王家臺	馬國翰	上博	阜陽	馬王堆	熹平石經	今本《周易》
僕		僕		僕	剝	剝	剝

原考釋（趙平安）隸作「僕」，讀為「剝」："僕，與馬國翰輯本《歸藏》、阜陽漢簡《周易》寫法相同，今本和馬王堆《周易》帛書作「剝」。「僕」在屋部並母，「剝」在屋部幫母，韻部相同，聲母同為唇音。"

澤鈞案：清華簡〈別卦〉、馬國翰《歸藏》、阜陽簡〈周易〉作「僕」，馬王堆《周易》作「剝」、今本《周易》作「剝」。「僕」古音並母屋部，「剝」古音幫母屋部，韻母相同，聲母同屬唇音。幫、並吳澤順《漢語音轉研究》多有相轉之例。故僕、剝可通假。而馬王堆「剝」字，所从之「象」字古音昌母歌部，又透母元部，與僕、剝聲韻俱遠。「象」、「彔」二字應是形近相混。

旭昇案：《周易·剝·彖》曰：「剝也，柔變剛也。不利有攸往，小人長也。順而止之，觀象也。君子尚消息盈虛，天行也。」〈象〉曰：「山附地上，剝；上以厚下，安宅。」孔疏：「剝者，剝落也。今陰長變剛，剛陽剝落，故稱剝也。小人既長，故不利有攸往也。」據此，「剝」較合卦義，當為本名。「僕」為假借。

07. 𢾍

清華四〈別卦〉	王家臺	馬國翰	上博	阜陽	馬王堆	熹平石經	今本《周易》
𢾍	損	員		損	損	損	損

原考釋（趙平安）隸作「𢾍」，讀為「損」："𢾍，從攴鼎聲，「鼎」即「員」。馬王堆帛書《老子甲本》「敗」用為「損」。古文字中「攴」與「手」互作，「敗」可視為「損」之異體。此字王家臺秦簡《歸藏》、馬王堆帛書本、今本《周易》皆作「損」。"

旭昇案：《周易·損·彖傳》：「損，損下益上，其道上行。損而有孚，元吉，无咎，可貞，利有攸往。曷之用？二簋可用享；二簋應有時。損剛益柔有時，損益盈虛，與時偕行。」各本皆作「損」或其異體，與卦義合。

08. 愬

清華四〈別卦〉	王家臺	馬國翰	上博	阜陽	馬王堆	熹平石經	今本《周易》
	愬		蒙	尨	蒙	蒙	蒙	蒙

原考釋（趙平安）隸作「愬」，讀為「蒙」：“愬，從心寇聲，「寇」從宀尨聲。上博簡《周易》作「尨」，馬王堆帛書本、今本作「蒙」。「尨」、「蒙」都是東部明母字，可以通用。”蔡飛舟〈清華簡《別卦》解詁〉：“从尨之字與蒙相通，《詩·邶風·旄丘》「狐裘蒙戎」，《左傳》僖公五年作「狐裘尨茸」；《詩·商頌·長發》「為下國駿厖」，《荀子·榮辱》、《大戴禮·衛將軍文子》引作「蒙」，是其證。愬從心寇聲，蓋「愬」之異體。《集韻》：「愬，愬蒙，慒也。」愬、蒙音義悉近，蒙昧也。”

旭昇案：《周易·蒙》卦辭：「蒙：亨。匪我求童蒙，童蒙求我。初筮告，再三瀆，瀆則不告。利貞。」學者對「蒙」卦的取象取義看法差不多，都是指「蒙昧」。「愬」字，不見《說文》及後世字書、文獻，如果理解為从心寇聲，那麼可以看成是一個為易經蒙卦而造的專用字，義為「心中蒙昧」。「蒙」字，《說文》段注釋為「王女」，是一種植物名。與蒙卦卦義相合的字應作「冡」，《說文》釋為「覆也」。據此，〈蒙卦〉應作「愬」，為後造本字；今本作「蒙」、上博作「尨」，都是假借。

09. 鞻（賁）

清華四〈別卦〉	王家臺	馬國翰	上博	阜陽	馬王堆	熹平石經	今本《周易》
	鞻				賁	繁	賁	賁

原考釋（趙平安）隸作「鞻」，讀為「賁」：“字從鞋緐聲。《說文·生部》：「丰，艸盛丰丰也。」「鞋」與「丰」同「艸」與「屮」的關係相似。「鞻」疑即繁茂的專字。馬王堆帛書《周易》作「繁」，今本作「賁」，一在元部並母，一在文部幫母，聲近可通。”

鄔可晶（武漢網帳號「紫竹道人」，武漢大學簡帛研究中心「簡帛」網站·簡帛論壇·簡帛研讀·黃杰（武漢網帳號「暮四郎」）〈初讀清華簡（四）筆記〉20樓發言）：“《別卦》2號簡與《周易》「賁」相當之卦名，其字整理者以為上

從「二『丰』」、下從「繁」。今按：下從「繁」是對的，上部並非「二『丰』」，實乃「二『屮』」（俗稱「『老』頭」），以「繁」所從「每」的上部兼充「二『屮』」（俗稱「『老』頭」）的下部。這種「屮」（俗稱「『老』頭」）的寫法，與《清華（叄）・芮良夫毖》4 號簡的「猒」等字的「屮」（俗稱「『老』頭」）如出一轍。此字所以從「二『屮』」（俗稱「『老』頭」），大概是出於字形的對稱而繁化，並無深意。就釋字來說，這個從「屮」（俗稱「『老』頭」）、「繁」聲之字，很可能就是《說文》訓「老人白也」的「皤」字異體（「繁」、「番」音至近）。」

武漢網帳號「有鬲散人」（武漢大學簡帛研究中心「簡帛」網站・簡帛論壇・簡帛研讀・黃杰（武漢網帳號「暮四郎」）〈初讀清華簡（四）筆記〉51 樓發言）：「該字下部為「繁」，上部顯然就是「毳」的省體「毛」。我們認為「繁」與「毛」都是該字的聲旁，也就是說該字是個雙聲字。就古音來說，「繁」是並母元部字，「彗」從「毳」省聲，是匣母月部字。兩者韻部對轉，聲母關係密切，如「猷」從「害」，從「夫」，也是個雙聲字，「害」是匣母字，「夫」是並母字。」

武漢網帳號「王寧」（武漢大學簡帛研究中心「簡帛」網站・簡帛論壇・簡帛研讀・黃杰（武漢網帳號「暮四郎」）〈初讀清華簡（四）筆記〉64 樓發言）：「《別卦》中用為「賁」卦的字，上面像是從二「民」，右下面從「系」，很可能是「紙」或「緡」字的繁構。」

蔡飛舟〈清華簡《別卦》解詁〉：「案《小雅・十月之交》「番維司徒」之「番」，《釋文》：「《韓詩》作繁。」《山海經・海內南經》「桂林八樹在番隅東」，《續漢書・郡國志》劉注、《水經注・浪水》番禺作賁禺。此凡緐、賁相通之證。清華簡整理者疑緐本為繁茂義，其說可從。緐為草木繁盛，引申之則為文章貌，義與賁通。案卦名緐是否假借作賁，仍屬可疑。《賁》六四「賁於丘園」若用字讀，儼然見園木穠繁之美，于文亦通。蓋卦名之義，常因聲變字異而有所轉移，然卦爻辭中則或偶存故訓也。」

澤鈞案：此字下從緐（繁），可與馬王堆《周易》「繫」通假。其上所從，原考釋認為從二「丰」，鄔可晶認為從二「老」，有鬲散人認為從二「毛」，王寧認為從二「民」。「老」字其下之人旁，在古文字中甚少省略，故此字其上所從應非老。「民」字中間之目旁，在此處也無明顯可見，故應非從目，然其從二毛或二丰或彗，今存疑待考。

《周易》「賁」,〈序卦〉:「物不可以苟合而已,故受之以〈賁〉。賁者,飾也。」
《周易集解》引鄭玄云:「賁,文飾也。離為日,天文也。艮為石,地文也。天
文在下,地文在上,天地二文,相飾成賁者也。」許慎《說文》:「賁,飾也。從
貝卉聲。」孔穎達《正義》:「賁,飾也。以剛柔二象,交相文飾也。」朱駿聲《六
十四卦經解》:「賁,變也,飾也。從貝卉聲。貝,水蟲,背文如錦,故為於素而
加以文飾之貌。」

〈別卦〉「虀」原考釋認為「從丯絲聲」,然而「絲」應亦有表義作用。「絲」
見於上博二〈容成氏〉「禹乃因山陵平隰之可封邑者而絲實之」,「絲」應讀為「繁」。

旭昇案:此字可摹作:

下部為「絲」,上部可釋為從兩個「老」省(「老」旁可以省下部的人形,如
上從「老」的「壽」字,《包》2.117作「𡕢」、《上博六·平王問鄭壽》1作「𡕢」)、
從二「毛」的可能都存在。原考釋以為從二「丰」的可能性也不能排除(「丰」
中豎起筆多不彎,但也有作彎筆的,如《上博七·武王踐阼》13「弄」字作「𢍍」)。
據此,此字釋為「繁」也是合理的。通觀《易·賁》全卦,著重在「文」、「飾」,
〈彖傳〉:「賁,亨;柔來而文剛,故亨。分剛上而文柔,故小利有攸往。天文也;
文明以止,人文也。觀乎天文,以察時變;觀乎人文,以化成天下。」似乎「賁」
比「繁」接近卦意。

10. 顊(頤)

清華四〈別卦〉	王家臺	馬國翰	上博	阜陽	馬王堆	熹平石經	今本《周易》
[圖]	顊	亦	頤	頤	頤	頤		頤

原考釋(趙平安)隸作「顊」,讀為「頤」:"「顊」字馬國翰輯本《歸藏》、
上博簡本、馬王堆帛書本、阜陽漢簡本、今本《周易》都作「頤」。字當分析為
從頁從齒,已聲,是「頤」的異體字。「頤」的本義為面頰,故以頁以齒(古文
齒)為意符;「已」、「頤」都是之部喻母字,故「頤」以已為聲符。"劉剛〈讀

《清華簡四》札記〉隸作「顊」，讀為「頤」：“此字對應「頤」字，整理者認為字從齒作，恐非是。甲骨文「臣」，于省吾以為像梳箆之形（《甲骨文字釋林》66頁），古文字「臣」橫看與齒近似。此字當即從頁、叱聲之字，可隸定為「顊」。”

澤鈞案：此字所從之齒明顯可見。上博〈容成氏〉簡14、〈季庚子問於孔子〉簡5、〈天子建州乙〉簡7「面」字下部指事符號訛為臼，但本篇此字臼形在面部左下方，與劉剛所說不同。此字從頁，從齒，巳聲，故今從原考釋之說。

旭昇案：此字照片稍嫌模糊，作「▨（▨）」，左上所從為「齒」。〈繫年〉31「姬」字作「▨」，左旁所從即楚簡「臣」常見的寫法，與「齒」確實不同。此字當從原考釋。「頤」中有「齒」，故從「齒」。各本均作「頤（之部喻母）」，當為本卦本字，唯王家臺作「亦（鐸部喻母）」，二字聲同，韻為旁對轉（之鐸旁對轉，參陳新雄《古音學發微》頁1081）。

11. 𣦣（蠱）

清華四〈別卦〉	王家臺	馬國翰	上博	阜陽	馬王堆	熹平石經	今本《周易》
	𣦣	亦/夜	夜/蜀	盅		箇	蠱	蠱

原考釋（趙平安）隸作「𣦣」，讀為「蠱」：“𣦣，由古、夜兩部分構成。對照王家臺秦簡《歸藏》作「夜」或「亦」，馬王堆帛書《周易》作「箇」或「故」來看，「𣦣」可能是一個古、夜皆聲的雙聲符字。上博簡《周易》作「盅」，今本作「蠱」，一繁一簡，與從古從夜的字聲音相近，可以通用。”蔡飛舟〈清華簡《別卦》解詁〉：“古、夜，魚鐸對轉，其音蓋近，清華簡整理者定為雙聲符字，說可從。案𣦣、蠱俱假作故，訓作事。《蠱》上九「不事王侯」之「事」字，疑存古誼。”

澤鈞案：〈序卦傳〉：「以喜隨人者必有事，故受之以〈蠱〉；蠱者，事也。」〈雜卦傳〉：「〈蠱〉，則飭也。」《周易集解》引伏曼容曰：「蠱，惑亂也。萬事從惑而起，故以蠱為事也。」其下李鼎祚案云：「今言蠱者，是卦之惑亂也。時既漸澆，物情惑亂，故事業因之而起，惑矣。故《左傳》云：『女惑男，風落山，謂之蠱。』是其義也。」《經典釋文》云：「蠱音古，事也，惑也，亂也。《左傳》

云：『於文皿蟲為蠱。』又云：『女惑男，風落山，謂之蠱。』徐又姬祖反，一音故。巽宮歸魂卦。」程頤《伊川易傳》：「既蠱則有復治之理。自古治必因亂，亂則開治，理自然也。如卦之才以治蠱，則能致元亨也。」朱熹《本義》：「蠱，壞極而有事也。其卦艮剛居上，巽柔居下，上下不交。下卑巽而上苟止，故其卦為〈蠱〉。或曰剛上柔下，為卦變自〈賁〉來者，初上二下；自〈井〉來者，五上上下；自〈既濟〉來者兼之，亦剛上而柔下，皆所以為〈蠱〉也。蠱壞之極，亂當復治，故其占為『元亨』則『利涉大川』。」陳惠玲《《上海博物館藏戰國楚竹書（三）·周易》研究》：「『蠱』字，先秦典籍所見，多有不正之義，王、孔雖未明言，但應該也有類似的意思。通考經傳，『蠱』字約有四義：一、《說文》：『蠱，腹中蟲也。』二、《爾雅·釋詁》：『蠱，疑也。』三、《周易·雜卦傳》：『蠱則飭也。』四、《周易·序卦傳》：『蠱者事也。』以上四義，前三義皆有不正之義，第四義雖未明言不正，然恐怕其事也不免有疑惑、不正之處。本文雖從王弼、孔穎達釋『事』，然應有疑惑、不正之義。不正，所以需要革正。」

　　以上諸家皆認為「蠱」有負面義，然王引之《經義述聞》卷一云："引之謹案：訓詁之體，一字間有數義。蠱為疑惑。《爾雅》曰：「蠱，疑也。」昭元年《左傳》曰：「女惑男……，謂之蠱。」此一義也。蠱又為事。《釋文》曰：「蠱一音故。」蠱之言故也。《周官·占人》：「以八卦占筮之八故。」鄭《注》曰：「八故，謂八事。」襄二十六年《左傳》「兼晉故焉」、昭三十六年《公羊傳》「習乎邾婁之故」，杜預、何休《注》竝曰：「故，事也。」故《大元》（《太玄》）以事首以象〈蠱〉卦。此又一義也。二義各不相因。褚氏、伏氏，不解訓「蠱」為「事」之意，乃謂事生於惑，且曰「非謂訓蠱為事」，是不達訓詁之體也。且如其說，則「幹父之蠱」、「幹母之蠱」，亦將以為幹親之惑亂，其可乎？《正義》、《集解》及史徵《口訣義》皆沿其誤，蓋古訓之湮久矣。《尚書大傳》曰：「乃命五史以書五帝之蠱事。」「蠱事」猶「故事」也。說者不得其解，乃曰「時既漸澆，物情惑亂，故事業因之而起。」失之遠矣。"其說甚為合理。據此，「蠱」當以「故」為正，訓為「故事」，「幹父之蠱」即「以父親的舊基業為主」，故《易》云「蠱：元亨」、「幹父之蠱，意承考也」、「幹父之蠱，用譽」、「幹父之蠱；承以德也」。據此，蠱卦當以「故」字較合本義，其餘均為假借。

　　旭昇案：「故」從古從夜，古夜皆聲，是一個兩聲字，字書未見，應該是一個專門為《易》卦而造的兩聲字，記錄《易》卦「故」的音，因此比「蠱」合理，

澤鈞引王引之說相當有說服力。馬王堆作「箇」（本義為「竹一枚」）、王家臺作「亦／夜」，都不是本字。馬國翰《玉函山房輯佚書》卷一作「夜」，學者或以為明夷、夬、姤、噬嗑、賁、豫，廖名春〈王家臺秦簡《歸藏》管窺〉指出〈夜〉卦即〈蠱〉卦。《玉函山房輯佚書》又有〈蜀〉卦，引黃宗炎曰：「蠱為蜀，蜀亦蟲也。」從目前的《易》卦來看，沒有這種命名法，如果〈蜀〉的確是歸藏的卦名，那麼它最有可能是本作「蛊」，抄寫者字形不熟，誤抄作「蜀」。

12. 藏=（大藏）

清華四〈別卦〉	王家臺	馬國翰	上博	阜陽	馬王堆	熹平石經	今本《周易》
	大藏				泰壯/ 大牀		大壯

原考釋（趙平安）隸作「藏=」，讀為「大藏」："「藏=」是「大藏」的合文。王家臺秦簡《歸藏》，馬王堆帛書《衷》、今本《周易》作「大壯」。「藏」從宀臧聲（「臧」實為「贓」之本字），子聲符和「壯」之聲符相同，聲近通用。"

澤鈞案：〈序卦傳〉：「物不可以終遯，故受之以〈大壯〉。」〈雜卦傳〉：「〈大壯〉則止。」《周易集解》引虞翻曰：「陽息泰也。壯，傷也。大謂四，失位，為陰所乘，兌為毀折，傷。」

朱駿聲《六十四卦經解》云：「《方言》曰：『凡艸木刺人，北燕朝鮮謂之壯。』郭《注》云：『今淮南亦乎「壯」為「傷」。』豐按：『壯』讀為『臧』，善也。古無『藏』字，『臧』又有『藏』訓。故〈繫辭傳〉『大壯則止』，不然『物不可以終壯，故受之以晉』，不可通也。」（澤鈞案：「大壯則止」句為〈雜卦傳〉，「物不可以終壯，故受之以晉」句為〈序卦傳〉。）

清華簡「藏」即「藏」字，〈繫辭〉下傳：「上古穴居而野處，後世聖人易之以宮室，上棟下宇，以待風雨，蓋取諸〈大壯〉。」以常理推論，山洞巖穴與先秦時期的木造建築相比，未必較為脆弱。故此處「大壯」未必是壯固、強盛之義。〈象傳〉：「雷在天上，大壯，君子以非禮弗履。」屈萬里《周易集釋初稿》云：「雷在天上，謂已發聲也。古人畏雷，以為己有過失而天以雷譴之，故曰非禮弗履。猶震象傳之恐懼修省也。」根據〈象傳〉及〈繫辭〉下傳，可知本卦有「藏」

義，清華簡作「大臧（藏）」合於本義，其餘「大壯」、「泰壯」、「大牀」均為假借。詳參黃澤鈞〈清華肆〈別卦〉卦名釋義——以文義相關為原則〉（未刊）。

13. 介（豫）

清華四〈別卦〉	王家臺	馬國翰	上博	阜陽	馬王堆	熹平石經	今本《周易》
	介	介	分	夅	豫	餘/余/予	豫	豫

　　原考釋（趙平安）隸作「介」，讀為「豫」：「「介」字與王家臺秦簡《歸藏》同。阜陽漢簡本、今本周易作「豫」。「介」屬月部見母，「豫」屬魚部喻母，魚、月通轉，見、喻牙喉音，因近可通。」李學勤〈《歸藏》與清華簡《筮法》、《別卦》〉：「一個是輯本《歸藏》的豫卦作「分」，見李過《西溪易說》。王家台簡作「介」，其整理者以為系「余」字之誤，我也有同樣的想法。現見《別卦》也作「介」，才知道這一猜想是不對的。」

　　程浩〈清華簡《別卦》卦名補釋〉：「關於卦名「豫」何以作「介」，王家臺秦簡《歸藏》公布後學界曾有過相關討論。（鈞案，原注1：廖名春：《王家臺秦簡〈歸藏〉管窺》，《周易研究》2001年第2期；王寧：《對秦簡〈歸藏〉的幾個卦名的再認識》，簡帛研究網，2002年10月8日；王輝：《王家臺秦簡〈歸藏〉校釋（28則）》，《江漢考古》2003年第1期。）這其中以廖名春先生的觀點最為值得重視，他認為各本卦名作「豫」、「余」、「餘」、「介」等皆取自「豫」卦訓「大」之本義，並指出：「『餘』有饒、多義，而『豫』《說文》以為『象之大者』，自當有大義。兩字義當相近。『介』有大訓，與『餘』、『豫』同義」此外，本卦「六二」爻辭「介于石，不終日，貞吉」，第一字恰為「介」，則本卦卦名作「介」的情況可能與上一條「姤」卦作「繫」一樣，是在字義相同的前提下擷取的其他爻辭的首字作為卦名。」

　　蔡飛舟〈清華簡《別卦》解詁〉：「豫魚部喻紐，介月部見紐。聲紐喉牙相近可通。至於魚、月相通，如「閖」從於得聲，而又常讀作月部之「過」，《左傳》襄公二十五年「昔虞閖父為周陶正」，《史記・陳杞世家》索隱引作「虞過父」是也。故介、豫通轉，於音可立。輯本《歸藏》有卦名曰「分」者，蓋「介」字之訛也。然則卦名「介」當作何解？若徑讀作「豫」而以今卦名解之，雖極省便，然猶有所憾焉。《豫》六二「介於石」，此古卦名作「介」字之證。故卦名「介」

字恐不當徑作「豫」字讀。案「介於石」，《釋文》：「音界，纖介。古文作『砎』。鄭古八反，云：謂磨砎也。馬作『扴』，云：觸小石聲。」又楚簡《周易》作「玠」，帛書《周易》作「疥」。考諸家易說，「介」字蓋有三解，或訓纖介，虞翻、陸德明是也；或訓堅硬，侯果、孔穎達是也；或訓摩擦，馬融、鄭玄是也。若以此三說核諸卦名，蓋皆可通。陽獨陰眾，勢實微弱，纖介也。雷出地奮，德行健毅，堅硬也。震動於地，激蕩萬物，摩碬也。卦名「介」字之義，蓋取諸焉。」

旭昇案：李鼎祚《周易集解》卷四引鄭玄曰：「坤，順也；震，動也。順其性而動者，莫不得其所，故謂之逸。逸，喜逸悅樂之貌也。」通觀經文，「初六：鳴豫，凶。六二：介于石，不終日，貞吉。六三：盱豫，悔。遲有悔。九四：由豫，大有得。勿疑。朋盍簪。六五：貞疾，恆不死。上六：冥豫，成有渝，无咎」，並沒有什麼值得逸樂的卦象。《清華肆‧別卦》作「介」，蔡飛舟提出「介」有三義，「摩擦」一義於此並不適用；「纖介」太細微，與卦意也不合；「堅硬」義頗為合適。文獻中「介」有「專一、堅正不移、堅定不動搖」義，《荀子‧修身》：「善在身，介然必以自好也。」又有「耿介，高潔」義，《漢書‧傅喜傳》：「高武侯喜姿性端愨，論議忠直，雖與故定陶太后有屬，終不順指從邪，介然守節。」這些義項都和《易‧豫》的卦象比較吻合。因此本卦卦名應以《清華肆》、《王家臺》作「介」為最合適。

14. 𡭔=（少迊）

清華四〈別卦〉	王家臺	馬國翰	上博	阜陽	馬王堆	熹平石經	今本《周易》
𡭔迊	少迊	大過	小過			少過	□過	小過

原考釋（趙平安）隸作「𡭔=」，讀為「少迊」："「𡭔=」是「少迊」合文，馬國翰輯本《歸藏》、今本《周易》作「小過」。「少」讀為「小」，「迊」是「過」的異體。"

澤鈞案：原考釋之說可從，戰國文字中「迊」多釋為「過」。侯乃峰《《周易》文字彙校集釋》認為王家臺秦簡當為誤書。〈序卦傳〉：「有其信者必行之，故受之以〈小過〉。」程《傳》：「人之所信則必行，行則過也，〈小過〉所以繼〈中孚〉也。」朱熹《本義》：「小，謂陰也。為卦四陰在外，二陽在內，陰多於陽，小者

過矣。」王家臺另有大過，故此處小過誤書為大過之可能性最高。

15. 𤯍=（邎妹）

清華四〈別卦〉	王家臺	馬國翰	上博	阜陽	馬王堆	熹平石經	今本《周易》
	邎妹	歸妹	歸妹		歸妹	□眛	歸妹

　　原考釋（趙平安）隸作「𤯍=」，讀為「邎妹」："「𤯍=」是「邎妹」合文，王家臺秦簡本、馬國翰輯本《歸藏》、馬王堆帛書本、今本《周易》作「歸妹」。「邎」是「歸」的異體。"

　　澤鈞案：「歸」字從「辵」。《說文》：「辵，乍行乍止也。」《廣雅・釋宮》：「辵，犇也。」古文字中，從辵多有表示行走義，此處「歸」字從「辵」，亦為強調行走之義。

　　〈象〉曰：「歸妹，天地之大義也。天地不交，而萬物不興。歸妹，人之終始也。」〈序卦傳〉：「進必有所歸，故受之以〈歸妹〉。」〈雜卦傳〉：「〈歸妹〉，女之終也。」《周易集解》引虞翻曰：「歸，嫁也。兌為妹，泰三之四，坎月離日，俱歸妹象。『陰陽之義配日月』，則『天地交而萬物通』，故以嫁娶也。」朱熹《本義》：「婦人謂嫁曰歸。妹，少女也。兌以少女而從震之長男，而其情又為以說而動，皆非正也。故卦為『歸妹』。」

16. 纏（解）

清華四〈別卦〉	王家臺	馬國翰	上博	阜陽	馬王堆	熹平石經	今本《周易》
	纏		荔	繲	解	解	解

　　原考釋（趙平安）隸作「纏」，讀為「解」："纏，上博簡《周易》作「繲」，馬王堆帛書本、今本《周易》作「解」。「纏」是從鹿聲的字。「鹿」為屋部來母字，「解」為支部見母字，之、屋旁對轉，來、見亦多通轉之例（參看黃焯：《古今聲類通轉表》，上海古籍出版社，一九八三年，第七七—八〇頁）。一說「纏」

當隸作「纏」，應分析為從麃聲。「麃」在元部清母，支、元兩部通轉（參看吳澤順：《漢語音轉研究》，嶽麓書社，二〇〇六年，第二二二頁），見、清雖異類，亦有相轉之例（參看黃焯：《古今聲類通轉表》，第一二八頁）。"

單育辰〈佔畢隨錄之十七〉："新近發表的清華四《別卦》存八簡，錄有五十六個卦名（缺一簡），其卦名與《周易》六十四卦有非常嚴格的對應關係，其對應形式大都是語音通假關係。詳情請參看清華四注釋，這裏就不多介紹了。值得注意的是清華四《別卦》簡4有一C字，與今本《周易》對應的字爲「解」。

C

整理者把C隸定作「纏」，並提出了兩說，一說C從「鹿」得聲通「解」；一說「纏」從「麃」得聲通「解」。但「鹿」爲來紐屋部字，與見紐錫部的「解」聲韻遠隔，一定是不可信的。只有從「麃」聲才可能與今本的「解」相通。上文已說，「麃」定紐支部，從韻部來看，與「解」爲嚴格的通轉關係，從聲紐看，見紐定紐只有牙舌之異，所以「麃」與「解」古音也是非常相近的。

上文已說上博三《周易》的B字亦從「麃」得聲，讀爲「禠」。《周易·訟》：「終朝三禠之」，「禠」陸德明《釋文》：「王肅云：解也。」《荀子·非相》：「守法數之有司極禮而禠。」楊倞注：「禠，解也。」從以上可以看出，「禠」古注正訓爲「解」，「禠」、「解」字義相同，古音也相近，本可通用。並且，從字形看，C字從「糸」，而B字從「衣」，所從者是絲織品或衣物，正是「解衣」的所需「解」之物。所以，上博三《周易》的B字、《別卦》的C字本用爲同一個詞，但或讀爲「禠」或讀「解」而已。

反回來，再看上博四《柬大王泊旱》的A（）字，也一定從「麃」得聲，與「禠」或「解」音相近。再從文義看，我們就可以發覺，把A字讀爲「解」是非常合適的。「解」在典籍中還多用爲「免除」、「解除」之意。如《孟子·萬章上》：「天下之士悅之，人之所欲也，而不足以解憂」。《管子·四時》：「甃屋行水，解怨赦罪，通四方。」《周易·繫辭下》：「故惡積而不可掩，罪大而不可解。」《韓非子·說疑》：「有務朋黨徇智尊士以擅逞者，有務解免赦罪獄以事威者。」《六韜·龍韜·王翼》：「應偶賓客，論議談語，消患解結。」《楚辭·九章·悲回風》：「愁鬱鬱之無快兮，居戚戚而不可解。」《淮南子·詮言》：「患解憂除，

然後食甘寢寧，居安遊樂。」皆用此義。《東大王泊旱》的「當訟而卜之於大夏。如 A，將祭之。」一句意思是說：「應該用大夏這種龜殼來占卜（是否要祭祀莒地的名山名川），如果這種方法可以解除疾病，那就要祭祀。」 後單育辰〈由清華四《別卦》談上博四《東大王泊旱》的「庶」字〉為此文的增補版，論點大致相同，認為上博三《周易》簡 6、上博四〈東大王泊旱〉簡 4、5 與清華肆此字，根據文義皆應讀為从鷹之字。

陸離〈清華簡《別卦》讀「解」之字試說〉："原整理者隸定此字為「纏」，提出了从「鹿」得聲或从「鷹」得聲兩種可能的字形分析。「鹿」、「解」韻部差距太遠，恐難相通。這一點單文已加指出。單文同意此字从「鷹」得聲的看法，並對楚簡中的有關之字作了重新釋讀。（鈞案，原注 2：此字與單文所論《上博（四）·東大王泊旱》3-5 號簡舊或釋讀為「孚」之字、《上博（三）·周易》6 號簡與「祓」相當之字以及九店 56 號楚墓 20 號簡「絶」下一字是否可以聯繫，尚待研究。）

但是，從字形看，清華簡《別卦》讀「解」之字顯然从「鹿」而不从「鷹」。（鈞案，原注 3：參看滕壬生《楚系簡帛文字編（增訂本）》，860、861、862 頁，武漢：湖北教育出版社，2008 年 10 月。）所以原整理者此字从「鹿」得聲的說法，仍頗有其合理之處，只不過我們認為這裏的「鹿」並不讀「鹿」音，而當取「麗」音。

好幾位學者已先後指出，在春秋戰國文字中，「鹿」字兼有「麗」的讀音。鈞案，原注 4：何琳儀《楚國熊麗考》，《中國史研究》2000 年第 4 期；范常喜《上博簡〈容成氏〉和〈天子建州〉中「鹿」字合證》，《古文字研究》第二十八輯，431-434 頁，北京：中華書局，2010 年 10 月；闞緒杭等《鳳陽卞莊 M1 鎛鐘銘文「童鹿」即「鍾離」初識》，安徽省文物考古研究所、鳳陽縣文物管理所編著《鳳陽大東關與卞莊》，197-203 頁，北京：科學出版社，2010 年 8 月；劉信芳等《安徽鳳陽縣卞莊一號墓出土鎛鐘銘文初探》，同上書，207-208 頁；郭永秉《清華簡〈尹至〉「至在湯」解》，清華大學出土文獻研究與保護中心編《清華簡研究》第一輯，48-49 頁，上海：中西書局，2012 年 12 月。）郭永秉先生在近期發表的《補說「麗」、「瑟」的會通》一文中，推測「鹿」、「麗」「似有可能是一字分化」。（鈞案，原注 5：《中國文字》新三十八期，79-80 頁，台北：藝文印書館，2012 年 12 月。）（據此，清華簡《別卦》4 號簡此字，當分析為从「糸」、「麎」聲，「麎」則當分析為从「止」、「鹿（麗）」聲。在傳世古書中，「麗」聲與「斯」聲、「斯」聲與「鮮」聲可通，「解」聲與「鮮」聲也有相通之例。楚文字中「解」這個詞，或用从「圭」聲之字表示；（鈞案，原注 9：參看白於藍《戰國秦漢簡帛古書通假字彙纂》，286 頁，福州：福建

人民出版社，2012 年 5 月。）晉、楚二系銘刻中的「鬲」字，有加注「圭」聲的情況；（鈞案，原注 10：郭永秉《釋三晉銘刻「鬲」字異體——兼談國博藏十七年春平侯鈹銘的真偽》，武漢大學簡帛研究中心主辦《簡帛》第六輯，217-222 頁，上海：上海古籍出版社，2011 年 11 月。）「鬲」與「歷」、「歷」與「麗」諸聲相通，是大家所熟悉的。總之，將《別卦》此字的基本聲符視爲「鹿（麗）」，正好可以從讀音上溝通與「解」的關係。”

蔡飛舟〈清華簡《別卦》解詁〉：“案包山簡「酈」作「」，又作從止之「」（酈），可知「」字從鹿也。或云從廌者，蓋非。案，鹿屋部來紐，解支部見紐，《楚辭・九章》「被離謗而見尤」，《考異》：「離一作讟。」此屋、支二部通轉之證。卦名蓋䋼之異構，讀作解。又案，陸離以鹿讀如麗，輾轉求得其音，說或可從。至若輯本《歸藏》作「荔」者，荔與離通，讀作解，說見尚秉和《周易尚氏學》。”

澤鈞案：單育辰將上博三《周易》簡 6、上博四〈柬大王泊旱〉簡 4、5 及清華肆此字一同討論，是有一定的道理。但上博三《周易》簡 6、上博四〈柬大王泊旱〉簡 4、5 之字，目前學界多認為是从「鹿」（季師〈《上博三・周易》簡六「朝三褫之」說〉、楊澤生〈竹書《周易》中的兩個異文〉、沈培〈從戰國簡看古人占卜的「蔽志」——兼論「移祟」說〉、《上博三讀本》頁 17-18、《上博四讀本》頁 85。）

嚴格書寫的「鹿」與「廌」應該是明顯有別的，一般說來，「鹿」字下部之身體多寫做與「北」形，但在戰國文字中，少數書寫較任意的「廌」字和「鹿」字確實難以區分，如《上博二・容成氏》48「廌」字作「（）」，似「鹿」；《上博九・陳公治兵》11「灋」字作「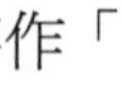」，右上所从「廌」與「鹿」形全同；即與「鹿」字相同，這些寫法當然可以解釋為訛混，但也說明了當時「鹿」、「廌」區分不是很嚴格。

從字音來說，「解」字古音見母錫部，「鹿」字古音來母屋部，「麗」字古音來母支部，「廌」字古音定母支部。屋部與錫部主要元音相近，韻尾相同，陳新雄《古音學發微》有「錫屋旁轉」（頁 1061-1062。）除「鹿」較勉強外，其餘聲韻都可通。以字形來說，釋為从「鹿」較合理；以字音來說，釋為从「廌」與「解」最近。

17. 酆（豐）

清華四〈別卦〉	王家臺	馬國翰	上博	阜陽	馬王堆	熹平石經	今本《周易》
	酆	豐	豐	豐		豐/酆	豐	豐

　　原考釋（趙平安）隸作「酆」，讀為「豐」：〝「酆」與王馬堆帛書《衷》寫法相同。王家臺秦簡本、馬國翰輯本《歸藏》、今本《周易》作「豐」。「豐」、「酆」通假。〞

　　澤鈞案：〈彖〉曰：「豐，大也。明以動，故豐。」〈序卦傳〉：「得其所歸者必大，故受之以〈豐〉。豐者，大也。」〈雜卦傳〉：「〈豐〉，多故也。」程《傳》：「豐，盛大之義。為卦，震上離下。震，動也。離，明也。以明而動，動而能明，皆致豐之道；明足以照，動足以亨，然後能致豐大也。」清華簡〈別卦〉之「酆」字，段玉裁《說文解字注》「酆」字下注：「《詩》、《書》皆作『豐』。《左傳》『酆，文之昭也』，字從邑。前後二《志》亦作酆。《大雅》曰：『既伐于崇，做邑于豐。』杜預曰：『酆在鄠縣。』後《志》曰：『酆在京兆杜陵西南。』」《左傳》宣公十五年：「酆舒為政而殺之。」李富孫《異文釋》：「豐、酆，古今字。」表示豐、酆互為異文。然依照《周易》經傳，清華簡〈別卦〉「酆」應讀為「豐」，訓為大。

18. 忝（泰）

清華四〈別卦〉	王家臺	馬國翰	上博	阜陽	馬王堆	熹平石經	今本《周易》
	忝	柰	泰			柰/柰		泰

　　原考釋（趙平安）貼原圖做「忝」，讀為「泰」：〝忝，馬國翰輯本《歸藏》、今本《周易》作「泰」。清華簡《良臣》「文王有閎夭，有泰顛」作「夭」。此類寫法可視為「夭」之繁體。關於他的構形，孟蓬生認為「非『堯』莫屬」（參看《清華簡（叁）所謂「泰」字試釋》，《出土文獻與中國古代文明國際學術研討會會議論文集》，第 111～115 頁，清華大學出土文獻與中國古代文明研究協同創新中心、清華大學出土文獻研究與保護中心，2013 年 6 月 17-18 日）。〞

王寧〈釋清華簡《別卦》中的「泰」〉："《別卦》這個用為「泰」的字，首先可以肯定它不是「泰」字或其或體，只能是個通假字。這個字形除去《良臣》的「彘」的部份為「 」，這個字形是把「心」字兩邊的筆畫向上寫長呈環狀，裡面是個「大」形，但這個「大」也可能是「矢」字的簡省，因為空間的限制才寫成了「大」。這個「大（或矢）」和相當于《良臣》的「彘」的部份應該就是「彘」字的全字，因為「彘」字既可從矢會意，也可從「大」得聲（同月部）。除去「大（或矢）」的部份，剩下的顯然就是「心」字，所以這個字當分析為從心彘聲，隸定當作「憑」，它並非是「彘」的繁體，而應是另外一個字。

這個字傳世典籍中不見，它相當於典籍中的何字則須進一步考察。「彘」在甲骨文中象矢貫穿豕體之形，當是貫徹、透徹、洞徹之「徹」的本字，用為豕名當是假借。「彘」字《說文》注音直例切，古音是定紐月部字，與「徹」為定透旁紐雙聲、同月部疊韻，仍然音近。《漢字古音手冊》將「彘」字古音定為定紐質部字，恐未必正確。

孟蓬生先生在《清華簡（三）所謂「泰」字試釋》一文中云「『彘』字古音亦歸祭部（月部），與徹聲相通」，並舉了《國語·周語上》「乃流王于彘」清華簡二《系年》作「歸屬王於徹」和漢武帝名「彘」又作「徹」的例子，《良臣》中以「彘」為「泰」是音近而通假，應當是正確的。《良臣》的這種寫法，很可能是因為「彘」字的兩種用義不同而故作的區分，是洞徹義的還是從矢的寫法，用為豕名的則不從矢，而讀音不變。不過這種有所區分的寫法在後來的典籍里并沒有流行起來。

另外，傳世典籍中可能也有用「彘」為「泰」的情況，《左傳·哀公十一年》：「孟孺子洩帥右師」，杜注：「孺子，孟懿子之子武伯彘。」孟武伯名彘字子洩（或作「泄」），古人名、字義相應，疑此「彘」字是與《良臣》一樣用為「泰」，《說文》訓「泰」為「水滑也」，段注：「字從収、水，水在手中下滴甚利也。」「洩」為水下漏之義，則名「泰（彘）」字「子洩（泄）」義正相應。「徹」、「泰」古音都是透紐月部字，雙聲疊韻；「彘」與「泰」則為定透旁紐雙聲、同月部疊韻，屬於音同或音近通假。

從《左傳》和《良臣》的這個用法來看，《別卦》中這個從心彘聲的字，很可能就是後來典籍中的「忲」字，或作「愭」、「忕」，《集韻·去聲七·十四泰》：

「忕、憼：奢也。或作憼，通作忕。」音與「泰」同。這個字《說文》中沒有，《文選·張平子〈西京賦〉》：「有憑虛公子者，心奓體忕」，薛綜注：「奓、忕，言公子生於貴戚，心志奓溢，體安驕泰也。泰或謂忕習之忕，言習於麗好也。」《後漢書·南蠻西南夷列傳》：「人俗豪忕」，李賢注：「忕，奢侈也。」古籍或稱「奢泰」，如《荀子·王霸》：「齊桓公閨門之內，縣樂、奢泰、遊抗之脩，於天下不見為脩。」《漢書·夏侯勝傳》：「奢泰亡度，天下虛耗。」根據薛注和李注可知「忕（憼）」本是驕泰、奢泰之「泰」的後起專字，與「泰」本通用。「忕」字應該是先秦就有的，《別卦》中這個從心龡聲的字就是它的本字或異體，故亦被用為卦名之「泰」。"

徐在國、李鵬輝：〈談清華簡《別卦》中的「泰」字〉："其次說「𤸷」，我們認為應是「遆」字。「𤸷」所從「𤸷」，從「西」聲、「呂」聲，乃「圜」之或體。……「𤸷」是左右結構，上錄從「圜」之字是上下結構。眾所周知，古文字中的偏旁結構常常變動不居，例不備舉。也有可能是受了上部從「宀」的影響，為了佈局的合理才變為左右結構的。……總之，「𤸷」即「遆」字，與上博三·周32「遆」構形同，從「辵」，「圜」聲，「徹」字異體。"

如上所述，「𤸷」字當釋為「徹」，加注「夗」聲。上古音「徹」屬透紐月部，「夗」屬影紐元部字，月、元對轉。「徹」在簡文中讀為「泰」。上古音「泰」亦屬透紐月部。典籍「轍」、「徹」與「達」通。《老子》二十七章：「善行者無轍跡。」馬王堆漢墓帛書《老子》乙本作：「善行者無達跡。」《國語·晉語三》：「臭達於外。」《尚書·盤庚》孔疏及《左傳·僖公十年》孔疏並引作「徹」。"

蔡飛舟〈清華簡《別卦》解詁〉："清華簡整理者以「𤸷」為「𤸷」之繁體，定為「龡」字。其說可從，唯構形尚不明，蓋隸定作「龡」也，疑為龡之訛字。王寧釋為從心龡聲之字，然古文「心」似未見作「𢖽」者，其說蓋非。卦名龡讀作泰。"

澤鈞案：原考釋據孟蓬生之說，認為此為「龡」字，讀為「泰」。徐在國、李鵬輝認為此字從「散」。然此字與其他戰國文字中的「散」略有不同，故暫從原考釋之說。

旭昇案：此字可分析為從「𤸷（龡）」從「𢖽（即）」，隸作「龡」，是一個兩聲字，也可能就是為了〈泰〉卦而造的一個記音字。〈泰〉卦的卦象表現的是「徹」，

「泰」、「柰」、「鸞」都不是本字（參拙作〈《清華肆・別卦》「泰卦」「渙卦」卦名研究〉）。

19. 譨

清華四〈別卦〉	王家臺	馬國翰	上博	阜陽	馬王堆	熹平石經	今本《周易》
	譨	林禍		林	林	臨	臨

原考釋（趙平安）隸作「譨」，讀為「臨」："譨，王家臺秦簡《歸藏》和今本《周易》作「臨」，馬王堆帛書本、阜陽漢簡《周易》作「林」。「譨」中含聲符「林」，可與「臨」相通。古籍中多「林」、「臨」相通之例（參看高亨纂著、董治安整理：《古字通假會典》，第二四一頁，齊魯書社，一九八九年）。"

李學勤〈《歸藏》與清華簡《筮法》、《別卦》〉："臨卦，李過說《歸藏》作「林禍」。《別卦》該卦名是一個字，左側從「言」，右半上從「林」字，下與楚文字「骨」字所從形近，推測「林禍」之說即由該字而來。"

單育辰（武漢網帳號「ee」，武漢大學簡帛研究中心「簡帛」網站・簡帛論壇・簡帛研讀・黃杰（武漢網帳號「暮四郎」）〈初讀清華簡（四）筆記〉22 樓發言）："《別卦》簡 5 讀爲今本「臨」卦的那個字，右上本從三木，兩林在上，一木在下，紅外線照片甚爲明顯，見「」。但非今天楷書中的「森」字，而是衆木義之「林」，與「臨」語音相通。" 後單育辰〈由清華四《別卦》談上博四《柬大王泊旱》的「庶」字〉補充道 "《別卦》簡 5 的字，右上本從三木，兩木在上，一木在下，紅外線照片甚為明顯，整理者把其下的「木」誤認為「元」（在《字形表》中此字被處理為，其誤亦同）。不過其下的「木」和正常「木」的寫法所有不同，上面像一橫的寫法，大概是地方比較局促，只能隨手寫一筆而已。楚文字中的「樂」其中「木」上亦是一橫，變得有點象「大」形，和此類似。但這三「木」非今天楷書中的「森」字，而是眾木義之「林」，與今本「臨」卦的「臨」語音相通。"

武漢網帳號「柰我何」（武漢大學簡帛研究中心「簡帛」網站・簡帛論壇・簡帛研讀・黃杰（武漢網帳號「暮四郎」）〈初讀清華簡（四）筆記〉25 樓發言）：

"因右下部明顯可見「土」字形，故懷疑此字右部除了上部「林」聲之外，下部也是聲符「向（稟）」，爲雙聲字"

　　蔡飛舟〈清華簡《別卦》解詁〉："案，「讇」原簡作「讇」，右所從㸚，疑爲向字之訛。「讇」從言林向土，林、向皆聲。向爲稟之初文，又向、林音近可通，《左傳》莊公八年「公孫無知虐於雍廩」，《史記·齊世家》作「雍林」，是其證。則「讇」可解爲从言，林或向聲之字，土爲飾筆，楚簡習見，蓋與義無涉。《玉篇》有「誫」字，訓作善言，然此字後起，恐與「讇」異。考古之从言、从心字多通，則「讇」字者，蓋「懍」之古文。懍，危懼貌也。帛書、漢簡卦名作「林」者，蓋如字讀。《爾雅·釋詁》：「林，君也。」郝懿行《義疏》云：「林，亦盛大之詞，與烝同意。」又《序卦》曰：「臨，大也。」孔穎達《周易正義》：「案《序卦》云：『臨，大也。』以陽之浸長，其德壯大，可以監臨於下。故曰『臨』也。」其說可從，則《序卦》所謂「大也」者，蓋「林」字之確詁。林、臨、讇（懍）三字音通，今試說其義。陽長德壯，君王盛大之象也，故卦名作「林」；德盛之君，可以監臨下民，故卦名又作「臨」；監臨下民，必懍然有所畏懼，故卦名又作「讇（懍）」。《書》曰：「予臨兆民，懍乎若朽索之馭六馬。」馬王堆漢墓帛書《衷》曰：「《林》之卦，自誰不先瞿（懼）？」其此卦之謂也。又案，《別卦》「讇」下無合文符號，當是一字，可知輯本《歸藏》作「林禍」者，蓋「讇」字之訛也。"

　　澤鈞案：細審圖版，未見有三木，故此字應從林而非從森。單育辰所舉之「樂」字，其下之「木」在戰國文字會訛成「火」或「矢」形，不過這多是「樂」之「木」，而並非所有的「木」都如此。且若是三「木」，爲何只有其中一個「木」變成「兀」，其餘兩個皆無誤？故不採此說。原考釋之說可從。奈我何以爲「林」下爲「向」，可能是對的。

　　旭昇案：右旁「林」下從「向」，極有可能。爲了方便識讀，我們把此字隸定爲「讇」。

20. 帀（師）

清華四〈別卦〉	王家臺	馬國翰	上博	阜陽	馬王堆	熹平石經	今本《周易》
夆	帀	師	師	帀	帀	師	師	師

原考釋（趙平安）隸作「帀」，讀為「師」：「「帀」寫法與上博簡本、阜陽漢簡本《周易》寫法相同。王家臺秦簡本、馬國翰輯本《歸藏》、馬王堆帛書本、今本《周易》作「師」。「帀」、「師」通用。」

澤鈞案：原考釋之說可從。古文字之「帀」均讀為「師」（參何琳儀《戰國古文字典——戰國文字聲系》頁1280、季師《說文新證》頁500）。清華簡「帀」多讀為「師」，如：清華壹〈皇門〉簡11「是揚是繩，是以為上，是授司事帀長」、清華貳〈繫年〉第五章簡25-26「蔡哀侯率帀以救息，文王敗之於莘」、清華陸〈管仲〉簡12「君當歲，大夫當月，帀尹日」、清華柒〈趙簡子〉簡1「如有過，則非子之咎，帀保之睾也」、清華柒〈越公其事〉第一章簡1「乃使大夫種行成於吳帀」，以上數例之「帀」，均應讀為「師」。〈序卦傳〉：「頌必有眾起，故受之以〈師〉。師者，眾也。」《周易集解》引何晏曰：「師者，軍旅之名。故《周禮》云：『二千五百人為師。』」程《傳》：「師之興，由有爭也，所以次訟也。為卦，坤上坎下。以二體言之，地中有水，為眾聚之象。以二卦之義言之，內險外順，險道而以順行，師之義也。師之義也。以爻言之，一陽而為眾陰之主，統眾之象也。〈比〉以一陽而為眾陰之主而在上，君之象也。〈師〉以一陽而為眾陰之主而在下，將帥之象也。」朱熹《本義》：「師，兵眾也。上坎下坤，坎險坤順，坎水坤地，古者寓兵於農，伏至險於大順，藏不測於至靜之中。」黃壽祺、張善文《周易譯注》：「〈師〉卦以『兵眾』為名，闡發用兵的規律。卦辭強調兩項原則：一、用兵的前提在『正』，即認為『能以眾正』的『仁義之師』，可以『毒天下而民從之』（〈彖傳〉）；二、出師的勝負關鍵，係於擇將得當與否，故必用賢明『丈人』才能獲『吉』。」金景芳、呂紹綱《周易全解（修訂本）》：「師卦的師正是講如何興師動眾，出兵打仗的。若細分的話，師包括兩層涵義：一是兵員的集中，組成隊伍；二是採取軍事行動。這個意思從師卦的卦象上可以得到說明。從內外卦的卦體看，水在下，地在上，地中有水，是聚眾之象。從內外卦的含義看，坎險在內，坤順在外，順行險道，有行軍打仗的意思。從六爻看，一陽爻五陰爻，一陽爻在下面為眾陽爻之主，有將帥統兵之象。」

21. 𣧑=（亡尸）

清華四〈別卦〉	王家臺	馬國翰	上博	阜陽	馬王堆	熹平石經	今本《周易》
	亡尸	明夷	明尸			明夷		明夷

　　原考釋（趙平安）隸作「𣧑=」，讀為「亡尸」："「𣧑=」是「亡尸」合文。「尸」的寫法和馬國翰輯本《歸藏》相同，王家臺秦簡《歸藏》、馬王堆帛書本、今本《周易》作「夷」。「尸」、「夷」通假。「亡」字王家臺秦簡本、馬國翰輯本《歸藏》、馬王堆帛書本、阜陽漢簡本、今本《周易》都作「明」。亡聲字與明聲字每相通用。（參見《古字通假會典》，第三一五至三二〇頁）。"蔡飛舟〈清華簡《別卦》解詁〉："若讀作无夷，則文辭不通。亡、明相通，《史記·司馬相如列傳》「以贍萌隸」之「萌」，《漢書》作「氓」，是其證。尸為夷之古文，見《玉篇》。究其訓詁，蓋與傳世本《周易》同。秦簡《歸藏》："明夷曰：昔者夏后啟卜成，乘飛龍以登於天，而支占。」《周易·明夷》："上六，不明晦，初登于天，後入于地。」此卦《歸藏》所見遺文，蓋略同《易》「初登于天」也，故枚卜吉。依其理，入於地，則其凶可知。本卦之旨，蓋由明轉晦，正道受夷之義也。"澤鈞案：原考釋之說可從，蔡飛舟釋「明夷」卦義也很合理。

22. 逡（復）

清華四〈別卦〉	王家臺	馬國翰	上博	阜陽	馬王堆	熹平石經	今本《周易》
	逡	復	復	逡	復	復/覆	〔復〕	復

　　原考釋（趙平安）隸作「逡」，讀為「復"："「逡」字與上博簡《周易》寫法相同。王家臺秦簡本、馬國翰輯本《歸藏》、阜陽漢簡本、今本《周易》作「復」。古文字中辵、彳兩偏旁每每通用，「逡」應即「復」的異體字。"

　　澤鈞案：〈序卦傳〉："物不可以終盡剝，窮上反下，故受之以〈復〉。」〈雜卦傳〉："〈復〉，反也。」《周易集解》引何妥曰："復者，歸本之名。群陰剝陽，至於幾盡，一陽下來，故稱反復。」朱熹《本義》："復，陽復生於地下也。剝盡則為純坤，十月之卦，而陽氣已生於下矣。積之踰月，然後一陽之體始成而來復，

故十有一月，其卦為〈復〉。」李道平《纂疏》：「上為末，初為本，陽盡於上，復歸於初，故云：『復者，歸本之名。』」朱駿聲《六十四卦經解》：「復從彳從夃至省，行故道也。故為歸本之名，反也，還也，又往來也。」

23. 挴（升）

清華四〈別卦〉	王家臺	馬國翰	上博	阜陽	馬王堆	熹平石經	今本《周易》
	挴	升	稱		登	登	升	升

原考釋（趙平安）隸作「挴」，讀為「升」：「挴，王家臺秦簡本《歸藏》、今本《周易》作「升」。「挴」應該分析為從手坣聲。「坣」即「徵」之初文（參看裘錫圭：《古文字釋讀三則》，收入《古文字論集》，中華書局，一九九二年，第三九五至四〇四頁）「坣」和「升」同為蒸部字，聲母同為舌音，音近可通。」程浩〈清華簡《別卦》卦名補釋〉：「我們認為《別卦》中的這個「挴」字可以讀為「登」。「坣」、「登」都屬端母蒸部，實為同音字，音韻上的關係較之「坣」與「升」更為接近。馬王堆帛書本、阜陽漢簡本卦名即用「登」字，帛書本爻辭中的「升」也都做「登」。《爾雅·釋詁》：「登，升也。」「登」、「升」義雖近，但仍有差別。「登」字造字本義為雙手持豆行烝祀，引申為登進。而「升」字像斗之形，與「登」音近而得「登」義。觀諸本卦「九三」與「六五」爻辭，帛書本「登虛邑」、「登階」也明顯要勝過「升需邑」與「升階」。由是觀之，《別卦》、馬王堆帛書、阜陽漢簡本卦卦名作「登」得其本意，而王家臺秦簡《歸藏》、今本《周易》用「升」字則是通假後的結果。」孫合肥〈讀清華簡札記七則〉：「戰國文字中「升」與「坣」形體相近，二者音亦相近，作為聲符往往可以替換。……「挴」字從手坣聲，應為「拚」字異體。」澤鈞案：原考釋、孫合肥之說可從。

24. 殺

清華四〈別卦〉	王家臺	馬國翰	上博	阜陽	馬王堆	熹平石經	今本《周易》
殺	殺	罷	規	夬		夬	夬	夬

原考釋（趙平安）：隸作「殺」，讀為「夬」：〝殺，馬王堆帛書本、今本《周易》作「夬」。殺，從殳介聲。「夬」、「介」都是月部見母字，音近可通。〞孫合肥〈讀清華簡札記七則〉：〝「夬」、「介」都是月部見母字，音近可通。整理者的分析正確可從。但關於此字是何字，整理者無說。我們認為此字乃「殺」字異體，簡文中通「夬」。……上列「殺」字左部所从或下部作「介」如𥥵、𥩟、𥩝；或作「介」，如𥩟。「殺」字左部作「介」的異體，應屬音化改造。將左部音化改造從「介」省。殺，清紐月部。殺與薛通。薛，溪紐元部，與「介」音近對轉。將「𥩟」所從「戈」與「殳」替換，即作「殺」。因此「殺」應是「殺」字音化改造的異體。〞蔡飛舟〈清華簡《別卦》解詁〉：〝殺字又見香港中文大學藏戰國竹簡《周易》殘文《睽》六三爻辭「亓牛」，則兌有殺象。卦名作殺者，蓋用大象兌也。《說卦》「兌為毀折」，有眾陽決陰之意。夬、殺皆在月部見紐，音近可通。殺字讀作夬，訓作決，其旨與今本《周易》同。至若秦簡作「罷」者，蓋「罻」之異構，音與夬通。〞

澤鈞案：原考釋之說可從。「夬」、「介」同屬月部見母字，《漢字通用聲素研究》有【介通𠫫】、【夬通𠫫】條，從介、從夬得聲之字皆可與𠫫（蕝）通假，可見「夬」、「介」關係密切。

〈序卦傳〉：「益而不已必決，故受之以〈夬〉；夬者，決也。」〈雜卦傳〉：「〈夬〉，決也，剛決柔也；君子道長，小人道憂也。」

傳世本《歸藏》作「規」，尚秉和《周易尚氏學》：「《歸藏》以『夬』為『規』，規，圜也。夬重乾，乾圜故為規。玦亦為圜，然上缺。是《周易》取象，與《歸藏》同而更切也。」其說可從。

認為王家臺秦簡《歸藏》應為「罻」字，與「夬」通假，最早見於李學勤《周易朔源》：「《夬》卦簡文作《罷》字，其實就是『罻』字，它與『夬』同音，均在見母月部，通假是很自然的。」（頁 292。）雖然目前王家臺秦簡只有釋文，圖版尚未公布。然根據隸定之「罷」很有可能為「罻」，若此則「罻」與「夬」應該為音韻通假關係。

25. 稡（萃）

清華四〈別卦〉	王家臺	馬國翰	上博	阜陽	馬王堆	熹平石經	今本《周易》
	稡	卒	萃	啐		卒	萃	萃

原考釋（趙平安）：隸作「稡」，讀為「萃」："「稡」是楚文字「卒」的寫法。王家臺秦簡《歸藏》、馬王堆帛書《周易》作「卒」。馬國翰輯本《歸藏》、今本《周易》作「萃」。「卒」、「萃」通假。"

澤鈞案：〈彖〉曰：「〈萃〉，聚也。順以說，剛中而應，故聚也。」〈序卦傳〉：「物相遇而後聚，故受之以〈萃〉；萃者，聚也。」〈雜卦傳〉：「〈萃〉，聚。」《周易集解》引崔憬曰：「天地相遇，品物咸章，故言『物相遇而後聚』。」程《傳》：「為卦，兌上坤下，澤上於地，水之聚也，故為〈萃〉。不言澤在地上，而云澤上於地，言上於地，則為方聚之義也。」朱熹《本義》：「萃，聚也。坤順兌說，九五剛中而二應之。又為澤上於地，萬物萃聚之象，故為萃。」朱駿聲《六十四卦經解》：「萃，草皃。物之聚者，莫甚于艸。」

26. 慦

清華四〈別卦〉	王家臺	馬國翰	上博	阜陽	馬王堆	熹平石經	今本《周易》
	慦	咸	欽	欽		欽		咸

原考釋（趙平安）：隸作「慦」，讀為「咸」："慦，王家臺秦簡《歸藏》、今本《周易》作「咸」，上博簡本、阜陽漢簡《周易》作「欽」。「慦」應分析為從心鈙聲，「鈙」又從攴金聲。「金」與「咸」同為侵部，聲母都為牙音，可以通用。"劉剛〈讀《清華簡四》札記〉："《上博八・命》簡3：「雖鈙于斧鑕，命勿之敢違。」《說文》：「鈙，持也。從攴，金聲。讀若琴。」或以為鈙當從攴聲，今《別卦》簡6與王家台《歸藏》「咸」對應之字從鈙得聲，是知許慎《說文》之說有據。鈙或當讀為「頷」，《說文》：「頷，低頭也。從頁、金聲。《春秋傳》曰：迎于門頷之而已。」「頷」與「顑」同義。《說文》：「顑，低頭也。從頁、逃省。《太史卜書》顑仰字如此。揚雄曰：人面顑。」"蔡飛舟〈清華簡《別卦》解詁〉：

"慇、欽从金得聲，音與咸通。慇，蓋欽慕之增衍字，讀與欽同。尚先生《周易尚氏學》：「《詩・秦風》『憂心欽欽』，《傳》：『思望之心，中欽欽然。』蓋以少男仰求少女，有欽慕之情，是欽亦有感意，與咸義同。」。"

澤鈞案：原考釋、尚秉和之說可從。「欽」與「咸」音義皆近，清華肆〈別卦〉「慇」可讀為「欽」，與「咸」義近。然讀為「鎭」於卦義不協。

〈彖傳〉：「咸，感也。柔上而剛下，二氣感應以相與。止而說，男下女，是以『亨利貞，取女吉』也。」〈序卦傳〉：「有天地然後有萬物，有萬物然後有男女，有男女然後有夫婦，有夫婦然後有父子，有父子然後有君臣，有君臣然後有上下，有上下然後禮義有所錯。」〈雜卦傳〉：「〈咸〉，速也；〈恆〉，久也。」《周易集解》引虞翻曰：「咸，感也。坤三之上成女，乾上之三成男，乾坤氣交以相與。止而說，男下女。故通，『利貞，取女吉』。」引鄭玄曰：「咸，感也。艮為山。兌為澤。山氣下，澤氣上，二氣通而相應，以生萬物，故曰「咸」也。」程《傳》：「天地萬物之本，夫婦人倫之始，所以上經首〈乾〉、〈坤〉，下經首〈咸〉繼以〈恆〉也。天地二物，故二卦分為天地之道。男女交合而成夫婦，故〈咸〉與〈恆〉皆二體合為夫婦之義。咸，感也，以說為主；恆，常也，以正為本。而說之道自有正也。正之道固有說焉：巽而動，剛柔皆應，說也。〈咸〉之為卦，兌上艮下，少女少男也。男女相感之深，莫如少者，故二少為咸也。艮體篤實，止為誠慇之義。男志篤實以下交，女心說而上應，男感之先也。男先以誠感，則女說而應也。」由此可知，此卦義為感，特別是男女之感。

尚秉和《周易尚氏學》：「咸，感也。《歸藏》曰『欽』。《詩・秦風》『憂心欽欽』，《傳》：『思望之，心中欽欽然。』蓋以少男仰求少女，有欽慕之情，是欽亦有感意，與咸義同。」唯《說文》釋「欽」為：「欠貌。从欠、金聲。」本義與「感」無關。「欽」所以有「感」意，應出於假借。

27. 愂（革）

清華四〈別卦〉	王家臺	馬國翰	上博	阜陽	馬王堆	熹平石經	今本《周易》
	愂		革	革		勒		革

原考釋（趙平安）：隸作「愂」，讀為「革」：" 愂，馬國翰輯本《歸藏》、上博簡本、今本《周易》作「革」。「愂」、「革」同為職部見母字。" 蔡飛舟〈清華簡《別卦》解詁〉：" 愂、革同在職部，音近可通。今本《周易》小過卦九四「往厲必戒」之「戒」，帛書作「革」，是其證。《別卦》七簡四十有九卦，卦名字從心者九，愹（蒙）、憗（咸）、愂（革）、憗（隨）、蕑（晉）、憗（睽）、潓（未濟）、恲（恒）、愙（渙）是也。竊謂此數卦者，皆言心也。夫愹者，昧而待啟；憗者，感而遂通。革心之非曰愂；擇善而從曰憗；心有所晉曰蕑；志之弗協曰憗；思惟渙然曰愙。未濟則其心淒焉；勿恒則厥身凶矣。《繫辭傳》曰：「聖人以此洗心。」其諸卦之謂與？"

澤鈞案：〈彖〉曰：「革，水火相息，二女同居，其志不相得，曰革。已日乃孚，革而信之。文明以說，大亨以正，革而當，其悔乃亡。天地革而四時成。湯武革命，順乎天而應乎人。革之時大矣哉。」〈序卦傳〉：「井道不可不革也，故受之以〈革〉。」〈雜卦傳〉：「〈革〉，去故也；〈鼎〉，取新也。」孔穎達《正義》：「革者，改變之名也。此卦明改制革命，故名革也。」程《傳》：「革者，變其故也。」朱熹《本義》：「革，變革也。」金景芳、呂紹綱《周易全解（修訂本）》：「總的來說，革卦講的就是革命的問題。卦辭『革，已日乃孚，元亨，利貞，悔亡。』指出革命的勝利前途及其必要條件。『元亨』，『悔亡』，革命一定取得成功」黃壽祺、張善文《周易譯注》：「從卦辭的主旨分析，則是集中強調變革取得成功的兩大要素：首先，要把握時機，猶如選擇亟待轉變的『己日』斷然推行變革，必能順暢；其次，要存誠守正，即推行變革者必須遵循正道，以孚誠之心取信於人。」

旭昇案：「革」的本義為「獸皮治去其毛」（《說文》本句後有「更革之」三字，非「革」之本義，為「革」之假借義），作「革命」、「更革」應該是假借。《筮法》字作「愂」，可以理解成「用心更革」的專字。

28. 愢（䙼）

清華四〈別卦〉	王家臺	馬國翰	上博	阜陽	馬王堆	熹平石經	今本《周易》
	愢		馬徒	陵	隋	隋		隨

原考釋（趙平安）：隸作「愢」，讀為「隨」："愢，上博簡《周易》作「陸」，馬王堆帛書本、阜陽漢簡本「隋」，今本作「隨」。「愢」從心䙼聲。聲符字見於上博簡《緇衣》第一四簡，亦見於《說文》見部，讀若「苗」，是宵部明母字。「陸」、「隋」、「隨」是歌部邪母字，與「愢」應該是通假關係。"李學勤〈《歸藏》與清華簡《筮法》、《別卦》〉："隨卦，輯本作「規」，《別卦》簡上卦名的字下部從「心」，上部左側似「毛」，右旁從「見」，恐怕本來就是「規」字。"

武漢網帳號「斯行之」：《別卦》中表示「隨」卦之字疑是鬌字異體："《說文》：「鬌，髮隋也。〔小徐本作「髮墮。」〕從髟、隋省。」表示毛髮脫落，字有異體「髻」、「毨」，分別是從毛𩠏聲（或隨省聲）、從毛兌聲。（參看《說文通訓定聲》卷十隨部三十葉）《別卦》之字上從見（或是視）、毛，下從心。「閱」字的傳抄古文有寫作上從覞下從心之形者「愢」（見《傳抄古文字編》下冊 1184 頁）。因此此字可分析為從毛、愢（閱）省聲，是鬌（髻、毨）字異體，讀為「隨」。張家山《奏讞書》有以「隨」表「鬌」之例，亦可參考。"武漢網帳號「无斁」（張新俊）："《別卦》中表示「隨」卦之字，懷疑可以看成是從見、愢省聲的字。蟲為月部字，與隨讀音接近。"

蔡飛舟〈清華簡《別卦》解詁〉："原簡作「」，所從聲符「䙼」，又見上博簡《紂衣》「」及《說文》。據《說文》，䙼讀若苗。䙼宵部明紐，其餘異文同在歌部邪紐，《周禮・考工記・矢人》「以其笴厚為之羽深」，鄭注：「笴讀為槀，古文假借字。」此二部音轉之證也。愢義未詳，案《別卦》卦名從心之字頗可疑，蓋心符皆後來增衍，卦名或本無。咸卦，楚簡、漢簡《周易》作欽而《別卦》作慼；睽，《別卦》作愆；晉，《別卦》作愬，是其證。則字本義或依䙼讀也。《說文》：「䙼，擇也。」愢字從心，蓋謂心有所擇而從之也。與世傳卦名「隨」字義通。輯本《歸藏》有卦名作「規」者，歷來說法不一，或即此卦名之形訛，存考。"

澤鈞案：「毨」於上博簡共二見，分別為上博一〈緇衣〉14：「毨（苗）民非用靈，制以刑。」（《上博一讀本》，頁 126、129。）上博九〈舉治王天下〉26：「舜王

天下，三毛（苗）不賓。」（《上博九讀本》，頁 174-176。）字形見下表。「規」字近年學者討論，認為應是从夫見聲之字（陳劍〈說「規」等字並論一些特別的形聲字意符〉、李守奎〈釋楚簡中的「規」——兼說「支」亦「規」之表意初文〉），與此處从毛不同。

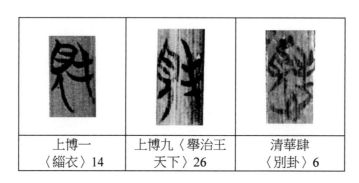

上博一〈緇衣〉14	上博九〈舉治王天下〉26	清華肆〈別卦〉6

〈象傳〉：「隨，剛來而下柔，動而說，隨。」〈序卦傳〉：「豫必有隨，故受之以〈隨〉。」〈雜卦傳〉：「〈隨〉，无故也；〈蠱〉，則飭也。」程《傳》：「為卦，兌上震下，兌為說，震為動，說而動，動而說，皆隨之義。女，隨人者，以少女從長男，隨之義也。又震為雷，兌為澤，雷震於澤中，則隨而動，隨之象也。」朱熹《本義》：「隨，從也。」尚秉和《周易尚氏學》：「茲《周易》名『隨』，似取隨時之義。」金景芳、呂紹綱《周易全解（修訂本）》：「朱熹和清人查慎行都說隨是從的意思。把隨釋作從，是正確的。引伸一步說，從就是通達時變，不拘守故常。但是，是己從物還是物從己，各家說法不一。程頤以為隨的含義包括物從己和己從物兩個方面。《周易折中》則認為隨卦卦義主要在以己隨物，物來隨己不過是以己隨物的回饋。這後一種意見是對的。事情很明白，由於你隨人家，人家才來隨你。物隨己與否是由己是否隨物決定的。」黃壽祺、張善文《周易譯注》：「孔子說：『三人行，必有我師焉；擇其善者而從之，其不善者而改之。』（《論語‧述而》）充分反映偉大思想家、教育家虛心向善的美德。《隨》卦所發『隨從』之義，正是集中體現『從善』的宗旨。」因此〈隨〉卦的卦義是跟從，也就是跟從，不守故常。

蔡飛舟指出清華簡〈別卦〉應依《說文》訓「擇也」。《玉篇》「挀」亦訓「擇」。桂馥《說文解字義證》：「擇也者，《玉篇》引《詩》『左右挀之』通作『芼』，今《詩》作『芼』。《傳》云：『芼，擇也。』〈釋言〉：『芼，搴也。』孫炎曰：『皆擇菜也。』」（卷26，葉24。）金景芳、呂紹綱《周易全解（修訂本）》在解釋卦辭「隨，元亨，利貞，无咎」曰：「隨，以己隨物，可以獲致大亨的結果。但是，隨是有條件的，有原則的，該隨地的隨，不該隨的隨。隨，必須以貞正為前提，

然後才能大亨而无咎。如果隨不以正，便是詭隨了。詭隨，結果不會大亨，且要有咎。」可見，必須要先「選擇」而後方能「跟從」。上引黃壽祺、張善文《周易譯注》根據《論語》「三人行必有我師焉」來說明〈隨〉卦卦義，由此可知，要先「選擇」而後「跟從」。根據卦爻辭：「六二，系小子，失丈夫」、「六三，系丈夫，失小子。隨有求得，利居貞」來看，六二系小子（六三），六三系丈夫（初九），跟從不同的對象而有不同的結果，而在跟從前，必須要有選擇。因此清華肆〈別卦〉「悉（規）」為選擇之義，也與卦爻辭相符。不過，〈別卦〉所見卦名與其他本子即使不同字，也多半有同音或音近關係，未見與傳世本聲音完全無關的卦名。李學勤以為此字恐怕本來就是「規」字，或許竟是對的，只是我們對此字的構形還說不清楚。

29. 叟=（少又）

清華四〈別卦〉	王家臺	馬國翰	上博	阜陽	馬王堆	熹平石經	今本《周易》
	少又	右	大有			大有	大有	大有

原考釋（趙平安）：隸作「叟=」，讀為「小有」：「『叟=』是『少又』合文，讀為『小有』，與『大有』相對。」

蔡飛舟〈清華簡《別卦》解詁〉："叟，「少又」合文，讀作「小有」。楚簡、帛書、漢簡、今本《周易》、輯本《歸藏》俱作「大有」，秦簡《歸藏》作「右」。或疑《別卦》「小有」系「大有」之訛。竊謂說未必是，今試論之。世傳《周易》卦中見「小」、「大」之別者，大過☰、小過☷；大畜☰、小畜☰是也。但見「大」者，則大壯☰、大有☰是也，未見卦名曰小壯、小有者。疑其先蓋有小壯、小有之卦，因另有它名義勝，遂棄不用，致二名闕焉。蔡淵《易象意言》曰：「凡卦中陽為大，陰為小，陽利君子，陰利小人，大畜、小畜、大過、小過，皆取陰陽為義。」其說可從。則大過者，四陽過於上下二陰；小過者，四陰過於當中二陽。大畜為陽畜乾，而小畜則謂陰畜乾也。以例推之，大過四陽浸盛，若有小壯卦，則或即今名觀卦☷者。俞琰《讀易舉要》曰：「四陽長既謂之大壯，四陰長則不謂之小壯，何也？曰：崇陽而抑陰也。乃若姤一陰方生而遽曰女壯，此又聖人防微之深意也。」張理《大易象數鈎深圖》曰：「四陰生，陰侵陽之卦也，比之于陽侵陰，乃大壯之理也。不曰小壯，而曰觀者，陰順巽而無侵陽之意也。下

既順巽，上必以中正，然後足以使下觀而化焉。下觀而化矣，則安有侵陽之事乎？」二說論卦名無「小壯」者，皆于崇陽抑陰處立義，說蓋是。至於大畜、小畜、大有諸卦，「畜」、「有」義近，取象當不遠，疑皆以乾在下為所畜有者。艮為陽在上，為大畜☶。巽為陰在上，為小畜☴。以世傳後天圖視之，離火在上，為大有☲；以理度之，則坎水在上即今名需卦☵者，或本稱小有卦也。此就今之卦象推之，若以坎、離之性論，坎中男為陽、離中女為陰，則陰在乾上，詎名「大有」？故在《別卦》，離上乾下而名曰「小有」者，於理可通，故不得遽言其訛。彼篇闕簡首卦坎上乾下，當時或已改名作「需」，然在其初，蓋與離上乾下之「小有」卦相對，或名「大有」也。清華簡《筮法・卦點陣圖》與今傳後天八卦圖大同，唯坎、離與今圖顛倒。故世傳「大有」卦而《別卦》反名曰「小有」者，蓋與當時坎離屬性有關。《卦點陣圖》坎在南為火，而離在北為水。雲上於天，有雨且至，天下將被其澤，小有之象也。卦名曰「小有」者，義蓋取焉。」澤鈞案：其他對應此卦皆為「大有」，然此處卻做「小有」。蔡飛舟為此提出解釋，其說可參。

旭昇案：抄寫訛誤的可能性不能排除。如包括《清華四・別卦》在內的各家都作「小過」，王家臺卻作「大過」，很難說王家臺此處不是抄寫訛誤。本簡卦名當作如是觀。

30. 㬜（晉）

清華四〈別卦〉	王家臺	馬國翰	上博	阜陽	馬王堆	熹平石經	今本《周易》
	㬜	㬜	晉			溍	晉	晉

原考釋（趙平安）：隸作「㬜」，讀為「晉」："㬜，馬國翰輯本《歸藏》、今本《周易》作「晉」，馬王堆帛書《周易》作「溍」。「㬜」、「晉」、「溍」音近通用。王家臺秦簡《歸藏》作「普」，應為「晉」的訛字。"

澤鈞案：〈彖傳〉："晉，進也。"〈象傳〉："明出地上，晉，君子以自昭明德。"〈序卦傳〉："物不可以終壯，故受之以晉。晉者，進也。"程《傳》："為卦，離在坤上，明出地上也。日出於地，生而益明，故為晉。晉，進而光明盛大之意也。"金景芳、呂紹綱《周易全解（修訂本）》："凡物既壯便有晉的趨勢。晉必自壯來。

物必壯方有向晉發展的可能。所以大壯之後次之以晉卦。晉與進同音同義。都是前進的意思。卦之所以名晉不明進，是因為晉字除進義以外，還包括明盛的意思。為卦下體是坤，上體是離，離在坤上，有明出地上之象，彷彿太陽冉冉自地平線上升起，越升越光明盛大。這一個壯觀光明景象恰好可用一個晉字表達出來。」於總論又云：「《周易》晉、升、漸三卦都講進，而意義有所不同。晉卦之進如日出地上，明盛而進，其義最優。升卦之進如木之方生，其義不如晉。漸卦之進如草木之生而以漸高大，其義又不如升。晉卦之進是『柔進而上行』的，用柔而不用剛，柔進好而剛進不好。」綜上所述，此卦不論寫做「晉」或是「从晉之字」，都是有前進、進取、光明之義。

31. 遮（旅）

清華四〈別卦〉	王家臺	馬國翰	上博	阜陽	馬王堆	熹平石經	今本《周易》
（字形）	遮	旅	旅	遮	旅	旅	旅	旅

原考釋（趙平安）：隸作「遮」，讀為「旅」："「遮」與上博簡《周易》寫法相同。王家臺秦簡本、馬國翰輯本《歸藏》、馬王堆帛書本、阜陽漢簡本、今本《周易》作旅。「遮」是「旅」之累增字。"

澤鈞案：「旅」字本為「軍旅」之義，「行旅」之義為其引申。上博、清華「遮」，添增義符「辵」，應可視為「行旅」義之專字。

〈序卦傳〉：「窮大者必失其居，故受之以旅。」〈雜卦傳〉：「親寡，旅也。」朱駿聲《六十四卦經解》：「旅，从㫃从从，眾也，軍旅也。五百人為旅。或曰：眾出則旅寓，故轉訓在外為旅也。」金景芳、呂紹綱《周易全解（修訂本）》：「豐是盛大，旅是羈旅；豐大致於極點，必將失去其所居；失其所居，便成了羈旅之人了。所以豐卦之後次之以旅卦。旅之為卦艮下離上，山止於下，火炎於上，有去其所止而不居之象，又離在外，有麗乎外之象，故曰旅。」黃壽祺、張善文《周易譯注》：「在古人心目中，『羈旅』生涯是充滿孤獨、愁鬱情調的。《周易》作者設此一卦，似乎也正是基於『旅』而難『居』的因素，喻人善處『行旅』之道。卦辭所謂『小亨』、『貞吉』，表明『行旅』既須守正，又當以柔順持中為本。視其六爻，凡陰柔忠順皆吉，但以卑屈者設反面之戒；凡陽剛高亢者皆危，而以窮

驕者最呈凶象。范仲淹曰：『夫旅人之志，卑則自辱，高則見嫉；能執其中，可謂智矣。是故初「瑣瑣」，而四「不快」者，以其處二體之下，卑以自辱者也；三「焚次」而上「焚巢」者，以其據二體之上，高而見嫉者也；二「懷資」而五「譽命」，柔而不失其中者也。』（《范文正公集》）此說從六爻位次析其吉凶，頗見理致。當然，本卦大旨並非拘泥於狹義的『行旅』，略推之，所謂『諸侯之寄寓，大夫之去亂，聖賢之周遊皆是』（梁寅《周易參義》）。」綜上所述，「遊」添增義符「辵」，更符合此卦羈旅、行旅之義。

32. 傒

清華四〈別卦〉	王家臺	馬國翰	上博	阜陽	馬王堆	熹平石經	今本《周易》
	傒	曬	瞿	楑		乖/誩	睽	睽

原考釋（趙平安）：隸作「傒」，讀為「睽」：“傒，上博簡《周易》作「楑」，今本《周易》作「睽」。三字子聲符相同，可以通用。”

澤鈞案：清華肆〈別卦〉「傒」，與上博三《周易》、熹平石經、今本《周易》皆從「癸」得聲。〈繫辭下傳〉：「弦木為弧，剡木為矢；弧矢之利，以威天下，蓋取諸〈睽〉。」（此段話又見於馬王堆〈繫辭〉。）〈序卦傳〉：「家道窮必乖，故受之以〈睽〉；睽者，乖也。乖必有難，故受之以〈蹇〉。」《周易集解》引鄭玄：「睽，乖也。火欲上，澤欲下，猶人同居而志異也，故謂之『睽』。」程《傳》：「家道窮則睽乖離散，理必然也，故〈家人〉之後，受之以〈睽〉也。」又「睽者，睽乖離散之時，非吉道也。」朱熹《本義》：「睽，乖異也。為卦上火下澤，性相違異。中女少女，志不同歸，故為睽。」朱駿聲《六十四卦經解》：「『睽』當作『睽』，從耳從癸。耳不相聽也，故為違隔乖離之義，天地異位，男女異姓，萬物異形。（今本《說文》耳部脫此字，移其注於目部云『目不相聽也』，而通志堂本又改《釋文》所引《說文》為『目不相視』，尤譌中之譌。按《玉篇》、《廣韻》『睽』字皆引《說文》『耳不相聽』，『睽』字引《說文》『目少睛也』。《廣》、《蒼》亦云『睽目少睛』，是今本《說文》目部注誤，耳部字脫。）」丁四新《楚竹書與漢帛書周易校注》：「『楑』讀作『睽』，『誩』讀作『乖』。乖為見紐支部，睽為溪紐脂部，二字音通。《說文・丫部》：『乖，戾也。』隸變作『乖』。《玉篇・北部》：『乖，戾也，背也，睽也。』『乖』、『睽』

音義相通，故卦名既可稱《睽》，亦可曰《乖》。」（頁97。）

乖、睽二字皆有違背相離之義，乖字如《禮記‧樂記》：「亂世之音怨以怒，其政乖。」《大戴禮記‧盛德》：「君臣上下相乖，曰不和也。」王聘珍《解詁》：「乖，戾也。」（方向東《大戴禮記匯校集解》，頁840、850。）睽字如《莊子‧天運》：「三皇之知，上悖日月之明，下睽山川之精，中墮四時之施。」然「睽」應是由「目相視」而引申出「違背」義。因此和「睽」相較，馬王堆本卦名為「乖」較佳。

王家臺秦簡作「曜」，《歸藏》輯本作「瞿」。尚秉和《周易尚氏學》：「《歸藏》作『瞿』。《說文》：『鷹隼視也。』《禮‧玉藻》：『視容瞿瞿。』《注》：『驚視不審貌。』夫驚而懼，視而不審，則視象必至乖違明矣。至《周易》曰『睽』，義與『瞿』略同。」（頁180。）李學勤《周易溯源》認為金文有一類從雙目之「矍」字（如 ✦《集成》4298 大簋、✦《集成》715矍士父鬲等），應是形近而訛作「瞿」。（頁292-293。）尚秉和認為是意義相近，李學勤認為是字形訛混。「曜」字書未見，「曜」聲與「睽」聲也不近，應該是形訛。

33. 瀳

清華四〈別卦〉	王家臺	馬國翰	上博	阜陽	馬王堆	熹平石經	今本《周易》
[卦象]	瀳		未濟		未淒	未濟	未濟

原考釋（趙平安）：隸作「瀳」，讀為「濟」：“瀳，從心淒聲，讀為「濟」。上博簡《周易》「未濟」作「未淒」可證。”蔡飛舟〈清華簡《別卦》解詁〉：“案《別卦》從心之字，多為後來增衍，瀳即淒也，讀作濟。歷來易家解未濟、既濟之義，多本《象傳》「火在水上」為未濟、「水在火上」為既濟之說。孔穎達以炊爨成否為訓，朱子則以陰陽相交與否作解，皆可通。今考《別卦》，蓋讀作「濟」也，與世傳「未濟」稍異。試以涉川喻，卦名未濟者，或未入水、或在水中。而名曰濟者，則必在水中。今考二卦，另取象以為說。夫坎為水，象川澤之所；離為火，象乾燥之地。濟卦水在內而燥地在外，方涉之時也；既濟燥地在內而水在外，已渡之後也。是以卦名無「未」字者，義亦通。瀳字從心，或即悽之異構，涉險而心悽，義或取諸。”

　　澤鈞案：其他對應此卦皆為「未淒」，蔡飛舟認為「濟」，亦備一說。然卦名有「未濟」和「既濟」，若只用「濟」表「未濟」，恐怕容易造成混淆，不若寫成「未淒」。

　　〈既濟〉、〈未濟〉為《周易》六十四卦中的最後二卦。〈序卦傳〉：「有過物者必濟，故受之以〈既濟〉。物不可窮也，故受之以〈未濟〉終焉。」程《傳》：「既濟矣，物之窮也。物窮則不變，則無不已之理，《易》者變異而不窮也，故〈既濟〉之後，受之以〈未濟〉而終焉。未濟則未窮也，未窮則有生生之義。」金景芳、呂紹綱《周易全解（修訂本）‧既濟總論》曰：「既濟這一卦在六十四卦的排列系列中佔有重要的地位。既濟與未濟聯結在一起，構成整個六十四卦排列系列中絕對不可或缺的關鍵的一環，它的重要意義簡直可以同乾坤二卦相媲美。有了這兩卦，我們才得以看到《周易》關於事物發展思想的完整性和徹底性。《周易》的作者把事物看作有始有終，終而復始，有生有滅，生生不已的過程。過程由天地之分開始，故乾坤兩卦居首；有天地之分，然後萬物以生，故乾坤二卦之後排列著其餘諸卦；事物的運動變化有內在的必然聯繫，過程中包含著一個個階段，如同鏈條般依次連結，故諸卦的排列環環相扣，井然有序；過程必有窮盡之日，矛盾總有解決之時，故它的終結看來是既濟。既濟六爻皆應又皆當位，矛盾消失了，乾坤或幾乎息，物或幾乎窮，然而乾坤不能息，物不可窮。舊過程息，新過程又生。舊過程的終結應是新過程的開始，所以既濟像似終結不是終結，未濟不似終結卻是終結。」〈未濟總論〉曰：「未濟這一卦與既濟是反對的關係，把既濟的卦畫自下而上倒過來就是未濟。具有反對關係的卦在六十四卦中不止既濟與未濟，而既反又對的卦則只有泰否和既濟未濟。至於既反又對，六爻又皆應的卦，六十四卦中唯既濟未濟而已。既濟未濟的關係在六十四卦中極為特殊，其特殊的程度僅次於乾坤二卦。乾坤二卦是六十四卦之首，既濟未濟是六十四卦之終。乾坤兩卦合觀可視為《易》之門，既濟未濟合為一卦可看成既是舊過程的終結又是新過程的開始。所以既濟未濟兩卦幾乎密不可分。」黃壽祺、張善文《周易譯注》：「《既濟》卦名的取義，是藉『涉水已竟』喻『事已成』；但全卦大旨卻是闡發『守成艱難』的道理。」「《周易》六十四卦，以《未濟》為終，似乎蘊含著對『《易》者，變也』這一道理的總結。從卦名看，《未濟》是借『未能濟渡』喻『事未成』；而全卦大旨乃在於說明：當『事未成』之時，若能審慎進取，促使其成，則『未濟』之中必有『可濟』之理。」

　　由此可知，在《周易》六十四卦中，〈既濟〉、〈未濟〉為最後二卦是有其特

殊意涵的。單純就字面上而言,「濟」即渡河,未濟就是未渡河,而未渡河應該無法省稱為「濟」。故以此角度來看,卦名應是「未濟」較「濟」為佳。

然而清華肆〈別卦〉卦序不同於《周易》。對應《周易》的既濟、未濟,清華肆〈別卦〉缺既濟,未濟做「澅」;王家臺秦簡《歸藏》缺未濟,既濟做「螽」;馬國翰輯本分別做「岑霝」、「未濟」。南宋朱元升《三易備遺・歸藏綱目》便提到汲塚《歸藏》:「首〈坤〉、〈乾〉,終〈比〉、〈剝〉。」(卷5,葉3)表示其首尾四卦與《周易》〈乾〉、〈坤〉,〈既濟〉、〈未濟〉不同。故在此懷疑非《周易》卦序的系統中,〈既濟〉、〈未濟〉兩卦在卦名取義與卦義上,是否與今本《周易》一定相同?然而目前所見材料殘缺,只能提出此猜測的方向。

34. 中

清華四〈別卦〉	王家臺	馬國翰	上博	阜陽	馬王堆	熹平石經	今本《周易》
垕	中	中蓇			中復		中孚

蔡飛舟〈清華簡《別卦》解詁〉:"中,帛書《周易》作「中復」、帛書《繆和》作「中覆」、今本《周易》作「中孚」,秦簡《歸藏》作「中」。秦簡《歸藏》「絽」字未詳,而帛書所見「復」、「覆」則皆讀作孚,訓作信。《釋名・釋言語》:「覆,孚也,如孚甲之在物外也。」此復、覆、孚相通之證。《周易正義》曰:「信發於中,謂之中孚。」歷來易家說多同之,蓋訓「中孚」為心中誠信之義。然《別卦》卦名「中」者,若非脫文,則將何以說之?竊謂卦名但出「中」字,厥旨已足,不必假「孚」字以圓其義。是知世傳《周易》卦名「中孚」二字,當是同義連用也。「中」者,讀作忠,猶信也,義與「孚」通。《太玄・窮》:「民好中。」范望注:「中,忠信也。」是其證。而世傳《周易》卦名「中孚」者,或可逕訓作誠信。"

澤鈞案:此卦原考釋無說,蔡飛舟認為「中」亦有「信」義,因此「中」即可以表達「中孚」之義。〈序卦傳〉:「節而信之,故受之以〈中孚〉。」〈雜卦傳〉:「〈中孚〉,信也。」程《傳》:「內外皆實而中虛,為中孚之象。又二五皆陽,中實,亦為孚義。在二體則中實,在全體則中虛;中虛信之本,中實信之質。」朱

熹《本義》：「孚，信也。為卦二陰在內，四陽在外，而二五之陽，皆得其中，以一卦言之為中虛，以二體言之為中實，皆孚信之象也。又下說以應上，上巽以順下，亦為孚義。」黃壽祺、張善文《周易譯注》：「《中孚》卦，正是闡明『中心誠信』的意義。卦辭用『感化小豬小魚可獲吉祥』，喻誠信之德應當廣披微物，並稱此時利於涉險、利於守正。」金景芳、呂紹綱《周易全解（修訂本）》：「中孚之卦義是信發於中，中有實得而不遷於外。信發於中，中有實德，可以信及愚鈍的豚魚，更不必説人了。」可見此卦強調的是內心。「中」有「衷」、「內心」之義，清華肆〈別卦〉作「中」，應是取其內心之義。

旭昇案：〈別卦〉作「中」，義固亦可。但它本作「中孚」，義更明白。

35. 齾（噬）

清華四〈別卦〉	王家臺	馬國翰	上博	阜陽	馬王堆	熹平石經	今本《周易》
	齾			筮閘	筮嗑/筮盍/筮閘	噬□	噬嗑

原考釋（趙平安）：隸作「齾」，讀為「噬」："齾，王家臺秦簡《歸藏》作「筮」，今本《周易》作「噬嗑」，「筮」、「噬」都是月部禪母字。「齾」應分析為從齒（齒）從又欠聲。「欠」為談部溪母字，與月部禪母的「筮」、「噬」可以通假。談、月通轉（參看《漢語音轉研究》，第二三六至二三七頁），溪、禪亦有通轉之例（參看《古今聲類通轉表》，第五一頁）。"

王子揚〈關於《別卦》簡7一個卦名的一點看法〉："筆者認為整理者的隸寫是非常正確的，但對此字的說解則有可商。筆者認為，「齾」可能就是「噬咬」之「噬」的表意初文。現略陳如下。

「齾」除去下部的「又」旁又見於郭店《語叢四》19簡和曾侯乙編鐘、磬銘：

M·（286·4B）

N‧▨（308‧3A）　▨（320‧3A）

P‧▨（磬‧C53‧下‧7）　▨（磬‧C53‧下‧7）

語叢四‧19

（M、N組圖片來自《殷周金文集成》；P組圖片來自《曾侯乙墓（上）》書後的附錄以及《郭店楚簡》一書）

關於曾侯乙編磬銘的形體，裘錫圭、李家浩兩位先生考釋說：

甲骨文和西周金文的「書」字都作「▨」，上引的 N 的左旁與 P 的上部的左旁應是「書」的異體。「▨」即《說文》「讀若愆」的「辛」字省體。「愆」、「遣」讀音極近，所以「書」字加注「辛」聲。古文字裏常見由同音或音近的兩個字合成的字，如「薔」、「飼」等，▨也屬於這一類。M 的左旁與此顯然是一個字，它省去了「書」所從的「臼」而加注「辛」聲。M 應該是一個從「水」「書」聲之字。P 的上部的右旁是臽。「臽」應是「臽」的變體。《說文‧臽部》「臽，小阱也。從人在臼上。」「臽」「欠」古音極近（埳坎為一字），磬銘將「臽」所從的「人」旁寫作「欠」，是有意使其聲符化。……「欠」與「書」古音尾聲不同，但聲母和主要母音相同。……N 的右旁是「卩」。古文字「欠」「卩」二字形近，疑 N 的「卩」旁即「欠」之訛。也可能本從「卩」從「書」聲。總之，M、N、P 諸字的讀音應該與「遣」相近，它們所代表的詞經常出現在音階名之前，地位與「變商」、「變徵」的「變」字相同。這個詞很可能就是與「遣」音近的「愆」。「愆」字古訓「溢」、訓「廣」、訓「大」（參看《經籍籑詁》），有「延伸」、「擴大」、「超過」一類意思。

這則經典考釋很值得稱道。郭店簡公佈以來，學者在《語叢四》第 19 簡和《老子》第 22 簡中找到了與之相關的▨字和▨字，而且由於《老子》甲本有傳世本和馬王堆甲、乙帛書本與之對讀，所以很容易就能確定▨字和▨字的讀音，這為我們重新檢查曾侯乙鐘磬銘文此字考釋提供了意義非常的機會。

我們先看《語叢四》的 ▨ 字。跟上引 P 組的 ▨ 形十分相似，它們下部構件以及上部右側構件完全相同。其出現的辭例為：「善事其上者，若齒之事胏（舌），而終弗齧；善[事其下]者，若兩輪之相轉，而終不相敗；善使其民者，若四時一遣一逑（來），而民弗害也。」郭店簡整理者考釋說：

> 「齧，從『𣥂』聲，讀作『憒』。《說文》：『亂也。』弗憒，指齒舌之不相亂。

裘按云：

> 此字見於曾侯乙墓鐘磬銘文，可能有『𣥂』和『臽』兩種讀音。……在此似當讀為『臽（陷）』或『衍（訓錯過）』。」

我們將整理者和裘錫圭先生考釋意見放回原簡中，總覺文義不暢。李零先生從文意出發，把「齧」讀為「嚙」，解釋簡文說「牙齒配合舌頭但不咬舌頭。」李說於文意十分允當，可惜後來又改為他讀。孟蓬生先生直接釋為「嚙」字，亦即「齛」，並且作了精彩的分析，現引之如下：

> 從讀音來看，「齧」字在《語叢四》中與「舌、敗、害」三字押韻，這三個字古音在月部。郭店簡《老子》之「大曰潏」，今本《老子》作「大曰逝」，馬王堆帛書《老子》甲、乙本并作「大曰筮」，「逝」和「筮」古音皆在月部。所以「齧」字及從之得聲的「潏」字，跟「逝筮」音同或音近，古音當在月部，應該是沒有問題的。
>
> 從語境來看，「齧」字的主語應是齒。換句話說，「齧」應該是跟齒有關的一個動詞。
>
> 從字形上來看，「齧」字所從的「𣥂」字也可以看成齒字。……戰國文字齒字的下半，即齒的象形初文，往往與白字無別。《汗簡》齒齟齛齜等字所從的齒字亦均作「𣥂」形。所以我們認為「齧」字應重新隸定為「潏」，從齒，歠聲。……
>
> 既然齧跟逝、筮構成一組異文，我們不妨先從折聲字和筮聲字入手。……《說文·口部》：「噬，啗也。喙也。從口筮聲。」《周易·噬嗑》：「噬嗑。」注：「噬，嚙也。」……

試把「嗌」字代入原句，則成為：「善事其上者，若齒之事舌，而終弗嗌。」
譯成現代漢語就是：善於事奉主上的人，就好像牙齒事奉舌頭一樣，（雖
然鋒利），卻終究不會把它咬傷。文從字順，若合符節。

孟說有理，得到學界的認同。王寧先生也有相似的分析。上博《周易》33
號簡有「❏」字，其辭例為：

六五：❏（悔）亡，❏宗醫肤，往可咎。（上博《周易》本）

六五：❏（悔）亡，登宗筮膚，往何咎。（帛書本）

六五：悔亡，厥宗噬膚，往何咎。（今本）

版本互校，易知「醫」確實是「噬」字。整理者已經讀為「噬」。孟蓬生先
生更據這條材料，印證己說不誤。從目前所見的材料看，把楚簡中的「醫」釋為
「噬」是沒有問題的，只是關於「醫」的結構，學界尚有不同的意見。

回過頭看《別卦》㗊字，顯然是省去了郭店簡、曾侯乙編磬「醫」左邊表聲
的「音」（元部），又增益「又」旁，亦即「噬」字。關於字形下部增益「又」旁，
可能表意，表示動作義。亦可能是「止」之訛變。從「欠」從「齒」，「齒」的主
要功能就是咬嚙，噬咬之意昭然，亦即「噬咬」之「噬」的表意初文。如此，《別
卦》卦名「㗊」本來就是「噬」之本字，跟王家臺秦簡《歸藏》、今本《周易》
卦名完全相合，就不必以音近輾轉相通來解釋了。"

程浩〈清華簡《別卦》卦名補釋〉："本卦卦名在《周易》為「噬嗑」兩字，
在《別卦》則為一字。我們知道，《別卦》簡制較短，各卦象卦名的間距又必須
保持一致，故簡文對二字的卦名或減省為一字或作合文處理。「噬嗑」作為卦名
的主要含意在於「噬」，爻辭也僅用「噬」字。……再加上王家臺秦簡《歸藏》
也作「筮」，可知《別卦》的「㗊」字應對應「噬」。「噬」，王弼注：「齧也。」
簡文中的「㗊」，從齒從又欠聲。趙平安先生將其與卜辭中從齒從又讀為「孽」
的字聯繫起來，認為就是「齧」的本字。趙先生對「㗊」字結構及其來源的分析
非常有道理，並且卦名作「齧」也與王弼所注「噬」字之義相合。因此，《別卦》
中將「噬」寫作「㗊（齧）」的情況應該與前述幾條類似，都是由於字義相同而
換用卦名。"

旭昇案：今本《周易・噬嗑》卦的內容如下："噬嗑：亨。利用獄。彖傳：頤中有物，曰噬嗑，噬嗑而亨。剛柔分，動而明，雷電合而章。柔得中而上行，雖不當位，利用獄也。象傳：雷電噬嗑；先王以明罰敕法。初九：屨校滅趾，无咎。象傳：屨校滅趾，不行也。六二：噬膚滅鼻，无咎。象傳：噬膚滅鼻，乘剛也。六三：噬臘肉，遇毒；小吝，无咎。象傳：遇毒，位不當也。九四：噬乾胏，得金矢，利艱貞，吉。象傳：利艱貞吉，未光也。六五：噬乾肉，得黃金，貞厲，无咎。象傳；貞厲无咎，得當也。上九：何校滅耳，凶。象傳：何校滅耳，聰不明也。"全卦與「噬」字義緊密相關，卦名作「噬」，實已完足。作「噬嗑（筮閘）」者，反覺冗贅，《說文》：「嗑，多言也。」與卦義無關。至《類篇》「嗑」始有「吸呷」義，於卦義無補。

36. 鼎（鼎）

清華四〈別卦〉	王家臺	馬國翰	上博	阜陽	馬王堆	熹平石經	今本《周易》
	鼎	鼎	鼎		鼎	鼎	鼎

原考釋（趙平安）：隸作「鼎」，讀為「鼎」："鼎，馬國翰輯本《歸藏》、馬王堆帛書本、今本《周易》作「鼎」。「鼎」從鼎得聲，與鼎每每通用。王家臺秦簡《歸藏》作「鼎」，當為「鼎」之訛字。"

澤鈞案：「鼎」應為「貞」字。《說文》卜部貞字：「卜問也。从卜，貝以為贄。一曰：鼎省聲，京房所說。」後來古文字的研究，多從京房說。甲骨之貞字作：𫓶（《合集》20578，第一期，師歷間組）、𫓶（《合集》32051，第一、二期，歷組一類）、𫓶（《合集》00016，第一、二期，典賓組）、𫓶（《合集》26899，第三期，何組一類）、貞（《花東》446），金文作：𫓶（《集成》10176 散氏盤，西周晚），戰國竹簡作：貞（上博九〈卜書〉8）、貞（清華壹〈程寤〉1）。「貞」自「鼎」分化，然分化後亦可混用。甲骨前四字均為「鼎」或「鼎」之省；花東甲骨、西周金文才有从鼎从卜之「貞」。（以上字形分析多據于省吾、姚孝遂《甲骨文字詁林》頁 2729-2730、張世超《金文形義通解》頁 779-781、季師《說文新證》頁 248-249）。

〈彖傳〉：「鼎，象也。以木巽火，亨飪也。」〈雜卦傳〉：「〈革〉，去故也；〈鼎〉，

取新也。」《周易集解》引鄭玄曰:「鼎,象也。卦有木火之用。互體乾兌。乾為金,兌為澤,澤鍾金而含水,爨以木火,鼎烹熟物之象。鼎烹熟以養人,猶聖君興仁義之道以教天下也,故謂之鼎矣。」程《傳》:「卦之為〈鼎〉,取鼎之象也。鼎之為器,法卦之象也。有象而後有器,卦復用器而為義也。鼎,大器也,重寶也,故其製作模型,法象猶嚴。鼎之名正也,古人訓方,方實正也。以形言,則耳對植於上,足分峙於下,周圓內外,高卑厚薄,莫不有法而至正,至正然後成安正之象。故鼎者法象之器,卦之為〈鼎〉,以其象也。」朱熹《本義》:「鼎,烹飪之器。為卦下陰為足,二三四陽為腹,五陰為耳,上陽為鉉,有鼎之象。」金景芳、呂紹綱《周易全解(修訂本)》:「六十四卦中鼎與井直接取器物為象,井卦總體象井,鼎卦總體象鼎。井和鼎的各個構成部分都可以在各自的卦中找到相應的爻。」根據《周易》爻辭,每爻都取象於鼎,因而命名為鼎卦。清華簡〈別卦〉「鼎」實為「貞」字,「貞」常與「鼎」通用,故此處為「鼎」較符合卦爻辭之義。

37. 牆（將）

清華四〈別卦〉	王家臺	馬國翰	上博	阜陽	馬王堆	熹平石經	今本《周易》
	牆	漸	漸		漸	漸	漸

原考釋（趙平安）:隸作「牆」,讀為「漸」:"牆,王家臺秦簡《歸藏》、馬王堆帛書本、今本《周易》作「漸」。「牆」為陽部精母字,「漸」為談部從母字,二字聲母同為齒音,韻部關係密切。孟蓬生《同源詞語音關係答問》從用韻、異文、同源詞的角度有系統論證,可以參看(《民俗典籍文字》第八輯,商務印書館,二〇一一年,第二七九至三〇四頁)。"蔡飛舟〈清華簡《別卦》解詁〉:"牆為醬之古字,簡牘多讀作將。牆疑為蔣之異體,陽部精紐、漸談部從紐,清華簡整理者言二音相通。其說可從。案,卦名牆(蔣)當讀作將,魯哀公名蔣,見《史記·魯周公世家》索隱,《十二諸侯表》作「將」,是蔣、將古通之證。將者,訓作進,《小雅·無將大車》「無將大車」,鄭玄箋:「將,猶扶進也。」《文選·張衡〈南都賦〉》「嘉賓是將」,呂延濟注:「將,進也。」是其證。卦名訓進,與世

傳《周易》卦名「漸」字義通，《象》所謂「漸之進」、「進得位」、「進以正」者是也。若以置入爻辭，鴻漸于干、漸於磐者，謂鴻進於干、進於磐也，義亦協。」

澤鈞案：根據張儒、劉毓慶《漢字通用聲素研究》附錄〈關於竹書帛書通假字的考察〉的統計表顯示，談母與陽母的通假次數為 0，但是孟蓬生《同源詞語音關係答問》頁十九舉了一些可信的例證，如《大雅·殷武》：「天命降監（談），下民有嚴（談）。不僭不濫（談），不敢怠遑（陽）。」說明「談」部與「陽」部確實有一定的關係。因此〈別卦〉「藺」卦即他本的「漸」卦。

〈象〉：「漸之進也。女歸吉也。」〈序卦傳〉：「物不可以終止，故受之以〈漸〉。漸者，進也。」〈雜卦傳〉：「女歸待男行也。」朱熹《本義》：「漸，漸進也。」清華肆〈別卦〉「藺」字所從「牆」，在《說文》中為「醬」之古文，然在戰國竹簡中，「牆」字多讀為「將」。（白於藍《戰國秦漢簡帛古書通假字會纂》，頁 885-888，有將近二頁半的通讀例證。）「將」有行、進之義，如《詩·周頌·敬之》「日就月將」，毛《傳》：「行也。」朱熹《集傳》：「將，進也。」《詩·小雅·無將大車》「無將大車」，鄭《箋》：「將，猶扶進也。」《書·洛誥》「迪將其後」，孫星衍《尚書今古文注疏》：「將者，猶扶進也。」《儀禮·士相見禮》「若有將食者」，胡培翬《儀禮正義》：「將，猶進也。」《荀子·大略》「無將大車」，楊倞《注》：「將，猶扶進也。」因此清華肆〈別卦〉「牆（將）」與「漸」意義相近。

旭昇案：〈漸·象傳〉：「漸之<u>進</u>也，女歸吉也。<u>進</u>得位，往有功也。<u>進</u>以正，可以正邦也。其位剛，得中也。止而巽，動不窮也。」連用三「進」字，說明「漸」卦與「進」義確實關係密切。」然「牆／藺」與「將」實為假借關係，「牆／藺」並無「漸、進」之意。「藺」與「漸」之關係，當為音近通假。陽部與談部韻近，可參陳新雄《古音學發微》頁 1075。

38. 悷

清華四〈別卦〉	王家臺	馬國翰	上博	阜陽	馬王堆	熹平石經	今本《周易》
悷	渙	奐	𤬿		渙/奐	渙	渙

原考釋（趙平安）：隸作「悷」，讀為「渙」：“悷，馬國翰輯本《歸藏》作

「奐」，王家臺秦簡《歸藏》、王馬堆帛書本、今本《周易》作「渙」。「惥」應該分析為從心睿省聲。「睿」月部喻母字，「奐」、「渙」元部曉母字，韻部對轉，曉、喻亦多通轉之例（參看《漢語音轉研究》，第一四一至一四三頁），上博簡《周易》作「戁」，可以能睿、爰皆聲的雙聲符字。」武漢網帳號「有鬲散人」：「《別卦》簡 8 中讀為「渙」的字，應分析為從「心」，「歺」、「丰」皆聲。」

「惥」應該分析為從心睿省聲。

「睿」以銳切，月部喻母字，古文叡，叡，深明也。通也。从奴从目从谷省。

旭昇案：《上博三‧周易》簡 54-55「戁」卦卦名八見，其後七見作「戁」，左上作「炏」，下部作「夕ハ」形，中無豎筆；其首見作「戁」，左上作「宋」，下部作「尒」形，中有豎筆，「炏、宋」應該是同一個字，〈筮法〉本卦「（壴）」字上部也作「宋」，下並不从丰。

「炏（宋）」當即「濬、濬」的異體字「睿」的本字，可以分析从歺ハ。「歺，殘也」，「ハ」象水敗貌，全字會疏通水道的意思。「睿」下加「口」旁，《說文》以為从「谷」，其實未必有實質意義（疏通水道不必限於山谷）。《說文》：「深通川也。从谷，从歺。歺，殘地，阬坎意也。《虞書》曰：『睿畎澮距川。』濬，睿或从水。濬，古文睿。（私閏切）。」

从「炏」構字的，已往所見，除「睿」外，還有「叡」，《說文》以「叡」為「叡」的古文：「叡，深明也。通也。从奴，从目，从谷省。叡，古文叡。叡，籀文叡，从土。（以芮切）。」據此，「睿」字應為「叡」字省「又」。其實，《上博三‧周易》簡 54-55「戁」卦卦名作「戁」，左旁就是「睿」，可以看成从目从炏會意，眼睛疏通了，自然就是「深明」，所以「睿」字的本義應是「眼力深明」，本字應作「睿」，「叡」、「叡」應是其異體。與此類似，〈別卦〉的「惥」應該分析為從心从炏會意，本義為「心思深明」，讀音應與「睿」同。

此於本卦的卦名，今本《周易》、熹平石經《周易》、王家臺、馬王堆帛書《周易》都作「渙/奐」，《上博三‧周易》作「戁」，究竟以那一個卦名最合理呢？

如果依前面的分析，「惥」與「睿」音同義近，「惥／睿」與「渙／奐」音近可通，原考釋已有解說。《上博三‧周易》作「戁」，顯然是一個「睿」字加「爰」

聲再加「廾」的字，「爰（元部為／云母）」、「煥（元部曉母）」二字韻同聲近。有沒有可能，此卦本來應該寫成〈別卦〉的「悫」（與「睿」音同義近），在《上博三・周易》因為音近而加聲符「爰（為／元母）」，再加「廾」就作「嬱」；到了秦漢，音再轉而為「渙」？

從字形來看，漢代所見的本子多作「渙／奐」，而戰國中晚期的《上博三・周易》作「嬱」，右上加「爰」聲，表示此卦名讀音向「渙」靠近；左上作「睿」，表示此卦本來應該與「睿」或「睿」聲接近。因此最合理的推測應該是：本卦最早作「悫」（與「睿」音同義近），後來語音變化，漸漸讀得接近「爰」，因此《上博三・周易》加「爰」聲。其後語音更接近「渙／奐」，於是卦名就寫成「渙／奐」了。

從義理來看，此卦卦名作「悫／睿」也比作「渙」合理。後世有關《易》學的討論，多半是根據今本《周易》，因此幾乎都是從「渙」去討論，導致卦名與卦爻辭產生極大的不吻合。今本《周易》卦爻辭及傳如下：

渙：亨。王假有廟，利涉大川，利貞。象傳：渙，亨。剛來而不窮，柔得位乎外而上同。王假有廟，王乃在中也。利涉大川，乘木有功也。象傳：風行水上，渙；先王以享于帝立廟。初六：用拯馬壯，吉。象傳：初六之吉，順也。九二：渙奔其机，悔亡。象傳：渙奔其机，得願也。六三：渙其躬，无悔。象傳：渙其躬，志在外也。六四：渙其群，元吉。渙有丘，匪夷所思。象傳：渙其群，元吉；光大也。九五：渙汗其大號，渙王居，无咎。象傳：王居无咎，正位也。上九：渙其血，去逖出，无咎。象傳：渙其血，遠害也。

〈序卦〉：「《兌》者，說也。說而後散之，故受之以《渙》。」〈雜卦〉：「渙，離也。」各家解卦名「渙」，都從「渙散」來解。但是觀看卦爻辭，從頭到尾都沒有不吉之象，如「亨」、「利涉大川」、「利貞」、「用拯馬壯，吉」、「渙奔其机，悔亡」、「渙其躬，无悔」、「渙其群，元吉」、「渙汗其大號，渙王居，无咎」、「渙其血，去逖出，无咎」。卦名的「渙」實際上是對應不上的。

事實上，古代經學家並不都把「渙」卦的「渙」解為「散」，西漢末年揚雄《太玄》擬《周易》而作，《太玄》中對應「渙」卦的是「文」卦，司馬光《集注太玄》卷二葉五九在〈文卦〉下注：「文：陽家，火，準渙。楊子蓋以渙為煥，

故名其首曰文。」北京師範大學出版社《太玄校注》頁一四三注釋一也說：「相當於渙卦。揚雄以渙為煥。《論語・泰伯》：『煥乎其文章。』故以文相當。」

東漢京房《京氏易傳》卷中：「渙，水上見木，渙然而合。」

清冉覲祖《易經詳說》卷三十四葉三上說：「渙字本不甚好。然論理，有渙必有聚，故可致亨，非已亨也。」

清朱駿聲《六十四卦經解》：「渙，流散也。又文兒，風行水上，而文成焉。《太玄》曰：『陰斂其質，陽散其文。』京《傳》曰：『水上見風，渙然而合。』此渙字之義也。」

這些學者應該都是看到了卦名「渙」和卦爻辭不相應，但是卦名又別無他字，因此只好從通讀引申上對「渙」字另作別解。現在，我們見到〈別卦〉此卦的卦名作「愻」而不作「渙」，那麼我們是否可以考慮易經此卦的卦名本來就應該作「愻」而不是「煥」呢？

「愻」從心從孫，表現的是能與人疏通，因而深明事理，其義與「睿」相近（《說文》釋「睿」為「深明」。我們把卦名換成「愻（睿）」，以此字去解釋卦爻辭，似乎更為通暢：

愻（睿）：亨。王假有廟，利涉大川，利貞。彖傳：愻（睿），亨。剛來而不窮，柔得位乎外而上同。王假有廟，王乃在中也。利涉大川，乘木有功也。象傳：風行水上，愻（睿）；先王以享于帝立廟。

初六：用拯馬壯，吉。象傳：初六之吉，順也。

九二：愻（睿）奔其机，悔亡。象傳：愻（睿）奔其机，得願也。

六三：愻（睿）其躬，无悔。象傳：愻（睿）其躬，志在外也。

六四：愻（睿）其群，元吉。渙有丘，匪夷所思。象傳：愻（睿）其群，元吉；光大也。

九五：愻（睿）汗其大號，愻（睿）王居，无咎。象傳：王居无咎，正位也。

上九：愻（睿）其血，去逖出，无咎。象傳：愻（睿）其血，遠害也。

39. 􀀀連（散）

清華四〈別卦〉	王家臺	馬國翰	上博	阜陽	馬王堆	熹平石經	今本《周易》
	􀀀連	散	散家人			家人	家□	家人

原考釋（趙平安）：隸作「􀀀連」，左旁缺釋，讀為「散」："連，左邊漫漶不清，右邊為「連」，應該是从連得聲的字。王家臺秦簡《歸藏》作「散」。「散」，「連」同為元部字，聲母一為心母，一為來母，可以通轉（參看《漢語音轉研究》，第一九二頁）。"王寧：〈讀《清華簡（肆）》札記二則〉"但是，如果仔細看看原簡的彩圖就可以看出來，「連」的左邊那一片的顏色比其它部份要淡很多，很象是被刮削過的痕跡，這很可能是寫手本來在這裡寫了個某偏旁，寫完又覺得不妥，所以削去了，只剩下「連」字。但是削除不淨，還殘存下了一豎道，這應該是刮削時墨蹟還沒乾，被削刀拖出來的，不是原寫筆畫的樣子。也就是說，抄手認為這裡本來就應該是個「連」字，那個偏旁是錯的或者是多餘不應該有的，所以這個卦名應當徑釋為「連」。……《歸藏》是把「家人」簡稱「家」而音轉為「斝」，「斝」是酒器，所以就以禹飲酒的故事作卦辭，後來在傳抄中形訛為「散」。我認為《歸藏》和《別卦》中那些與《周易》讀音不同的卦名很可能大部份是此類的情況，是輾轉流傳中發生的變異。有人希望用卦名的不同來區分占筮的派系，恐怕沒有什麼堅實的根據。"

澤鈞案：原考釋之說可從。此字右旁殘泐，究竟是竹簡寫成後，至拍照之間各種情況造成的傷害，抑或是抄寫時的刮削，目前尚不得知，故視為从連得聲的字即可。

「連」可與「麗」通假。《儀禮・士喪禮》「設決麗於于掔」，鄭玄《注》：「古文麗為連。」胡培翬《儀禮正義》引胡承珙曰「麗、連一聲之轉」。「麗」與「離」音義皆近。可訓為「離」者，如〈序卦傳〉：「陷必有所麗，故受之以〈離〉。離者，麗也。」《周易・睽卦・象傳》「說而麗乎明」，《周易集解》引虞翻曰：「說，兌。麗，離也。」為異文者如《儀禮・鄉飲酒禮》「乃間歌魚麗」，陸德明《釋文》：「麗，本或作離。」《詩經・小雅・魚麗》「魚麗于罶」，李富孫《詩經異文釋》：「離與麗，古字通。」因此清華肆〈別卦〉从連得聲之字應讀為「離」，「離」與

《歸藏》一系之「散」意義相近。

　　旭昇案：本卦卦名字殘，僅存右邊「連」，究竟如何解讀，難以解決。原考釋讀「連」聲為「散」聲；王寧連繫「散－羿－家－家人」；黃澤鈞讀「連」為「麗」通「離」，因而與散通。都有可能。以卦爻辭內容而言，卦名「家人」可以說得通。

40. 𧮫（益）

清華四〈別卦〉	王家臺	馬國翰	上博	阜陽	馬王堆	熹平石經	今本《周易》
𧮫		誠			益	益	益

　　原考釋（趙平安）：隸作「𧮫」，讀為「益」：“𧮫，「嗌」之籀文。馬王堆帛書本、今本《周易》作「益」。「益」、「嗌」音近通用。”

　　澤鈞案：原考釋之說可從。清華肆〈別卦〉「𧮫」即「嗌」字。《說文解字》：「嗌，咽也。从口，益聲。𧮫：籀文嗌，上象口，下象頸脈理也。」然此字應是从「冉」，再「以小圈指示咽喉的部位」（《說文新證》頁 96）。戰國竹簡中「𧮫／嗌」有讀為「益」者，如上博二〈容成氏〉：「禹於是乎讓𧮫（益），啟於是乎攻嗌（益）自取。」清華參〈傅說之命下〉：「余柔遠能邇，以𧮫（益）視事。」清華參〈良臣〉：「禹有伯夷，有𧮫（益），有史皇。」

　　〈彖傳〉：「益，損上益下，民說无疆，自上下下，其道大光。」孔穎達《正義》：「益者，增足之名。損上益下，故謂之益。」朱熹《本義》：「益，增益也。」黃壽祺、張善文《周易譯注》：「《益》卦的意義，主於『減損於上，增益於下』。」因此清華肆〈別卦〉「𧮫」為「益」之假借。

〈算表〉譯釋

駱珍伊　撰寫

季旭昇　校訂

【說明】

原簡沒有篇題，編者據內容與功能定名「算表」。這是目前大陸留存最早的數學文獻實物，經學者研究和金氏世界紀錄獨立核實認證，也是目前發現的人類最早的十進制計算機。從內容發布至今，其研究成果已經被 Nature 網路版等國內外權威媒體廣泛報導。（參 https://www.nownews.com/news/20170424/2495442/）

據原考釋李均明、馮立昇的說明：本表由二十一支簡編成，完簡十七支（有四支經綴合而成），長 43.5-43.7 釐米，寬 1.2 釐米左右，厚約 0.13 釐米。另外四支上端殘缺。有三道編繩，上編繩距頂端約 2 釐米，中編繩居中，下編繩距下端約二釐米。所見數字都以戰國楚文字書寫。

全表由上到下共有二十一條橫畫的欄線，上下二道為朱色；三道編繩處看起來有黑色欄線；其餘十六條欄綫先畫墨色細綫，再在墨線所在位置畫朱色線。

每簡上端第一欄下半的位置都設有圓孔，孔內大多見殘存綫狀絲帶殘留（原來應該有二十一處，16、17 簡上端殘缺，今存十九處）。

第 2 簡無數字，但每一欄內都有圓孔及絲帶殘留物，共二十處。據觀察，絲帶必須捻成綫狀才能穿過所有小孔，其平展狀態寬約 0.3 釐米。這些絲帶向左平拉，與水平的某一簡交會處，就是該次運算的乘積。如第二個孔（它的右方顯示的數字是 90）向左橫拉到第 7 簡，此簡最上端顯示的數字是 50，表示這個運算是 90×50=4500，簡文在這一欄顯示的正是「四千五百」，就是前一運算動作的結果。表中任何橫線與縱線相交處所顯示的數字，就是縱線上端的數字，與橫線右端的數字相乘的積。

本篇第 20 簡背面上端至下端間附著有一條絲帶殘跡，則此絲帶之長度至少與簡的長度相當。據殘留物情況推測，其他簡原本都設有絲帶，但後已斷絕，故今僅見不連貫的殘跡。這些縱向的絲線應該就是與上段橫向絲線進行二數相乘之用的。

《算表》橫排有 20 列，每一列都有數字；豎排二十一根簡有二十一行，扣掉第 2 簡沒有數字，其餘 20 簡都有數字，全表橫與豎相乘，共得四百個乘積。

原考釋以為，〈算表〉不但可以計算乘數，還可以計算除法、開方：據內容分析，《算表》計數采用十進制，計算時應用了乘法的交換律、乘法對加法的分配律等數學

原理和概念。用《算表》進行乘法計算十分便捷，其基本運算功用包括：（一）、一位數乘法；（二）、兩位數乘一位數的乘法；（三）、任意兩位數的乘法；四、整數部分不超過兩位數、小數位特定為 0.5（實為分數）的三位數乘法。即算表適用於乘數或被乘數為 99 $\frac{1}{2}$ 以內的乘法運算（包括對分數 1/2 或含有 1/2 的數進行運算），也包括乘方的簡便運算。就結構與原理而言，《算表》還能用於一定範圍整數的除法運算與開方的運算。除法運算的關鍵是找出被除數在九九乘法表中的位置，然後利用引綫在表中找出商數。對角綫上的數都是完全平方數，開平方須利用此表之對角綫，在對角綫中找出與被開放數最接近、但小於開方數的數，然後利用引綫在表中找相應的數，通過試商、計算確定平方根數。當時是否使用該算表進行較為複雜的開方運算，還有待進一步探討。

〈算表〉還可以透過多次簡單的加減法運算完成較難的乘、除法運算，這與當時的籌算方法一致，原考釋云：錢寶琮云：「籌算的加法和減法在歷來的數學書裡都沒有記錄。但是於二數相乘時將部分乘積合併起來，就是用加法；在做除法時，將部分乘積從被除數中減去，就是用減法。從籌算術的乘、除法中可以瞭解籌算術的加、減法則。」（錢寶琮：《中國數學史》，科學出版社，1981 年，第 9 頁）《算表》的乘、除法即利用簡單的加、減法實現的（詳附二《算表》運算演示），其過程當輔以心算或利用算籌。在整數的四則運算中，用籌算做加、減法是十分簡便的，但用籌算進行兩位數以上的乘、除法和開方運算時，用籌較多且布算、操作複雜，給學習者掌握其演算法帶來了較大的困難。此外，籌算在運算時不保留和記錄中間運算結果，難以驗算。《算表》是當時實用的計算器具，兼表格與運算手段於一體，設計巧妙，操作簡單，容易攜帶。它不僅能得出運算結果，也顯示記錄了中間的演算過程，可在一定程度上彌補籌算的不足。

原考釋指出：《算表》為迄今所見中國最早的數學文獻寶物，不僅比目前能夠見到的古代十進位乘法表年代都早，而且其數學與計算功能也超過了以往中國發現的里耶秦簡九九乘法表和張家界漢簡九九乘法表等古代乘法表，在中國乃至世界範圍內尚屬首見，是一次驚人的重大發現，為認識中國先秦數學的應用與普及提供了重要的第一手資料。巴比倫人在進行算術計算時用了各種數表，許多保存下來的泥板都是乘法表。其乘法數表的歷史極為久遠，但各種複雜問題的數表則集中在晚期巴比倫。巴比倫系統是 60 進制的，基本數位多達五十九個，乘法表非常龐大，進行計算需要多個算表，每張表都是列出某個數的倍數，即某一數的乘法表。進行 60 以內數的乘法，需要非常多的算表才能實現，使用起來很不方便（參見 A‧艾鮑著，周民強譯：《早期數學史選篇》，北京大學出版社，1990 年，第 7-13 頁）。數表以單個數字、雙重數的乘

法表等居多，如英國牛津阿什莫林博物館（Ashmolean Museum）所藏的 Ash1924.447，Ash1924.451 以及美國耶魯大學所藏的 YBC11924 等寫成於西元前一八一五年，內容為 24、4 與 1-20，30，40，50 等數字相乘的數表（參見 Victor J.Katz, ed. *The Mathematics of Egypt, Mesopotamia, China, India, and Islam: A Sourcebook*, Princeton University Press, 2007, p.85）。從現有資料看，巴比倫數表的作用，主要用於輔助記憶或用作教學，不具備實用計算工具的功能。而清華簡《算表》，不僅利用一張表便可進行 100 以內任意兩位數的乘法，而且可以進行更為複雜的除法等運算，操作十分簡便。《算表》的計算功能也較古代其他地區所出現的乘法表更強。歐洲文藝復興時期也曾使用過十進位乘法表，但僅為表格，與運算工具未成一體，例如德國古代著名數學家維德曼（J.Widmann，約 1460-1499）於一四八九年寫的一部算術數《商業捷算法》所載算表僅為乘數、被乘數「九」至「一」的九九乘法表（參見 F.Cajor 著，小倉金之助補譯：《初等數學史》上卷，酒井書店，1964 年，修正版，第 25 頁）。該書在當時十分流行，多次再版，德國巴伐利亞博物館藏有該書的一五○○年版和一五二六年版，均有九九乘法（參見維德曼：《商業捷算法》，1500 年版，第 11 頁〔J.Widmann, Behende und hubsche Rechenung auff allen kauffman-schafften, Pforzheim, 1500, p.11〕。該書一五二六年奧格斯堡版所載九九乘法表在第 14 頁）。該表即清華簡《算表》的核心部分，但時間卻晚了千餘年。

【釋文】

刪·（半）	一	二	三	四	五	六	七	八	九	十	廿（二十）	世（三十）[11]	罕（四十）	卒=（五十）	卒=（六十）	卒=（七十）	卒=（八十）	卒=（九十）	·	·[01]
四十五	卒=（九十）	百=（八十）	二百=（七十）	三百六十	四百五十	五百四十	六百=（三十）	七百=（二十）	八百十	九百	千八百	二千七百	三千六百	四千五百	五千四百	六千三百	七千二百	八千一百[08]	·	[02] 卒=（九十）[03]
四十	卒=（八十）	百六十	二百四十	三百二十[14]	四百[13]	四百=（八十）	五百六十	六百四十	七百=（二十）	八百	千六百	二千四百	三千二百	四千	四千八百	五千六百	六千四百	七千二百	·	卒=（八十）
世=（三十五）	卒=（七十）	百四十	二百十	二百=（八十）	三百=（五十）	四百二十	四百=（九十）	五百六十	六百=（三十）	七百	千四百	二千一百	二千八百	三千五百	四千二百[10]	四千九百	五千六百	六千三百	·	卒=（七十）
世=（三十）	卒=（六十）	百=（二十）	百=（八十）	二百四十	三百	三百=（六十）	四百=（二十）	四百=（八十）	五百四十	六百	千二百	千八百	二千四百	三千	三千六百	四千二百	四千八百	五千四百	·	卒=（六十）

二十五	五十	百	百五十	二百	二百五十	三百	三百五十	四百	四百五十	五百	千	千五百	二千	二千五百	三千	三千五百	四千	四千五百	．	五十
二十	四十	八十	百二十	百六十	二百	二百四十	二百八十	三百二十	三百六十	四百	八百	千二百	千六百	二千	二千四百	二千八百	三千二百	三千六百	．	四十
十五	三十	六十	九十	百二十	百五十	百八十	二百一十	二百四十	二百七十	三百	六百	九百	千二百	千五百	千八百	二千一百	二千四百	二千七百	．	三十
十	二十	四十	六十	八十	百	百二十	百四十	百六十	百八十	二百	四百	六百	八百	千	千二百	千四百	千六百	千八百	．	二十
五	十	二十	三十	四十	五十	六十	七十	八十	九十	百	二百	三百	四百	五百	六百	七百	八百	九百	．	十
四半	九	十八	二十七	三十六	四十五	五十四	六十三	七十二	八十一	九十	百八十	二百七十	三百六十	四百五十	五百四十	六百三十	七百二十	八百一十	．	九
四	八	十六	二十四	三十二	四十	四十八	五十六	六十四	七十二	八十	百六十	二百四十	三百二十	四百	四百八十	五百六十	六百四十	七百二十	．	八
三半	七	十四	二十一	二十八	三十五	四十二	四十九	五十六	六十三	七十	百四十	二百一十	二百八十	三百五十	四百二十	四百九十	五百六十	六百三十	．	七
三	六	十二	十八	二十四	三十	三十六	四十二	四十八	五十四	六十	百二十	百八十	二百四十	三百	三百六十	四百二十	四百八十	五百四十	．	六
二半	五	十	十五	二十	二十五	三十	三十五	四十	四十五	五十	百	百五十	二百	二百五十	三百	三百五十	四百	四百五十	．	五
二	四	八	十二	十六	二十	二十四	二十八	三十二	三十六	四十	八十	百二十	百六十	二百	二百四十	二百八十	三百二十	三百六十	．	四
一半	三	六	九	十二	十五	十八	二十一	二十四	二十七	三十	六十	九十	百二十	百五十	百八十	二百一十	二百四十	二百七十	．	或[04]
一	二	四	六	八	十	十二	十四	十六	十八	二十	四十	六十	八十	百	百二十	百四十	百六十	百八十	．	或[05]

刖(半)	一	二	三	四	五	六	七	八	九	十	廿(二十)	三十	四十	罕(五十)	卒(六十)	罕(七十)	罕(八十)	卒(九十)	·	戈[06]
釚(鍤)[15]	刖(半)	一	一刖(半)	二	二刖(半)	三	三刖(半)	四	四刖(半)[12]	五	十	十五	廿(二十)	廿(二十)五	卅(三十)	卅(三十)五	罕(四十)	罕(四十)五[09]	·	劓半[07]
三二	三〇	一九	一八	一七	一六	一五	一四	一三	一二	一一	一〇	九	八	七	六	五	四	三	二	一

【注釋】

01. ·

原考釋："表示原簡之設圓孔處，孔內通常有絲帶殘跡，下同。"

02. …

原考釋："表示墨綫筆跡（無朱砂綫）及編痕貫通全冊，釋文中逐簡標出。"

珍伊案：這種墨線筆跡，出現於簡中表格的第一列、第十列和第十九列，是此三列的下線。這三線都有契口，也有編繩的痕跡，是簡冊編繩所在之處。既已有了編繩，所以無法畫上朱砂線，也不需要畫朱砂線。另外一種推測是，原本也有畫朱砂線，只是經過編繩長久的摩擦而掉色。

03. —

原考釋："表示朱砂橫畫筆跡（先設墨綫，再畫朱砂綫），筆跡貫通全冊，釋文中逐簡標出。"

04. 弎

原考釋隸作「弍」："弍，「三」之異體，見《說文》古文「弍」，又見《汗簡》及《古文四聲韻》。"

珍伊案：楚簡「弋」與「戈」的差別在於，「弋」字作 （叁·琴11），下作短橫，筆劃由左往右寫；「戈」字作 （叁·說中7），下作撇筆，筆劃由右往左寫。〈算表〉此處字形作 ，字表摹寫作 ，右下寫撇筆，而不是短橫筆。故此字右旁當從「戈」，而非從「弋」，字形當改隸為「弎」。

原考釋所舉的字形出於《汗簡》及《古文四聲韻》，字形作 弍、弍 （據徐在國《傳抄古文字編》頁20），皆為傳抄古文字形。季師旭昇同根據出土文獻的古文字材

料，認為「弌弍弎」等字本從「戌」或「戈」，至於從「弋」者應該是訛形。（見新版《說文新證》頁 38）

05. 弍

原考釋隸作「式」："式，「二」之異體，見《說文》古文「弍」，又見《汗簡》及《古文四聲韻》。又見郭店楚簡《語叢三》等。"

珍伊案：此字作，字表摹寫作，右旁當從「戈」，參注釋 04，字形當改隸為「弍」。另參〈筮法〉簡 20「弍」字作，右旁亦從「戈」。原考釋所舉的《郭店楚簡》字形作（語三 67），然而《郭店》「弋」字作（魯穆 4）、（緇衣 13）；「戈」字作（唐虞 13）、（唐虞 9）；因此《郭店楚簡》的（語三 67）亦應理解為從「戈」。

06. 弌

原考釋隸作「弌」："弌，「一」之異體，見《說文》古文「弌」，又見《汗簡》及《古文四聲韻》。又見郭店楚簡《六德》等。"

珍伊案：此字字形作，字表摹寫作，右旁當從「戈」，參注釋 04、05，字形當改隸為「弌」。另參〈筮法〉簡 4「弌」字作、簡 19 作，右旁皆從「戈」。原考釋所舉的《郭店楚簡》字形作（六德 40），實從「戈」。《郭店》其他「弌」字作（緇衣 17）、（性情 9）、（窮之 14）等，皆與「弋」字形不同（見注釋 05），亦應理解為從「戈」。

另外，原考釋所舉的《汗簡》及《古文四聲韻》字形作、、、（據徐在國《傳抄古文字編》頁 1），除了形為從「戈」以外，其餘皆從「弋」。季師旭昇認為，「弌」字本從「戌」或「戈」，造字本義待考。《說文》古文從弋，目前只見於《吳禪國山碑》作，應該是訛形。（見新版《說文新證》頁 38）

07. 剒

原考釋："剒，讀「半」，二分之一。李學勤指出此字由「月（肉）」、「辛」、「刀」三部分構成，以「剢」為聲（乃「辨」之省形），通「半」。（見李學勤：《楚簡所見黃金貨幣及其計量》，刊於《中國古代文明研究》，華東師範大學出版社，二〇〇五年，第二七九至二八二頁）"

珍伊案：「剒」，字形又見於：
《集成》10373「鄝客量」

《九店楚簡》簡 7、　　　《九店楚簡》簡 8

《郭店・五行》簡 47

《古璽彙編》0324、　　　《古璽彙編》2226、　　　《古璽彙編》3327

其異體字之一「刟」，又見於：

（圖版）　　　（拓本）《集成》10378「刟益環權」

《包山楚簡》簡 146

其異體字之二「刖（剐）」，則見於：

《新蔡葛陵楚簡》簡甲三 292

《包山楚簡》簡 116

一九八四年出土的楚器「鄢客量」，文末句例為「鑄廿=金 以賥者峑」，周世榮以 為器名，並指出《古璽彙編》0324 有從厂、從剮的 字，此璽印據何琳儀釋為「廍」。[1]李零亦將「金剮」釋為銅量之名，另舉《古璽彙編》0324「柰丘稟廍」、2226「邯鄲稟廍」、3327「鄲稟廍」（珍伊注：此印只有兩字，「鄲」字應是李文之衍字。）等相關字形與辭例，以證明此器為稟食器。[2]何琳儀雖然也認為「剮」是器名，卻認為是從刀、龍聲之字，讀為「籠」或「箭」，為倉廩所用之量器。[3]

　　此後，李學勤在「剮」的字形上提出進一步的解釋。他認為「剮」可分解為「月（肉）」、「辛」、「刀」三部分，以「剏」為聲符，而「剏」為「辨」的省簡。《說文》：「辦，判也，從刀辡聲。」辨、半古音可通，因此「剮」讀為「半」，即二分之一的量制單位。[4]董珊則認為「剮」是在「剐（胖／判）」上加「辛」旁，其目的是要以「剏」為聲符，使原本表示「分半」的「剐（胖／判）」這個表意字聲化。[5]

　　「鄢客量」一器，末兩字 ，舊不識，故周世榮以 為器名。李零將末兩字讀為「禾稟」，以為稟食器。何琳儀與周世榮一樣，已發現此器與郢大府量相近，然郢大府量自銘「笢」，與此器自銘「剮」不同，但他仍引《方言・卷五》「箄箭，陳楚宋魏之間謂之箄」，認為「笢」即「箄」，是方言；「剮」即「箭」，是通言，如此藉由訓詁的方式來解決問題。李學勤、董珊亦以為此器自名為「剮（半）」。

　　珍伊案：鄢客量器既然與郢大府量器相近，而郢大府量自銘為「笢」，從少聲，

---

[1] 周世榮：〈楚邢客銅量銘文試釋〉《江漢考古》1987 年第 2 期，頁 88。

[2] 李零：〈楚燕客銅量銘文補正〉《江漢考古》1988 年第 4 期，頁 102。

[3] 何琳儀：〈長沙銅量銘文補釋〉《江漢考古》1988 年第 4 期，頁 100。

[4] 李學勤：〈楚簡所見黃金貨幣及其計量〉《中國古代文明研究》，頁 281。

[5] 董珊：〈楚簡簿記與楚國量制研究〉（2010.6.4，復旦網：http://www.gwz.fudan.edu.cn/SrcShow.asp?Src_ID=1175）

則鄢客量器所自銘者，亦應為从少聲的「爹」，即文末的 ▢ 字。《上博》楚簡出土，《上博一・緇衣》簡 15 有字作 ▢，與銅量 ▢ 字完全相同。學者如馮勝君將 ▢ 讀為「爵」，以為从斗與「爵」作為酒器相關，進一步將銅量的 ▢ 釋為郘大府量「笋」的異體，皆為量器之名。[6] 馮說可從，爵有兩種形制，一種為酒器，故字形一般寫作 ▢ （乙 4508）、▢ （史獸鼎）；一種為量器，故字形寫作 ▢ （爹），从「斗」為會意，表示像斗一樣的量器；「少」則為聲符。「爹」就是為了量器「爵」所造的形聲字。從器物本身而言，鄢客量與郘大府量都是「爵（笋／爹）」這一類量器。但鄢客量又自名為「削」，是就其容量而言，「削」是容量單位「赤」的二分之一的單位名稱。

08. 八千一百

原考釋：「『八千一百』原簡寫作兩行，其中『八千一』三字居右，『百』字居左。今為排版方便，釋文作一行。以下有類似情況，不再一一說明。」

09. 卅=

原考釋：「『卅=』為『四十』合文，它簡亦寫作『四十』（不加合文符號）。本篇所見相同數字采用不同寫法的現象較普遍，乃當時人有意為之，或可避免單調重複，其他楚簡亦可見到此類現象。」

珍伊案：數字「40」或寫作 ▢ （卅=），或寫作 ▢ （四十）。本篇中相同數字而採用不同寫法之例，又如數字「50」，在倒數第六列「五」的乘法中，第三欄的「五十」寫作 ▢ （四百五十），兩字筆畫不相連；而第五欄卻筆畫相連寫作 ▢ （三百卒=），有合文符號；另外，第十六簡上部則寫作 ▢ （三百卒），沒有合文符號。又如數字「123」的寫法，在直排第一簡右下方寫成「弌弍弎」，在橫排第一列左上方則寫成「一二三」；數字「720」或寫成 ▢ （七百廿=），或寫成 ▢ （七百二十）等等。

10. 四千二〔百〕

原考釋：「原簡脫『百』字，今據上下文補，供參考。」

11. 卅=（三十）

原考釋：「原簡上端殘缺，今據上下文補入所缺文字（方括號內），供參考。」

---

[6] 馮勝君：〈讀上博簡《緇衣》箚記二則〉《上博館藏戰國楚竹書研究》（上海：上海書店出版社，2002.3），頁 452。

12. 刖

　　原考釋：＂刖，「劊」之省形簡化，二分之一，參見注七。＂

13. 五・四百五十／四百

　　原考釋：＂原簡上端殘缺，今據上下文補入所缺文字（方括號內），供參考。＂

14. 四・三百六十／三百二十

　　原考釋：＂原簡上端殘缺，今據上下文補入所缺文字（方括號內），供參考。＂

15. 釳

　　原考釋：＂釳，讀「錙」，四分之一（參看李學勤：《釋「釳」為四分之一》，刊於《三代文明研究》，商務印書館，二〇一一年，第一三六—一三七頁）。＂

　　珍伊案：　李學勤一文提出，戰國時秦國有少數「兩甾」的方孔圜錢，其形制與重量跟「半兩」一致。文中引翁樹培之說：「錙」之省金旁作「甾」，猶如「銖」之省金旁作「朱」。「兩甾（錙）」既然等同於「半兩」，則「甾（錙）」即等同於「四分之一兩」。董珊〈楚簡簿記與楚國量制研究〉在補記中也提到，荊州黃山墓地 40 號戰國楚墓出土 4 件銅環權，其中三件分別刻銘「一兩」（15.3 克）、「劊兩」（7.8 克）和「才兩」（4 克，「才」字由周波改釋，並讀為「錙」）。由此可見，「劊（半）」為二分之一；「才（錙）」為四分之一的計算單位。簡文「錙」寫作「釳」，與「才兩」同從「才」聲。「才」為從母之部字、「甾」為莊母之部字，兩者聲韻俱近可通。

附錄一：〈算表〉示意圖（阿拉伯數字）

$\frac{1}{2}$ •	1 •	2 •	3 •	4 •	5 •	6 •	7 •	8 •	9 •	10 •	20 •	30 •	40 •	50 •	60 •	70 •	80 •	90 •	•	•
45	90	180	270	360	450	540	630	720	810	900	1800	2700	3600	4500	5400	6300	7200	8100	•	90
40	80	160	240	320	400	480	560	640	720	800	1600	2400	3200	4000	4800	5600	6400	7200	•	80
35	70	140	210	280	350	420	490	560	630	700	1400	2100	2800	3500	4200	4900	5600	6300	•	70
30	60	120	180	240	300	360	420	480	540	600	1200	1800	2400	3000	3600	4200	4800	5400	•	60
25	50	100	150	200	250	300	350	400	450	500	1000	1500	2000	2500	3000	3500	4000	4500	•	50
20	40	80	120	160	200	240	280	320	360	400	800	1200	1600	2000	2400	2800	3200	3600	•	40
15	30	60	90	120	150	180	210	240	270	300	600	900	1200	1500	1800	2100	2400	2700	•	30

10	20	40	60	80	100	120	140	160	180	200	400	600	800	1000	1200	1400	1600	1800	•	20
5	10	20	30	40	50	60	70	80	90	100	200	300	400	500	600	700	800	900	•	10
4½	9	18	27	36	45	54	63	72	81	90	180	270	360	450	540	630	720	810	•	9
4	8	16	24	32	40	48	56	64	72	80	160	240	320	400	480	560	640	720	•	8
3½	7	14	21	28	35	42	49	56	63	70	140	210	280	350	420	490	560	630	•	7
3	6	12	18	24	30	36	42	48	54	60	120	180	240	300	360	420	480	540	•	6
2½	5	10	15	20	25	30	35	40	45	50	100	150	200	250	300	350	400	450	•	5
2	4	8	12	16	20	24	28	32	36	40	80	120	160	200	240	280	320	360	•	4
1½	3	6	9	12	15	18	21	24	27	30	60	90	120	150	180	210	240	270	•	3
1	2	4	6	8	10	12	14	16	18	20	40	60	80	100	120	140	160	180	•	2
½	1	2	3	4	5	6	7	8	9	10	20	30	40	50	60	70	80	90	•	1
¼	½	1	1½	2	2½	3	3½	4	4½	5	10	15	20	25	30	35	40	45	•	½
〔三一〕	〔三〇〕	〔一九〕	〔一八〕	〔一七〕	〔一六〕	〔一五〕	〔一四〕	〔一三〕	〔一二〕	〔一一〕	〔一〇〕	〔九〕	〔八〕	〔七〕	〔六〕	〔五〕	〔四〕	〔三〕	〔二〕	〔一〕

附錄二：〈算表〉運算法

（一）乘法運算

擬題：　$77\frac{1}{2} \times 16\frac{1}{2} = 1278\frac{3}{4}$

方法：（一）把 $77\frac{1}{2}$ 分解為「70」、「7」、「½」三數，又把 $16\frac{1}{2}$ 分解為「10」、「6」、「½」三數。

（二）從縱向引出「70」、「7」、「½」三條線，與橫向引出的「10」、「6」、「½」三條線相交，將會得到「700、420、70、42、35、5、3、3½、¼」九個交點。

（三）將這九數相加，則為「1278¾」。

½•	1•	2•	3•	4•	5•	6•	7•	8•	9•	10•	20•	30•	40•	50•	60•	70•	80•	90•	•	•
45	90	180	270	360	450	540	630	720	810	900	1800	2700	3600	4500	5400	6300	7200	8100	•	90
40	80	160	240	320	400	480	560	640	720	800	1600	2400	3200	4000	4800	5600	6400	7200	•	80
35	70	140	210	280	350	420	490	560	630	700	1400	2100	2800	3500	4200	4900	5600	6300	•	70
30	60	120	180	240	300	360	420	480	540	600	1200	1800	2400	3000	3600	4200	4800	5400	•	60
25	50	100	150	200	250	300	350	400	450	500	1000	1500	2000	2500	3000	3500	4000	4500	•	50
20	40	80	120	160	200	240	280	320	360	400	800	1200	1600	2000	2400	2800	3200	3600	•	40
15	30	60	90	120	150	180	210	240	270	300	600	900	1200	1500	1800	2100	2400	2700	•	30

10	20	40	60	80	100	120	140	160	180	200	400	600	800	1000	1200	1400	1600	1800	•	20
5	10	20	30	40	50	60	70	80	90	100	200	300	400	500	600	700	800	900	•	10
4½	9	18	27	36	45	54	63	72	81	90	180	270	360	450	540	630	720	810	•	9
4	8	16	24	32	40	48	56	64	72	80	160	240	320	400	480	560	640	720	•	8
3½	7	14	21	28	35	42	49	56	63	70	140	210	280	350	420	490	560	630	•	7
3	6	12	18	24	30	36	42	48	54	60	120	180	240	300	360	420	480	540	•	6
2½	5	10	15	20	25	30	35	40	45	50	100	150	200	250	300	350	400	450	•	5
2	4	8	12	16	20	24	28	32	36	40	80	120	160	200	240	280	320	360	•	4
1½	3	6	9	12	15	18	21	24	27	30	60	90	120	150	180	210	240	270	•	3
1	2	4	6	8	10	12	14	16	18	20	40	60	80	100	120	140	160	180	•	2
½	1	2	3	4	5	6	7	8	9	10	20	30	40	50	60	70	80	90	•	1
¼	½	1	1½	2	2½	3	3½	4	4½	5	10	15	20	25	30	35	40	45	•	½

*由於〈算表〉的結構，是縱向、橫向以對角線軸線對稱排列，設 a 為第一橫列中的任意一數，b 為右起第一縱列中的任意一數，a x b＝b x a 。因此 77½ x 16½ = 1278¾ 的算式亦可作 16½ x 77½ = 1278¾

½ •	1 •	2 •	3 •	4 •	5 •	6 •	7 •	8 •	9 •	10 •	20 •	30 •	40 •	50 •	60 •	70 •	80 •	90 •		
45	90	180	270	360	450	540	630	720	810	900	1800	2700	3600	4500	5400	6300	7200	8100	•	90
40	80	160	240	320	400	480	560	640	720	800	1600	2400	3200	4000	4800	5600	6400	7200	•	80
35	70	140	210	280	350	420	490	560	630	700	1400	2100	2800	3500	4200	4900	5600	6300	•	70
30	60	120	180	240	300	360	420	480	540	600	1200	1800	2400	3000	3600	4200	4800	5400	•	60
25	50	100	150	200	250	300	350	400	450	500	1000	1500	2000	2500	3000	3500	4000	4500	•	50
20	40	80	120	160	200	240	280	320	360	400	800	1200	1600	2000	2400	2800	3200	3600	•	40
15	30	60	90	120	150	180	210	240	270	300	600	900	1200	1500	1800	2100	2400	2700	•	30
10	20	40	60	80	100	120	140	160	180	200	400	600	800	1000	1200	1400	1600	1800	•	20
5	10	20	30	40	50	60	70	80	90	100	200	300	400	500	600	700	800	900	•	10
4½	9	18	27	36	45	54	63	72	81	90	180	270	360	450	540	630	720	810	•	9
4	8	16	24	32	40	48	56	64	72	80	160	240	320	400	480	560	640	720	•	8
3½	7	14	21	28	35	42	49	56	63	70	140	210	280	350	420	490	560	630	•	7
3	6	12	18	24	30	36	42	48	54	60	120	180	240	300	360	420	480	540	•	6

	5	10	15	20	25	30	35	40	45	50	100	150	200	250	300	350	400	450	•	
2½	5	10	15	20	25	30	35	40	45	50	100	150	200	250	300	350	400	450	•	5
2	4	8	12	16	20	24	28	32	36	40	80	120	160	200	240	280	320	360	•	4
1½	3	6	9	12	15	18	21	24	27	30	60	90	120	150	180	210	240	270	•	3
1	2	4	6	8	10	12	14	16	18	20	40	60	80	100	120	140	160	180	•	2
½	1	2	3	4	5	6	7	8	9	10	20	30	40	50	60	70	80	90	•	1
¼	½	1	1½	2	2½	3	3½	4	4½	5	10	15	20	25	30	35	40	45	•	½

（二）除法運算

擬題： 6715 ÷79 =85

方法：（一）把除數 79 分解為「70」與「9」。

（二）從第一功能區（指上部第一列與右部第一行這塊區域）任選縱向或橫向（此處用縱向）的「70」與「9」處分別引出除數線（如圖在「70」與「9」處拉出兩條縱線），在兩條除數線（縱線）中找出同位置的兩數（此兩數相加，等於或小於被除數，且離被除數最近），所見為「720、5600」，其所在的橫列欄最右邊為「80」，此為商數的十位數值。

（三）以被除數減去「720、5600=6320」二數，即 6715–6320 = 395。

（四）在兩條除數線中找出同位置的兩數（此兩數相加等於餘數 395），所見為「45、350」，其所在的橫列欄最右邊為「5」，此為商數的個位數值。故此式之商數為「85」。

½•	1•	2•	3•	4•	5•	6•	7•	8•	9•	10•	20•	30•	40•	50•	60•	70•	80•	90•	••	••
45	90	180	270	360	450	540	630	720	810	900	1800	2700	3600	4500	5400	6300	7200	8100	•	90
40	80	160	240	320	400	480	560	640	720	800	1600	2400	3200	4000	4800	5600	6400	7200	•	80
35	70	140	210	280	350	420	490	560	630	700	1400	2100	2800	3500	4200	4900	5600	6300	•	70
30	60	120	180	240	300	360	420	480	540	600	1200	1800	2400	3000	3600	4200	4800	5400	•	60
25	50	100	150	200	250	300	350	400	450	500	1000	1500	2000	2500	3000	3500	4000	4500	•	50
20	40	80	120	160	200	240	280	320	360	400	800	1200	1600	2000	2400	2800	3200	3600	•	40
15	30	60	90	120	150	180	210	240	270	300	600	900	1200	1500	1800	2100	2400	2700	•	30
10	20	40	60	80	100	120	140	160	180	200	400	600	800	1000	1200	1400	1600	1800	•	20
5	10	20	30	40	50	60	70	80	90	100	200	300	400	500	600	700	800	900	•	10

$4\frac{1}{2}$	9	18	27	36	45	54	63	72	81	90	180	270	360	450	540	630	720	810	•	9
4	8	16	24	32	40	48	56	64	72	80	160	240	320	400	480	560	640	720	•	8
$3\frac{1}{2}$	7	14	21	28	35	42	49	56	63	70	140	210	280	350	420	490	560	630	•	7
3	6	12	18	24	30	36	42	48	54	60	120	180	240	300	360	420	480	540	•	6
$2\frac{1}{2}$	5	10	15	20	25	30	35	40	45	50	100	150	200	250	300	350	400	450	•	5
2	4	8	12	16	20	24	28	32	36	40	80	120	160	200	240	280	320	360	•	4
$1\frac{1}{2}$	3	6	9	12	15	18	21	24	27	30	60	90	120	150	180	210	240	270	•	3
1	2	4	6	8	10	12	14	16	18	20	40	60	80	100	120	140	160	180	•	2
$\frac{1}{2}$	1	2	3	4	5	6	7	8	9	10	20	30	40	50	60	70	80	90	•	1
$\frac{1}{4}$	$\frac{1}{2}$	1	$1\frac{1}{2}$	2	$2\frac{1}{2}$	3	$3\frac{1}{2}$	4	$4\frac{1}{2}$	5	10	15	20	25	30	35	40	45	•	$\frac{1}{2}$

除法的計算其實道理並不難。反過來，用乘法思考即可瞭解。以上舉 6715÷79＝85 為例，用乘法來思考，其步驟如下：

先思考商數的十位數，即 80。除數 79 則分解為個位數的 9 與十位數的 70，此二數分別與 80 相乘，就是

80*70=5600

80*9=720

這就是乘法第一次取得的兩個數值。把這兩個數值相加：

5600+720=6320

被除數為 6715，減去 6320，餘數為 395：

6715-6320=395

這個數值其實就等於「商數的個位數 5」乘「除數 79」的值：

5*79=395

在算表中，5*79=395 必需顯示為：

5*70=350

5*9=45

350 與 45 就是上表中第二次取得的兩個數字。讀者任取兩個數字相乘，然後依上數步驟把相乘的積做為被除數，把原乘數之一當做除數，所得的商數就是另一個乘數。

參考書目

專書

清華大學出土文獻與保護中心編、李學勤主編：《清華大學藏戰國竹簡（肆）》，
　　上海：中西書局，2013 年 12 月

馮麗梅：《《清華大學藏戰國竹簡》（壹～肆）通假字研究》，哈爾濱：哈爾濱師範
　　大學漢語言文字學碩士學位論文，2015 年 5 月，指導教授：徐廣才

趙明：《《清華大學藏戰國竹簡》（壹～肆）字形與音義對應關係研究》，哈爾濱：
　　哈爾濱師範大學漢語言文字學碩士學位論文，2015 年 6 月，指導教授：
　　徐廣才

論文

子居：〈清華簡《筮法》解析〉，「Confucius2000・孔子 2000・21 世紀孔子」網站，
　　「清華大學簡帛研究」專欄（http://www.confucius2000.com/admin/list.as
　　p?id=5953），2014 年 4 月 7 日

子居：〈清華簡《筮法》解析（修訂稿上）〉，《周易研究》2014 年第 6 期（總第 1
　　28 期，2014 年 11 月），頁 17-28

子居：〈清華簡《筮法》解析（修訂稿下）〉，《周易研究》2015 年第 1 期（總第 1
　　29 期，2015 年 1 月），頁 60-71

子居：〈《清華簡〈筮法〉補釋》若干問題小議〉，「中國先秦史」網站（http://xi
　　anqin.byethost10.com/2015/09/09/132），2015 年 9 月 9 日

王子今：《睡虎地秦簡〈日書〉甲種疏證》，武漢：湖北教育出版社，2003 年

王子楊：〈關於《別卦》簡 7 一個卦名的一點看法〉，「復旦大學出土文獻與古文
　　字研究中心」網站（http://www.gwz.fudan.edu.cn/SrcShow.asp?Src_ID=221
　　2），2014 年 1 月 9 日 09:26:37

王化平：〈讀清華簡《筮法》隨札〉，《周易研究》2014 年第 3 期（總第 125 期，
　　2014 年 5 月），頁 71-76

王化平：〈清華簡《筮法》與《周易》卦名釋義〉，「Confucius2000・孔子 2000・
　　21 世紀孔子」網站，「清華大學簡帛研究」專欄（http://www.confucius20
　　00.com/admin/list.asp?id=6071），2014 年 12 月 18 日

王凱博：〈楚簡字詞零釋（三則）〉，《簡帛研究 2014》（桂林：廣西師範大學出版社，2014 年 12 月），頁 19-24

王新春：〈清華簡《筮法》的學術史意義〉，《周易研究》2014 年第 6 期（總第 128 期，2014 年 11 月），頁 4-16

王寧：〈釋清華簡《別卦》中的「泰」〉，「復旦大學出土文獻與古文字研究中心」網站（http://www.gwz.fudan.edu.cn/SrcShow.asp?Src_ID=2223），2014 年 1 月 27 日 18:47:44

王寧：〈讀《清華簡（肆）》札記二則〉，「簡帛研究」網站，《學燈》第 30 期（http://www.jianbo.org/20140222/%E8%AE%80%E6%B8%85%E8%8F%AF%E7%B0%A1%E5%9B%9B%E6%9C%AD%E8%A8%98%E4%BA%8C%E5%89%87.do c），2014 年 2 月 22 日

付強：〈說清華簡《筮法》中釋為「奴」之字〉，武漢大學簡帛研究中心「簡帛」網站（http://www.bsm.org.cn/show_article.php?id=2016），2014 年 5 月 6 日 08:32:07

吳勇：〈清華簡《筮法》兩點疑問〉，《華中學術》2014 年第 2 期（總第 10 期，2014 年 4 月），頁 95-103

吳曉欣：〈楚卜筮簡中的數字卦及清華簡《筮法》的解卦原理〉，《深圳大學學報（人文社會科學版）》第 33 卷第 2 期（2016 年 5 月），頁 58-63

李守奎：〈清華簡《筮法》文字與文本特點略說〉，《深圳大學學報（人文社會科學版）》2014 年第 1 期（第 31 卷第 1 期，2014 年 1 月），頁 58-62

李均明：〈清華簡《算表》概述〉，《文物》（總第 507 期，2013 年 8 月），頁 73-75

李均明：〈清華簡《算表》的形制特徵與運算方法〉，《自然科學史研究》第 33 卷第 1 期（總第 131 期，2014 年 3 月），頁 1-17

李均明：〈清華簡《算表》的運算範圍〉，「清華大學出土文獻研究與保護中心」網站（http://www.ctwx.tsinghua.edu.cn/publish/cetrp/6831/2014/20140305063839319187432/20140305063839319187432_.html），2014 年 3 月 5 日

李均明：〈清華簡《算表》的運算範圍（續）〉，「清華大學出土文獻研究與保護中心」網站（http://www.ctwx.tsinghua.edu.cn/publish/cetrp/6831/2014/2014031917151103284050

1/20140319171511032840501_.html），2014 年 3 月 19 日

李宛庭：〈戰國楚簡所見成對數字卦——以《清華四・筮法》為中心〉，「第四十七屆中區中文所碩博士生論文研討會」會議論文集（南投：國立暨南國際大學中國語文學系，2014 年 12 月 6 日），頁 131-150

李宛庭：〈戰國楚簡所見成對數字卦——以《清華四‧筮法》為中心〉《中區中文所碩博士生論文研討會論文集（第四十七屆）》（南投：國立暨南國際大學，2015 年 1 月）

李宛庭：〈《清華簡（肆）‧筮法》占筮用詞〉，「第二十六屆中國文字學國際學術研討會」會議論文集（臺中：逢甲大學中國文學系，2015 年 5 月 29-30 日），頁 429-446

李宛庭：《《清華大學藏戰國竹簡（肆）‧筮法》研究》，臺中：國立中興大學中國文學系碩士學位論文，2016 年 1 月，指導教授：林清源

李尚信：〈論清華簡《筮法》的筮數系統及其相關問題〉，《周易研究》2013 年第 6 期（總第 122 期，2013 年 11 月），頁 5-10

李尚信：〈關於清華簡《筮法》的幾處困惑〉，「《清華大學藏戰國竹簡》與儒家經典專題國際學術研討」會議論文（煙臺：煙臺大學人文學院中國學術研究所，2014 年 12 月 4-8 日），頁 52-60

李尚信：〈清華簡《筮法》筮例並非實占例〉，《深圳大學學報（人文社會科學版）》第 33 卷第 2 期（2016 年 3 月），頁 55-58

李怡嚴：〈術士的占卦秘笈：《清華簡‧筮法》試探〉，清華大學人文社會學院演講（新竹：國立清華大學人文社會學院演講廳，2016 年 2 月 19 日），演講資料：http://hss.web.nthu.edu.tw，頁 1-35

李零：〈古文字雜識（五則）〉，《國學研究》第三卷，北京：北京大學出版社，1995

李銳：〈讀清華簡《筮法》箚記〉，「《清華大學藏戰國竹簡》與儒家經典專題國際學術研討」會議論文（煙臺：煙臺大學人文學院中國學術研究所，2014 年 12 月 4-8 日），頁 131-133

李學勤：〈清華簡《筮法》與數字卦問題〉，《文物》2013 年第 8 期（總第 507 期，2013 年 8 月），頁 66-69

李學勤演講，程浩整理：〈李學勤先生在《清華大學藏戰國竹簡（肆）》成果發佈會上的講話〉，「清華大學出土文獻研究與保護中心」網站（http://www.ctwx.tsinghua.edu.cn/publish/cetrp/6835/2014/20140108145056531218886/20140108145056531218886_.html），2014 年 1 月 8 日

李學勤：〈《歸藏》與清華簡《筮法》、《別卦》〉，《吉林大學社會科學學報》第 54 卷第 1 期（總第 241 期，2014 年 1 月），頁 5-7

李學勤：〈清華簡《筮法》的幾個問題〉，「《清華大學藏戰國竹簡》與儒家經典專題國際學術研討」會議論文（煙臺：煙臺大學人文學院中國學術研究所，2014 年 12 月 4-8 日），存目

李學勤：〈關於清華簡《筮法》的五點認識和五個問題——在清華簡與儒家經典專題國際學術研討會上的演講〉，《濟南大學學報（社會科學版）》第 26 卷第 3 期（總第 138 期，2016 年 5 月），頁 5-9

沈建華：〈清華簡《筮法》果占與商代占卜淵源〉，清華大學出土文獻研究與保護中心編、李學勤主編：《出土文獻》第 10 輯（上海：中西書局，2017 年 4 月），頁 19-24

谷繼明：〈清華簡《筮法》偶識〉，《周易研究》2015 年第 2 期（總第 130 期，2015 年 3 月），頁 23-26

季旭昇：〈清華四芻議：聞問，凡是（征）〉，武漢大學簡帛研究中心「簡帛」網站（http://www.bsm.org.cn/show_article.php?id=1980），2014 年 1 月 10 日 20:19:15

季旭昇：〈《清華肆‧筮法》「昭穆」淺議〉，「復旦大學出土文獻與古文字研究中心」網站（http://www.gwz.fudan.edu.cn/SrcShow.asp?Src_ID=2261），2014 年 5 月 2 日 21:35:45

季旭昇：〈《清華四》芻議：聞問，凡是（征），昭穆〉，復旦大學出土文獻與古文字研究中心編：《出土文獻與古文字研究》第 6 輯（上海：上海古籍出版社，2014 年 10 月），頁 283-289

季旭昇：〈從〈筮法〉與《周禮》談占筮「三十三命」〉，「《清華大學藏戰國竹簡》與儒家經典專題國際學術研討」會議論文（煙臺：煙臺大學人文學院中國學術研究所，2014 年 12 月 4-8 日），頁 39-47

季旭昇：〈談清華肆〈筮法〉第二十六節〈祟〉篇中的「㐭（竈）」字〉，「出土文獻與上古漢語研究（簡帛專題）」研討會，北京．中國社科院語言所簡帛語言文字研究學科（歷史語言學研究一室），2017 年 8 月 14-16 日

季旭昇〈《清華肆‧別卦》「泰卦」「渙卦」卦名研究〉，紀念清華簡入藏暨清華大學出土文獻研究與保護中心成立十周年國際學術研討會，清華大學出土文獻研究與保護中心，2018 年 11 月 17-19 日

林忠軍：〈清華簡《筮法》筮占法探微〉，《周易研究》2014 年第 2 期（總第 124 期，2014 年 3 月），頁 5-11

林忠軍：〈試論清華簡筮法〉，「《清華大學藏戰國竹簡》與儒家經典專題國際學術研討」會議論文（煙臺：煙臺大學人文學院中國學術研究所，2014 年 12 月 4-8 日），頁 9-16

武漢網帳號「暮四郎」：〈初讀清華簡（四）筆記〉，武漢大學簡帛研究中心「簡帛」網站‧簡帛論壇‧簡帛研讀（http://www.bsm.org.cn/bbs/read.php?tid=3155），2013 年 1 月 8 日

金宇祥：〈《清華肆‧筮法》淺議〉，「臺大中文系《中國文學研究》第四十二期暨

第三十二屆論文發表會」會議論文（臺北：國立臺灣大學中國文學系，2016年 4 月 16 日），頁 73-87

金宇祥：〈談楚簡中特殊的「齊」字〉，「第二十八屆中國文字學國際學術研討會」會議論文（臺北：國立臺灣大學中國文學系，2017 年 5 月 12-13 日），頁 99-114

侯乃峰：〈釋清華簡《筮法》的幾處文字與卦爻取象〉，《周易研究》2015 年第 2 期（總第 130 期，2015 年 3 月），頁 19-22

南郭子（Jack）：〈清華簡《別卦》詳解〉，「易學網（EEE-Learning.com）」（http://www.eee-learning.com/book/3661），2014 年 10 月 26 日

南郭子（Jack）：〈清華簡《筮法》全文註解（附《別卦》）〉，「易學網（EEE-Learning.com）」（http://www.eee-learning.com/article/3629），2014 年 10 月 5 日

南郭子（Jack）：〈清華簡《筮法》數字卦解密〉，「易學網（EEE-Learning.com）」（http://www.eee-learning.com/article/3650），2014 年 10 月 14 日

姚小鷗、高中華：〈關於清華簡《筮法》「儡」命解說的若干問題〉，「《清華大學藏戰國竹簡》與儒家經典專題國際學術研討」會議論文（煙臺：煙臺大學人文學院中國學術研究所，2014 年 12 月 4-8 日），頁 48-51

柯鶴立：〈巽之崇〉，「《清華大學藏戰國竹簡》與儒家經典專題國際學術研討」會議論文（煙臺：煙臺大學人文學院中國學術研究所，2014 年 12 月 4-8 日），頁 17-21

夏含夷：〈筮法還是釋法？——由清華簡《筮法》重新考慮《左傳》筮例〉，「《清華大學藏戰國竹簡》與儒家經典專題國際學術研討」會議論文（煙臺：煙臺大學人文學院中國學術研究所，2014 年 12 月 4-8 日），頁 1-8

夏含夷：〈是筮法還是釋法——由清華簡《筮法》重新考慮《左傳》筮例〉，《周易研究》2015 年第 3 期（總第 131 期，2015 年 5 月），頁 29-35

孫合肥：〈清華簡《筮法》札記一則〉，「復旦大學出土文獻與古文字研究中心」網站（http://www.gwz.fudan.edu.cn/SrcShow.asp?Src_ID=2222），2014 年 1 月 25 日 09:46:36

孫合肥：〈讀清華簡札記七則〉，「『出土文獻與學術新知』學術研討會暨出土文獻青年學者論壇」會議論文（長春：吉林大學古籍研究所，2015 年 8 月 21-22 日），頁 114-124

孫合肥：〈清華簡「夏」字補說〉，「首屆古文字與出土文獻語言研究國際學術研討會」會議論文（廣州：華南師範大學出土文獻語言中心，2016 年 12 月 17 日-18 日），頁 346-354

徐在國、李鵬輝：〈談清華簡《別卦》中的「泰」字〉，《周易研究》2015 年第 5

期（總第 133 期，2015 年 9 月），頁 42-45

袁金平、李偉偉：〈清華簡《筮法·祟》與睡虎地秦簡《日書甲種·詰》對讀札記〉，《周易研究》2015 年第 5 期（總第 133 期，2015 年 9 月），頁 38-41

馬楠：〈清華簡《筮法》二題〉，「清華大學出土文獻研究與保護中心」網站（http://www.tsinghua.edu.cn/publish/cetrp/6831/2014/20140107213343748792367/20140107213343748792367_.html），2014 年 1 月 7 日

馬楠：〈清華簡《筮法》二題〉，《深圳大學學報（人文社會科學版）》2014 年第 1 期（第 31 卷第 1 期，2014 年 1 月），頁 64-65

高中華：〈清華簡《筮法》與「以《詩》解《易》」說〉，蔡先金主編：《中國簡帛學刊》第 1 輯（濟南：齊魯書社，2016 年 4 月），頁 84-97

張文智：〈從清華簡《筮法》等出土文獻中的相關內容看京房「六十律及「納甲」說之淵源〉，「《清華大學藏戰國竹簡》與儒家經典專題國際學術研討」會議論文（煙臺：煙臺大學人文學院中國學術研究所，2014 年 12 月 4-8 日），頁 114-124

張克賓：〈論清華簡《筮法》卦位圖與四時吉兇〉，《周易研究》2014 年第 2 期（總第 124 期，2014 年 3 月），頁 12-18

張克賓：〈論清華簡《筮法》卦位圖與四時吉凶〉，「《清華大學藏戰國竹簡》與儒家經典專題國際學術研討」會議論文（煙臺：煙臺大學人文學院中國學術研究所，2014 年 12 月 4-8 日），頁 61-68

張朋：〈再論清華簡《筮法》與數字卦諸問題〉，《中州學刊》2016 年第 10 期（總第 238 期，2016 年 10 月），頁 102-107

曹方向：〈據清華簡釋上博簡的「鈒」字〉，武漢大學簡帛研究中心「簡帛」網站（http://www.bsm.org.cn/show_article.php?id=1979），2014 年 1 月 9 日 19:13:24

曹振岳：《清華簡《筮法》研究》，曲阜：曲阜師範大學歷史文化學院碩士學位論文，2015 年 5 月

梁韋弦：〈有關清華簡《筮法》的幾個問題〉，《周易研究》2014 年第 4 期（總第 126 期，2014 年 7 月），頁 15-23

郭永秉：〈說「鳶忈」〉，「復旦大學出土文獻與古文字研究中心」網站（http://www.gwz.fudan.edu.cn/SrcShow.asp?Src_ID=2210），2014 年 1 月 8 日 21:11:27

陳偉武：〈楚簡秦簡字詞考釋拾遺〉，武漢大學簡帛研究中心主辦：《簡帛》第 13 輯（上海：上海古籍出版社，2016 年 10 月），頁 19-25

陳睿宏：〈清華大學藏戰國竹簡《筮法》論譚〉，「近現代出土文獻研究視野與方

法國際學術研討會」會議論文（臺北：國立政治大學中國文學系，2014
年 5 月 17 日）

陳睿宏：〈清華大學藏戰國竹簡《筮法》論譚〉，國立政治大學中國文學系主編：
《出土文獻研究視野與方法》第 5 輯（臺北，國立政治大學中國文學系，
2014 年 11 月），頁 171-215

陸離：〈清華簡《別卦》讀「解」之字試說〉，「復旦大學出土文獻與古文字研究
中心」網站（http://www.gwz.fudan.edu.cn/SrcShow.asp?Src_ID=2208），2014
年 1 月 8 日 12:47:13

雪苗青：〈清華簡《筮法》諸例卦皆數字卦麼？發現反例──與李學勤、廖名春等
先生商榷〉，《懷化學院學報》2016 年第 1 期（第 35 卷第 1 期，2016 年 1
月），頁 69-71

單育辰：〈由清華四《別卦》談上博四《柬大王泊旱》的「庶」字〉，中國古文字
學會、清華大學出土文獻研究與保護中心等編：《古文字研究》第 31 輯（北
京：中華書局，2016 年 10 月），頁 312-315

單育辰：〈佔畢隨錄之十七〉，「清華大學出土文獻研究與保護中心」網站（http:
//www.tsinghua.edu.cn/publish/cetrp/6831/2014/20140107231411251916501/
20140107231411251916501_.html），2014 年 1 月 7 日

復旦網帳號「曰古氏」：〈讀清華簡《筮法》小箚〉，「復旦大學出土文獻與古文字
研究中心」網站・論壇・討論區・學術討論（http://www.gwz.fudan.edu.c
n/forum/forum.php?mod=viewthread&tid=6980），2014 年 1 月 10 日 09:17

復旦網帳號「王寧」：〈清華簡《筮法》中的八卦圖〉，「復旦大學出土文獻與古文
字研究中心」網站・論壇・討論區・學術討論（http://www.gwz.fudan.ed
u.cn/forum/forum.php?mod=viewthread&tid=6639），2013 年 8 月 28 日 16:06

復旦網帳號「長沙傅」：〈《筮法》文字識小〉，「復旦大學出土文獻與古文字研究
中心」網站・論壇・討論區・學術討論（http://www.gwz.fudan.edu.cn/for
um/forum.php?mod=viewthread&tid=6977），2014 年 1 月 9 日 09:08

復旦網帳號「程少軒」：〈關於清華簡《筮法》八卦圖「坎離易位」的一點推測圖〉，
「復旦大學出土文獻與古文字研究中心」網站・論壇・討論區・學術討論
（http://www.gwz.fudan.edu.cn/forum/forum.php?mod=viewthread&tid=6639
），2013 年 8 月 29 日 23:27

復旦網帳號「鄔可晶」：〈由清華簡《筮法》讀「宄」之字的寫法推測戰國文字所
謂「宄」字的來源〉，「復旦大學出土文獻與古文字研究中心」網站・論壇・
討論區・學術討論（http://www.gwz.fudan.edu.cn/forum/forum.php?mod=
viewthread&tid=6976），2014 年 1 月 8 日 21:40

焦勝男：《《清華簡（肆）〈筮法〉》集釋》，合肥：安徽大學漢語言文字學碩士學位論文，2016 年 5 月

程少軒：〈清華簡《筮法》「坎離易位」試解〉，《中國文字》新 41 期（2015 年 7 月），頁 175-181

程浩：〈清華簡《筮法》與周代筮占傳統〉，「古史史料學研究的新視野：新出土文獻與古書成書問題學術研討會」會議論文（上海：上海大學，2013 年 10 月 26-27 日），頁 216-223

程浩：〈清華簡《筮法》與周代占筮系統〉，《周易研究》2013 年第 6 期（總第 122 期，2013 年 11 月），頁 11-16

程浩：〈略論《筮法》的解卦原則〉，《出土文獻》第 4 輯（上海：中西書局，2013 年 12 月），頁 105-107

程浩：〈《筮法》占法與「大衍之數」〉，《深圳大學學報（人文社會科學版）》2014 年第 1 期（第 31 卷第 1 期，2014 年 1 月），頁 62-64

程浩：〈《筮法》占法與「大衍之數」〉，「清華大學出土文獻研究與保護中心」網站（http://www.tsinghua.edu.cn/publish/cetrp/6831/2014/20140107194445759391047/20140107194445759391047_.html），2014 年 1 月 7 日

程浩：〈清華簡《筮法》與周代占筮系統〉，「清華大學出土文獻研究與保護中心」網站（http://www.tsinghua.edu.cn/publish/cetrp/6831/2014/201401071944457593 91047/20140107194445759391047_.html），2014 年 1 月 7 日

程浩：〈略論《筮法》的解卦原則〉，「清華大學出土文獻研究與保護中心」網站（http://www.tsinghua.edu.cn/publish/cetrp/6831/2014/201401071944457593 91047/20140107194445759391047_.html），2014 年 1 月 7 日

程浩：〈輯本《歸葬》源流考〉，「《清華大學藏戰國竹簡》與儒家經典專題國際學術研討」會議論文（煙臺：煙臺大學人文學院中國學術研究所，2014 年 12 月 4-8 日），頁 125-130

程浩：〈清華簡《別卦》卦名補釋〉，《簡帛研究 2014》（桂林：廣西師範大學出版社，2014 年 12 月），頁 1-4

程浩：〈輯本《歸藏》源流蠡測〉，《周易研究》2015 年第 2 期（總第 130 期，2015 年 3 月），頁 40-45

程浩：〈清華簡同簡同字異構例〉，中國古文字學會、清華大學出土文獻研究與保護中心等編：《古文字研究》第 31 輯（北京：中華書局，2016 年 10 月），頁 401-403

程燕：〈說清華簡「坤」〉，「復旦大學出土文獻與古文字研究中心」網站（http://www.gwz.fudan.edu.cn/SrcShow.asp?Src_ID=2211），2014 年 1 月 9 日 08:09:

14

程燕：〈談清華簡《筮法》中的「坤」字〉，《周易研究》2014 年第 2 期（總第 124 期，2014 年 3 月），頁 19-20、31

程薇：〈試釋清華簡《筮法》中的「𠦝」字〉，《深圳大學學報（人文社會科學版）》2014 年第 3 期（第 31 卷第 3 期，2014 年 5 月），頁 60-61

馮立昇：〈清華簡《算表》的功能及其在數學史上的意義〉，《科學》第 66 卷第 3 期（2014 年 5 月），頁 40-44

馮時：〈清華《筮法》卦位圖所見陰陽觀〉，《哲學與文化》第 42 卷第 10 期（總第 497 期，2015 年 10 月），頁 43-59

黃冠雲：〈從清華簡《別卦》看介豫會通〉，「《清華大學藏戰國竹簡》與儒家經典專題國際學術研討」會議論文（煙臺：煙臺大學人文學院中國學術研究所，2014 年 12 月 4-8 日），頁 38（存目）

黃傑：〈清華簡《筮法》補釋〉，「《清華大學藏戰國竹簡》與儒家經典專題國際學術研討」會議論文（煙臺：煙臺大學人文學院中國學術研究所，2014 年 12 月 4-8 日），頁 89-98

黃傑：〈清華簡《筮法》補釋〉，《周易研究》2017 年第 2 期（總第 142 期，2017 年 3 月），頁 16-23

黃澤鈞：〈清華肆〈別卦〉卦名釋義〉，「新出竹簡材料會議」會議論文（合肥：安徽大學漢字應用中心，2017 年 9 月 4-9 日），頁 1-10

楊清虎：〈論中國古代的「小兒」觀念〉，《太原師範學院學報》2016 年第 4 期

葉檳豪：〈從《筮法・卦位圖》與《說卦傳・帝出乎震》〉，「第三屆全國研究生文學研究暨文藝創作研討會」會議論文（花蓮：國立東華大學中國語文學系，2016 年 11 月 25 日），頁 147-170

董春：〈論清華簡《筮法》之祟〉，「《清華大學藏戰國竹簡》與儒家經典專題國際學術研討」會議論文（煙臺：煙臺大學人文學院中國學術研究所，2014 年 12 月 4-8 日），頁 99-106

賈連翔：〈清華簡《筮法》與楚地數字卦演算方法的推求〉，《深圳大學學報（人文社會科學版）》2014 年第 3 期（第 31 卷第 1 期，2014 年 1 月），頁 57-60

賈連翔：〈清華簡《筮法》與楚地數字卦演算方法的推求〉，《深圳大學學報（人文社會科學版）》2014 年第 3 期（第 31 卷第 3 期，2014 年 5 月），頁 57-60

賈連翔：〈清華簡《筮法》與楚地數字卦演算方法的推求〉，「清華大學出土文獻研究與保護中心」網站（http://www.tsinghua.edu.cn/publish/cetrp/6831/20

14/20140108105135814709656/20140108105135814709656_.html），2014 年 1 月 8 日

賈連翔：〈談數字卦的名稱概念與數字卦中的易學思維〉，「《清華大學藏戰國竹簡》與儒家經典專題國際學術研討」會議論文（煙臺：煙臺大學人文學院中國學術研究所，2014 年 12 月 4-8 日），頁 134-137

廖名春：〈清華簡《筮法》篇與《說卦傳》〉，《文物》2013 年第 8 期（總第 507 期，2013 年 8 月），頁 70-72

趙平安〈戰國文字「噬」的來源及其結構分析〉，中國古文字學會、中山大學古文字研究所編：《古文字研究》第 30 輯（北京：中華書局，2014 年 9 月），頁 286-289

趙桂芳：〈清華戰國竹簡《筮法》卷冊的揭取保護〉，《出土文獻》第 4 輯（上海：中西書局，2013 年 12 月），頁 310-314

劉大鈞：〈讀清華簡《筮法》〉，《周易研究》2015 年第 2 期（總第 130 期，2015 年 3 月），頁 5-9

劉光勝：〈清華簡《筮法》與《周易》卦畫之謎〉，「《清華大學藏戰國竹簡》與儒家經典專題國際學術研討」會議論文（煙臺：煙臺大學人文學院中國學術研究所，2014 年 12 月 4-8 日），頁 69-76

劉光勝：〈從清華簡《筮法》看早期易學轉進〉，《歷史研究》2015 年第 5 期（總第 357 期，2015 年 10 月），頁 75-91

劉成群：〈清華簡《筮法》與先秦易學陰陽思想的融入〉，《周易研究》2016 年第 3 期（總第 137 期，2016 年 5 月），頁 12-19

劉剛：〈讀《清華簡四》札記〉，「復旦大學出土文獻與古文字研究中心」網站（http://www.gwz.fudan.edu.cn/SrcShow.asp?Src_ID=2209），2014 年 1 月 8 日 21:03:31

劉釗：《談秦簡中的"鬼怪"》，《文物季刊》1997 年第 2 期；《秦簡中的鬼怪》，《中國典籍與文化》1997 年第 3 期

劉彬：〈清華簡《筮法》筮數的三種可能演算〉，《周易研究》2014 年第 4 期（總第 126 期，2014 年 7 月），頁 24-28

劉彬：〈清華簡《筮法》筮數的三種可能演算〉，「《清華大學藏戰國竹簡》與儒家經典專題國際學術研討」會議論文（煙臺：煙臺大學人文學院中國學術研究所，2014 年 12 月 4-8 日），頁 107-113

劉彬：〈清華簡《筮法》筮數的三種可能演算〉，「Confucius2000・孔子 2000・21 世紀孔子」網站，「清華大學簡帛研究」專欄（http://www.confucius2000.com/admin/list.asp?id=6064），2014 年 12 月 18 日

劉雲：〈釋清華簡《筮法》中的「正」字〉，「復旦大學出土文獻與古文字研究中心」網站（http://www.gwz.fudan.edu.cn/SrcShow.asp?Src_ID=2220），2014年1月21日21:36:09

劉震：〈清華簡《筮法》中的「象」「數」與西漢易學傳承〉，《周易研究》2014年第3期（總第125期，2014年5月），頁77-82

劉震：〈清華簡《筮法》與《左傳》《國語》筮例比較研究〉，《周易研究》2015年第3期（總第131期，2015年5月），頁47-54

蔡飛舟：〈清華簡《筮法》補釋〉，「《清華大學藏戰國竹簡》與儒家經典專題國際學術研討」會議論文（煙臺：煙臺大學人文學院中國學術研究所，2014年12月4-8日），頁77-88

蔡飛舟：〈清華簡《筮法》補釋〉，《周易研究》2015年第2期（總第130期，2015年3月），頁10-18

蔡飛舟：〈清華簡《別卦》解詁〉，《周易研究》2016年第1期（總第135期，2016年1月），13-22

蔡飛舟：〈清華簡《筮法‧爻象》芻論〉，《周易研究》2017年第3期（總第143期，2017年5月），頁33-41

蔡運章：〈清華簡《卦位圖》哲學思想考辨〉，「《清華大學藏戰國竹簡》與儒家經典專題國際學術研討」會議論文（煙臺：煙臺大學人文學院中國學術研究所，2014年12月4-8日），頁22-32

蕭芸曉：〈清華簡《算表》首簡簡序小議〉，武漢大學簡帛研究中心「簡帛」網站（http://www.bsm.org.cn/show_article.php?id=2011），2014年4月21日09:00:59

蕭芸曉：〈清華簡《算表》收卷方式小議〉，武漢大學簡帛研究中心「簡帛」網站（http://www.bsm.org.cn/show_article.php?id=2031），2014年6月12日15:33:54

蕭芸曉：〈清華簡《算表》首簡簡序及收卷形式小議〉，武漢大學簡帛研究中心主辦：《簡帛》第10輯（上海：上海古籍出版社，2015年5月），頁67-77

駱珍伊：〈說「旰日」〉，武漢大學簡帛研究中心「簡帛」網站（http://www.bsm.org.cn/show_article.php?id=1981），2014年1月11日17:57:24

謝炳軍：〈清華簡《筮法》理論性與體系性新探〉，《理論月刊》2015年第6期（2015年6月），頁52-56

韓慧英：〈試析清華簡《筮法》中的卦氣思想〉，《周易研究》2015年第3期（總第131期，2015年5月），頁36-46

魏慈德：〈談〈別卦〉的卦序與卦名及其與〈筮法〉的關係〉，「《清華大學藏戰國

竹簡》與儒家經典專題國際學術研討」會議論文（煙臺：煙臺大學人文學院中國學術研究所，2014 年 12 月 4-8 日），頁 33-37

徐寶貴〈甲骨文考釋三則・釋特〉，吉林大學古文字研究室編：《于省吾教授百年誕辰紀念文集》（長春：吉林大學出版社，1996 年），頁 42-45

陳劍：〈試說甲骨文的「羞」字〉，《古文字研究》第 29 輯，頁 10-19

刖【一六】四・三百六十三百二十二百仐=二百四十二百百卒=百廿=仐=四十三

十六三十二二十八二十四廿=十六十二八四二【一七】三・二百𫠧=二

百四十二百十百仐=百𠦃=百廿=卆=卒=丗=廿=七廿=四廿=一十八

十五十二九六三一刖【一八】二・百仐=百卒=百四十百廿=百仐=卒=四

十廿=十八十六十四十二十八六四二一【一九】一・卆=仐=𫠧=卒=𠦃=

四十丗=廿=十九八七六五四三二一刖【二十】刖・四十五四十丗=五

丗=廿=五廿=十五十五四刖四三刖三二刖二一刖一刖釮【二一】

筮　法

第一節　死生

六　塵元

【一】癃哭死

【二】五塵同

【三】弌塵死

【四A】參吉同

【五A】兇寺死

【六A】參兇同

【七A】吉寺死

【八A】參吉同

【九A】兇亞肴

【一〇A】尻之今施死

【一一A】參兇同

【一二A】尻之今施死

【一三A】尻之今施死

【一四A】簭死妻

【一五A】者相見

【一六A】才上乃日死

【一七A】簭疾者

【一八A】弌刲

【一九A】之乃日殖死

【二〇A】簭死夫

【三一A】者相見

【三二A

才上乃日死

中上〔圖〕曰〔圖〕　【二三A】

第二節　得

妻夫同　【一B】人乃尋　【二B】參右同　【三B】右乃尋　【四B】參右同　【五B】右乃尋　【六B】參男同　【七B】女乃尋　【八B】參

女同　【九B】男乃尋　【一〇B】見覆讆　【二一B】乃亦尋　【二二B】复於

陽　【二三B】內於會　【一四B】亦尋見亓徸十三　【一五B】晉見八　【二

陽乃亦尋　【一七B】顗見五　【一八B】乃亦尋　【一九B】穌見九　【二

○B】乃亦尋　【二一B】各見四　【二二B】乃亦尋　【二三B】

第三節　享　咠言月朝　【一c】屯牝乃鄉　【二c】月夕屯戊　【三c】

乃亦鄉　【四c】

第四節　支　咠支譽而　【五c】出乃述　【六c】咠支譽而　【七c】

內乃復　【八c】

第五節　至　至四正之　【九c】刬見乃至　【十c】元余傷向　【一一c】

乃亦至堲　【一二c】日不遏向朝朝不至　【一三c】

第六節　娶妻　咠取妻參　【一四c】女同男吉　【一五c】咠取妻參

【二六C】男 同女兒 【二七C】

第七節　讎

讎

【二○C】罘 肴 讎 響

讎 參 男 【二八C】同 女二 才 昏 【二九C】上 妻 夫 相 見

出 乃 亦 讎 【三一C】

第八節　見

見 參 女 【一D】同 男二 見 【三D】

見 參 男 【三D】

同 女二 見 【四D】

見 大 人 【五D】

召 穆 見 【六D】

第九節　各

各 見 述 【七D】日 妻 夫 召 【八D】穆 上 毀 亡 各 【九D】

第十節　瘳

瘳 見 述 【一○D】日 上 毀 瘳 【一一D】

第十一節 雨霽

凸 雨堂日 雨盆日 【二二D】才 下霽 而

中下霽亢 火雨盆日 【二三D】內 雨堂日

才 上 【一四D】霽 而 出乃齊 中上

霽亢必乃傘 【一五D】金 木相見

會水 【一七D】火相見 才下風

心 大相見 女下戍 【一八D】

金木相見 【一六D】才 上 中上

第十二節 男女

凸 男上去 【一九D】弌 下去 弌

野上谷 浅亐谷戈 【二〇D】中男乃男

史野乃男 女 乃女 【二一D】

第十三節 行

凸 行霽出 【二二D】述霽 內復 【二三D】

第十四節 貞丈夫女子

凸 貞 【二四A】丈夫 支夫 【二五A】月夕

夕夕 【二六A】軌之 草土 【二

七A】卒　乃　【二八A】屯　吉　【二九A】亡　眚　【三〇A】顝　眯　各　【三一A】咠

卣　【二四B】女　子　【二五B】月　朝　【二六B】與　之　【二七B】卒　乃　【二八B】吉

亡　【二九B】眚　顝　【三〇B】眯　各　【三一B】

第十五節　小得

咠　少　尋　之　【二四C】乃　尋　之　【二五C】咠　少　尋　【二六C】

乃　尋　之　【二七C】參　同　式　【二八C】乃　尋　之　【二九C】趌　去　政　已　【三

○C】於　公　利　貧　【三一C】

第十六節　戰

咠　是　内　【二四D】戰　外　【二五D】咠　是　外　【二六D】戰　内　【二七D】

第十七節　成

呂成同【二八D】乃成【二九D】不同乃【三〇D】不成【三一D】

第十八節　志事

呂篅志【二四E】事而見【二五E】坴日奴【二六E】坴

唇乃【二七E】日迷疾【二八E】亦然五【二九E】日為坴【三〇E】

乃中昇【三一E】

第十九節　志事、軍旅

呂篅志事而見同【三二A】宏於四立【三三A】日爭之虞相亞也【三四A】奴篅軷遬乃

之中乃【三五A】禾虞不相用命【三六A】

日不

第二十節　四位表

上　軹之立　中　軹之立子　啻之立躬身之

君之立也

立之立身之立也　大夫之立

三B　下　軹之立也

朝之立臣妾之立妻之立也臣

門之立室之立也　立之立臣

外之立也宫廷之立　【三五B】【三六B】

【三二B】【三】

第二十一節　四季吉凶

曺　巽　大吉　袭　少吉　艮　羅　大凶　兑　少

楚　羅　大凶　兑　大吉　袭　少吉　良　羅　大凶　大吉

【三七】顕　袭　大吉　垄　巽　少吉　良　羅　岑二　兑　大凶　【三七】縣

兑　大吉　良　羅　少吉　袭　大凶　圂　巽　少凶　【三八】各　良　羅

大吉 兌 少吉 坴 巽 大凶

褱少凶【三八】呂 筮 志事及軷【三

八 遯 乃 蠲 兌 之 所 集 於 四 立 是 視 乃 曰 名 示 兌【三九】

第二十二節 乾坤運轉 呂 軷 月 二 吉 巽 月 朝 吉 巽 朝 之 曰【三九】

逆 軷 以 長 巽 內 月 五 日 豫 巽 軷 巽 長 長 旬 軷 巽【

乃 各 彶 示 所【四〇】

第二十三節 果 呂 果 大 事 散 才【四〇】前 果 中 事 月 才 前 果

省 事 曰 乃 前 果 示 余 卲 穆 果 奴 刲 奴 肴 卡三 同 脜

果外事〔〕【四一】囩而出乃果内事〔〕而内亦果【四二】

第二十四節　卦位圖、人身圖

（最外周中間）東方也　木也　青色【六〇A】南【四九A】方【五

〇A】火【五一A】也【五三A】赤【五〇B】色【五一B】也【五三B】黑【五〇C】色【五一C】也【五二

色【四二A】北【四九B】方【五〇B】也【五一B】水【五二B】也【五三B】

C】（最外周角隅）系　古【四三A】胃　之【四四A】麕　司【四五A】雷　是【四六A】古　胃【四七A】之

【四八A】系　古【五四A】之【五五A】袋　司【五六A】壹　是【五七A】古　胃【五八A】之　麕

九A】系　古【四三B】胃　之【四四B】兑　司【四五B】收　是【四六B】古　胃【四七B】之　兑【四八B】系

西方也　金也　白

古【五四B】胃之【五五B】羅司【五六B】䪽是【五七B】古胃【五八B】之羅【五九B】

第二十五節 天干與卦

䡩甲壬【四三C】巽乙癸【四四C】艮酉【四五C】兌丁【四六】

C】裦戊【四七C】羅己【四八C】釁庚【四九C】巽辛【五〇C】

第二十六節 祟

䡩祟屯五寅宗九乃山肴乃父之不豤二

莫屯乃室中乃父【四三D】巽祟門行屯乃母八乃伊曰

死乃西祭四乃森者【四四D】艮祟爸九乃祟五乃稷臭【四

死乃長女為妾而死【四六D】裦祟

五D】兌祟女子大面端虘死長女為妾而死

風長殤五伏鑱者九戊祟四棽者弍五乃殂殜者【四七】

寅隊祟日四棽者一四一五長女殤二五夾四殂者【四…

八D屬祟日出東方行日監天昊日？天莫日雨市五乃

棽日出東方行日監天昊日天莫日雨市五乃

癕者九乃戶【四九D】巽祟孛殤五八乃晉九粒茲子四非

癕㞢了戶【五○D】夫天㞢道男戰女眾戰募【五一D】

癕乃蒜者

癕了繎㞢

第二十七節　地支與卦

子午鸎【五二D】丑未巽【五三D】寅申裻【五四D】卯

囷羅【五五D】唇戌艮【五六D】巳亥兌【五七D】

第二十八節　地支與爻

子午　九　【五二E】丑未　八　【五三E】寅申　一　【五四E】

卯酉　六　【五五E】辰戌　五　【五六E】巳亥　四　【五七E】

第二十九節　爻象

凡肴象八　為風為水為言為非鳥　【五二F】

為才上　為飢　下為汰　【五三F】五象

為權狷　中上

為瘴脹　為魚

為慼　【五四F】

為天　為日　為貴人　為兵　為血　為車　為方

為慼　為送　【五五F】九象

為大獸　為木　為備戒　為百　為足　【五……

為它　為它　為它　為山　為瑃　為弓琥琓　【五七F】四之象　為墜

六F　為它　為它　為山……

為圓　為壹　為耳　為環【五八F】為腫　為霏　為霉　為霈【五九】

F 凸　肴奴　大奴　少復於上外又嬰　復於下內又嬰【六一】

上下皆乍邦又兵命鷹忘風雨日月又此

第三十節　十七命

凸　十七命　曰果　曰至　曰言　曰死生　曰尋

日見　日瘳　日咎　日男女　日雨　日取妻　日戰　日成　日

行日鏵　日宇【六二】日崇　凸是各豎亓尌乃力占二之二

必力尌乃不試【六三】

別卦

訟 敔 顡
冥二 臺二 縣 【一】
僕 奮二
燩 慆
蠹 顡
嗷 【二】

【三】 癃二 介
迻二 蠻二 纏二
邨 愳
【六】 兑二 懿
【四】

需比蹇節既濟屯井

遮 侉 謹 市 彦二 遌 撑 【五】 俊 窣 慾
慅 謹 困 戚 穏 婋
【七】 觀 牆 中 懇 陣 綦 【八】

算表

卒二 卒二
卒二 卒二
卒二 窜二
卒二 罕二
卒二

三 三 三 四 四 四 千 千 千 百 百 百 十 十
百 五 千 百 五 千 一 七 二 一 二 七 八 九
五 百 百 五 百 百 百 千 百 百 千 十 十
千 三 四 千 五 六 二 三 四 五 六 五
十 百 十 十 十 介 十 介 十

百千八百千二百六百五百四十四百仐=四百廿=三百卒=三

百二百四十百仐=百廿=卒=卌=

【六】𠦃=・四千五百四千三千五

百三千二千千五百二千千五百千五百四百𠦃=四百三百𠦃=三

百二百𠦃=二百百𠦃=百𠦃=廿=五

【七】罕=・三千六百三千二百

二千八百二千四百二千千六百千二百八百四百三百六十三

百廿=二百仐=二百四十二百百卒=百二十仐=四十廿=

【八】卌=・

二千七百二千四百二千一百千八百千五百千二百九百六百

【九】廿二‧千

【十】十‧

【二一】九‧

【二二】八‧

【二三】八‧七百廿二

二卒=四五十六⿱四十=八四十丗=二廿=四十六八四【一三】七·六

百丗=五百卒=四百卆=四百廿=三百五十二百仐=二百十百

四十七十卒=三五十六四十九四十二三十五二十八二十一

十四七三刖【一四】六·五百四十四百仐=四百二十三百卒=三

百二百四十百八十百二十卒=⿱五十=四⿱四十=八四十二三十六三

十二十四十八十二六三【一五】五·四百五十四百三百⿱五十=三百二百⿱五十=

二百百⿱五十=百⿱五十=四十五四十丗=五丗=廿=五廿=十五十五二

目次

附錄：隸定及摹字

文獻研究叢書·出土文獻譯注研析叢刊 0902015

《清華大學藏戰國竹簡（肆）》讀本

主　　編	季旭昇	
合　　撰	張榮焜　金宇祥　黃澤鈞　駱珍伊	
責任編輯	林以邠	

發 行 人　林慶彰

總 經 理　梁錦興

總 編 輯　張晏瑞

編 輯 所　萬卷樓圖書股份有限公司

　　　　　臺北市羅斯福路二段 41 號 6 樓之 3

　　　　　電話 (02)23216565

　　　　　傳真 (02)23218698

發　　行　萬卷樓圖書股份有限公司

　　　　　臺北市羅斯福路二段 41 號 6 樓之 3

　　　　　電話 (02)23216565

　　　　　傳真 (02)23218698

　　　　　電郵 SERVICE@WANJUAN.COM.TW

香港經銷　香港聯合書刊物流有限公司

　　　　　電話 (852)21502100

　　　　　傳真 (852)23560735

ISBN 978-986-478-277-2

2019年4月初版

定價：新臺幣 400 元

如何購買本書：

1. 劃撥購書，請透過以下郵政劃撥帳號：

　　帳號：15624015

　　戶名：萬卷樓圖書股份有限公司

2. 轉帳購書，請透過以下帳戶

　　合作金庫銀行　古亭分行

　　戶名：萬卷樓圖書股份有限公司

　　帳號：0877717092596

3. 網路購書，請透過萬卷樓網站

　　網址 WWW.WANJUAN.COM.TW

大量購書，請直接聯繫我們，將有專人為您服務。客服：(02)23216565 分機 610

如有缺頁、破損或裝訂錯誤，請寄回更換

版權所有·翻印必究

Copyright©2019 by WanJuanLou Books CO., Ltd.

All Rights Reserved　　　**Printed in Taiwan**

國家圖書館出版品預行編目資料

《清華大學藏戰國竹簡（肆）》讀本 /季旭昇主編；張榮焜等合撰. -- 初版. -- 臺北市：萬卷樓, 2019.04

面；　公分. -- (文獻研究叢書.出土文獻譯注研析叢刊；902015)

ISBN 978-986-478-277-2(平裝)

1.簡牘文字　2.研究考訂

796.8　　　　　　　　　　　108002454